八角亭普洱茶典籍

茶饮八角亭 健康伴您行

普洱茶典籍

主编 陈胜军

云南出版集团公司
云南科技出版社
·昆明·

图书在版编目（ＣＩＰ）数据

八角亭普洱茶典籍 / 陈胜军主编. -- 昆明：云南
科技出版社，2014.10
ISBN 978-7-5416-8562-0

Ⅰ. ①八… Ⅱ. ①陈… Ⅲ. ①茶叶－加工厂－工厂史
－勐海县 Ⅳ. ①F426.82

中国版本图书馆CIP数据核字(2014)第252133号

策　　划：吴　涯
责任编辑：龙　飞　严　玲
整体设计：施　韵　娄　偻
责任校对：叶水金
责任印制：翟　苑

云南出版集团公司
云南科技出版社出版发行
（昆明市环城西路609号云南新闻出版大楼　邮政编码：650034）
昆明旭彩印刷有限公司印刷　　全国新华书店经销
开本：889×1194 1/16　印张：38.25　字数：500千字　图：3600幅
2014年11月第1版　　2014年11月第1次印刷
印数：1~6000册　　定价：360.00元

编委会

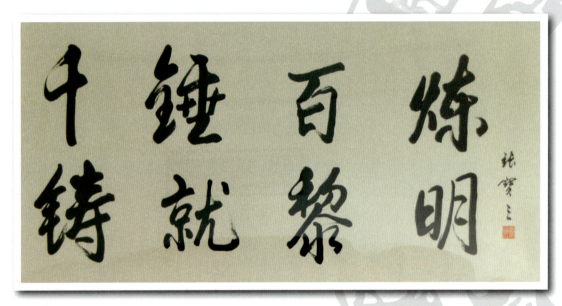

炼明百黎　锤就千铸

张宝三

张宝三先生题词

序一

　　云南农垦集团勐海八角亭茶业已有五十年历史了，"黎明茶厂""八角亭普洱茶"已成为茶业界两个响亮的名词。在《八角亭普洱茶典籍》即将出版之际，编辑部邀我为其作序，作为云南省茶叶流通协会会长，盛情难却，只好说几句祝贺与鼓励的话。

一是普洱茶是有历史文化传承的

　　普洱茶有着悠久的历史，最早可追溯到东汉时期，因民间有"武侯遗种"的说法。唐代《蛮书》"茶出银生城界诸山。散收，无采造法。蒙舍蛮以椒、姜、桂和烹而饮之。"这是普洱茶也是云南茶见诸于史籍最早的记载。清代阮福《普洱茶记》、方以智《物理小识》、赵学敏《本草纲目拾遗》等对普洱茶的记述颇丰，说明普洱茶是一种历史名茶。公元758年，世界上公认最早的茶叶专著——陆羽的《茶经》以及20世纪90年代陈宗懋先生主编的《中国茶经》是中国诸多茶书中的经典，是茶人必读之书，我认为，只有学习才能传承好也才能创新好。近十年来，是普洱茶图书出版的又一个高峰，其中也不乏有优秀之作。《八角亭普洱茶典籍》的正式出版，是八角亭茶业走过的半个世纪风雨历程，两代茶人的艰辛拼搏、无私奉献，企业从无到有、由弱到强的最好见证，是老农垦精神的再次体现。本书中所收录的近600个茶品，对其外形、汤色、香气、滋味和叶底的客观描述，并梳理出一条清晰的产品线路，这点，实为难得。本书可作为八角亭普洱茶品饮者、爱好者和经营者的工具书，随着时间的推移，读者们越想知道当年都出过些什么茶品。时值八角亭茶业五十年之际，出版本书，可喜可贺！

二是坚持质量为本，打响公共品牌，打造名牌产品

　　普洱茶是什么？就是一种对人体有保健作用的健康饮料，是一种消费品。一叶茶历经百炒千揉，滋润人心。诚心、诚实、诚信是企业立足市场的根本，大家要共同打响"云南普洱茶"这一公共品牌，更要抱团避免2007年暴涨暴跌再次发生。

　　"做实"是云南茶产业任何时候都必须坚持的立业之本，即一定要把质量做实，价格做实，做良心茶、放心茶。质量和安全是消费者消费的信心和前提，价格实，则体现价值决定价格。茶是健康饮品，饮茶有利于人的健康，我们希望更多的人群因饮茶而更健康，所以茶产业是造福天下苍生的产业。茶是民生消费品，开门七件事，柴米油盐酱醋茶，任何时候都不能忘

邬梦兆先生题词

记大众消费是我们的市场主体，我们的目标不能脱离这个大群体，大市场。任何时候都不要炒作，炒作只会使整个产业受到伤害，更要切忌恶炒，如果炒作犹如艾滋病毒的话，恶炒就是埃博拉病毒，对茶产业的危害可想而知。要诚心做人，诚实做事，诚信经商才能成就你我，才能打造名牌产品，才能促进产业发展，才能做强云茶产业。

三是多渠道加快云茶流通，引导消费，促进云茶产业健康发展

云茶要发展，流通是关键。"流通"指流动、畅通。顾名思义，"茶叶流通"就是要让茶叶这个商品从生产者流通到消费者并将其消费，周而复始。消费者要消费这一产品则必须明白了解产品对自己有什么益处，反之，生产者也必须了解消费者对产品有什么样的需求，"流通"就成了茶叶这个商品生产者与消费者之间的桥梁，茶——这一商品的流通就带来了信息流、技术流、人才流、文化流、资金流等等的流通，流通顺畅了，产业就发展了，经济就繁荣了，人们就受益了。

我们应利用互联网促进云茶流通，促进云茶产业健康发展。互联网思维就是在（移动）互联网、大数据、云计算等科技不断发展的背景下，对市场、对用户、对产品、对企业价值链乃至对整个商业生态进行重新审视的思考方式。其精神实质为求真、开放、平等、协作、分享。我们云茶有着云南特有的气候、土壤和优良的生态条件；有着独特的云南大叶种和一支高素质的研发队伍；有着成熟的特殊加工工艺；有着良好的品牌；有着稳定的消费群体，且这个群体还在不断扩大。只要我们坚持稳定的质量，完善而讲诚信的营销平台和网络，云茶产业的前景是无限光明的，因为它是大健康产业的重要部分。所以利用互联网这个现代工具来为云茶产业服务是必须思考的紧迫问题。不管怎样，"求真"是根本，将我们的茶产品做实做优，确保其价有所值，确保其饮用安全是基础。其次是扩大消费群体，目的是让更多的人饮茶后获得健康的体魄，消费者决定着云茶产业的发展，必须取信于消费者，消费者至上是促进消费的立足点。三是要争取更多的互联网用户成为云茶客户，并为他们提供长期稳定的服务，通过网络空间实现茶产品生产和消费者的互联互通，这是云茶产业发展的必经之路。科学利用好先进的各种渠道做实产品，加快流通，促进消费，云茶产业将为人类健康作出更大的贡献。

作为云茶的代表——普洱茶，我想说的是：普洱是云南的普洱，是中国的普洱，希望她成为世界的普洱，让世界上更多的人因为品饮普洱而得到健康和快乐！

是为序！

陈勋儒

2014年11月12日

序二

云南是世界茶树的起源中心之一，也是普洱茶的故乡。长期以来，云南普洱茶以其历史悠久、加工独特、品质优异、功效明显蜚声中外。近年来，普洱茶在国内外市场的消费量不断扩大，原因之一就在于其具有独特的有利于人体健康的功效。关于普洱茶的保健功效，历史上赵学敏《本草纲目拾遗》、阮福《普洱茶记》及张泓《滇南新语》等书籍都有诸多记载。

饮茶是我国饮食养生之道中的重要组成部分。茶的营养成分、药理特性、养生价值等日益为人们所关注。相传，神农时期我们的祖先就发现了茶的解毒治病作用，以后随着茶叶采制技术的发展，茶的这种作用更进一步为人们所认识。茶叶作为世界性的饮品，一直被认为是多功能的价廉物美的天然饮品，日益受到人们的追捧，不论是发达国家，还是发展中国家，茶叶消费量都在不断增加，这与茶叶本身所含有的特殊成分及保健功效有关。

据科学家的研究证明，茶叶中含有茶多酚、茶色素、蛋白质、维生素、脂肪、糖类、矿物质等成分，对人体健康能起一定的作用。随着社会的发展，科技的进步，茶业界的科研单位、生产企业均有义务来推动普洱茶大健康时代的到来。

云南农垦集团勐海八角亭茶业其前身是云南省黎明农工商联合公司茶厂，今年欣逢五十周年厂庆。古人云："五十而知天命"，据我了解，八角亭茶业的发展可以分为三个阶段：1964年至1984年是探索发展时期；1984年至2000年稳步发展时期；2001年到现在的转型提升发展时期。在每一个阶段均脱离不了当时的经济社会发展的现实背景，发生了无数趣人趣事和感人事迹，其生产的普洱茶也以独特的"勐海味"而著称于世，被广大消费者所青睐。

《八角亭普洱茶典籍》是八角亭茶人发扬老农垦精神的历史总结，是八角亭茶业发展史上的里程碑。这样客观、公正地评述、梳理所生产的茶品，对于一个有历史的老茶厂来说是有意义的。我希望看到有更多的宣传普洱茶正能量的图书出版，倡导健康的茶生活，让更多的人认识普洱茶的保健功效，故乐意推荐之，并为之作序！

邵宛芳

2014.11.12于云南农大普洱茶学院

目 录

茶史篇

"八角亭"品牌简介 / 2
云南农垦集团勐海八角亭茶业发展历程 / 4

茶性篇

独爱早春银毫 / 16
茶中滋味 / 18
一茶一知己 知己好茶
　　——八角亭2014布朗山 / 19
"品味班章"之体感 / 20
一杯清茶，品茗心境 / 21
炎炎夏日与香郁普洱的浪漫邂逅
（2013年景迈山普洱生茶）/ 22
慕茗普洱 / 23
芳香普洱，沁人心扉 / 24

茶品篇

2001年
西双版纳勐海大叶种云雾园茶 / 27
西双版纳勐海大叶种云雾园茶 / 28
2002年
云南原野香七子饼茶　普洱王 / 29
西双版纳勐海大叶种云雾园茶 / 30
云南七子饼茶 / 31
云南七子饼茶 / 32
云南勐海早春乔木圆茶　生态珍藏品 / 33
傣乡沱茶 / 34
2003年
云南勐海云雾普洱圆茶 / 35

布朗山乔木古树茶　银毫饼 / 36
云南原野香七子饼茶　普洱王 / 37
景迈古乔木大树茶　早春大树茶 / 38
景迈古乔木大树茶　2003年早春 / 39
云南勐海早春乔木圆茶 / 40
云南七子饼茶 / 41
云南勐海千年乔木古茶青饼 / 42
云南老班章野生茶　班章王 / 43
2004年
云南勐海七子饼茶　普洱金毫 / 44
班章乔木古树茶 / 45
南糯山古乔木大树茶 / 46
景迈古树圆茶　春茶 / 47
普洱茶砖 / 48
云南七子饼茶　甲级 / 49
云南勐海千年乔木古茶 / 50
云南乔木野生茶　黎明茶王 / 51
云南七子饼茶 / 52
云南乔木古树圆茶　乔木圆茶 / 53
云南乔木古树茶　黎明珍品 / 54
2005年
云南勐海乔木古树圆茶　特制限量版 / 55
云南乔木古树圆茶　黎明珍品 / 56
云南七子饼茶 / 57
孔雀之乡七子饼茶　黎明之光 / 58
布朗山乔木古树茶　早春银毫 / 59
孔雀之乡七子饼茶　布朗青饼 / 60
勐海生态贡饼　生态茶 / 61
云南勐海七子饼茶　宫廷普洱 / 62
一叶红 / 63
云南勐海七子饼茶　7590 / 64
云南七子饼茶　特级 / 65
勐海早春乔木圆茶　班章古茶王 / 66

南糯山乔木古树茶　珍藏版 / 67

勐海生态饼茶　珍藏 / 68

布朗山乔木古树茶　珍藏版 / 69

孔雀之乡七子饼茶　黎明之光 / 70

孔雀之乡七子饼茶　普洱金毫 / 71

孔雀之乡七子饼茶　越旧越醇 / 72

勐海老树七子饼茶　醇香 / 73

孔雀之乡七子饼茶　越陈越香 / 74

孔雀之乡七子饼茶　越陈越香 / 75

云南乔木野生茶　黎明金砖 / 76

普洱青砖　越久越醇 / 77

普洱茶砖　越陈越香 / 78

竹筒圆茶 / 79

2006年

勐海七子饼茶　马帮下江南 / 80

云南勐海七子饼茶　宫廷普洱王 / 81

云南勐海七子饼茶　宫廷茶王 / 82

孔雀之乡七子饼 / 83

孔雀之乡生态七子饼茶　早春银毫 / 84

普洱茶砖 / 85

勐海野生乔木茶　五星饼 / 86

孔雀之乡七子饼茶　黎明之光 / 87

布朗山乔木古树茶　特制珍藏版 / 88

云南勐海七子饼茶 / 89

云南七子饼茶　0432 / 90

孔雀之乡七子饼茶　黎明之光 / 91

黎明之光　班章生态茶 / 92

云南乔木生态茶　沱王 / 93

神舟六号　经典沱茶 / 94

孔雀之乡七子饼茶　神舟见证·民族品牌 / 95

孔雀之乡七子饼茶　神舟见证·民族品牌 / 96

早春生态沱茶 / 97

孔雀之乡七子饼茶　越陈越香 / 98

云南勐海七子饼茶 / 99

孔雀之乡七子饼茶　乔木老茶树 / 100

八角亭七子饼茶　御赏乔木 / 101

孔雀之乡七子饼茶　神舟六号 / 102

孔雀之乡七子饼茶　神舟六号 / 103

布朗山乔木古树茶　早春银毫 / 104

布朗山乔木古树茶　早春银毫 / 105

七彩孔雀 / 106

勐海七子饼茶　早春茶 / 107

孔雀之乡七子饼茶　谷花茶 / 108

乔木精品王 / 109

孔雀之乡大树生饼　经典06 / 110

云南勐海七子饼茶　孔雀之春 / 111

云南勐海七子饼茶　至尊茶王 / 112

云南乔木生态饼茶　乔木贡瑞 / 113

云南七子饼茶　乔木茶王 / 114

云南勐海七子饼茶　乔木至尊茶王 / 115

云南勐海七子饼茶　高山古树茶 / 116

孔雀之乡七子饼茶　黎明春乔 / 117

布朗山乔木古树茶　女儿贡饼 / 118

孔雀之乡七子饼茶　普洱王 / 119

孔雀之乡生态七子饼茶　五星茶王 / 120

云南勐海七子饼茶　明日之星 / 121

大型文化工程马帮贡茶万里行

云茶贡羊城·见证饼 / 122

孔雀之乡女儿贡饼 / 123

勐海七子饼茶　金芽贡饼 / 124

云南勐海七子饼茶　普洱金毫 / 125

孔雀之乡七子饼茶　越陈越香 / 126

孔雀之乡七子饼茶　越旧越醇 / 127

云南勐海七子饼茶　明日之星 / 128

孔雀之乡七子饼 / 129

布朗山乔木古树茶　布朗银毫 / 130

云南勐海七子饼茶　黄针贡茶 / 131

孔雀之乡生态七子饼茶　特制青饼 / 132

云南七子饼茶　0432 / 133

云南勐海七子饼茶　7540 / 134

孔雀之乡生态七子饼茶　特制精品 / 135

孔雀之乡七子饼茶　贡茶饼 / 136

勐海大叶种云雾圆茶　金针贡饼 / 137

勐海七子饼茶　金芽贡饼 / 138

云南勐海七子饼茶　明日之星 / 139

云南勐海七子饼茶　明日之星 / 140

2007年

勐海七子饼　黎明金象 / 141

云南农垦集团企业文化建设战略工程
天骄计划 / 142
云南勐海七子饼茶　嫦娥奔月 / 143
云南勐海七子饼茶　7540 / 144
云南七子饼茶　0432 / 145
云南勐海七子饼茶　金孔雀 / 146
孔雀之乡七子饼茶　黎明之光 / 147
孔雀之乡七子饼茶　布朗一号 / 148
云南勐海七子饼茶　黎明珍品 / 149
孔雀之乡七子饼茶　乔木老树茶 / 150
八角亭七子饼茶　经典·黎明之光 / 151
八角亭七子饼茶　经典·宫廷普洱王/152
孔雀之乡七子饼茶　班章王/153
云南勐海七子饼茶　嫦娥奔月/154
勐海大叶种云雾圆茶　黎明红印/155
云南勐海七子饼茶　黎明春/156
云南勐海七子饼茶　7540/157
云南勐海七子饼茶　金孔雀/158
首届中国普洱茶战略联盟论坛峰会纪念茶/159
首届中国普洱茶战略联盟论坛峰会纪念茶/160
七彩孔雀/161
早春生态方茶　贡品/162
云南勐海七子饼茶　早春银毫/163
孔雀之乡大树青饼　经典07/164
云南勐海七子饼茶　明日之星/165
勐海七子饼茶　马帮进京/166
云南勐海七子饼茶　布朗乔木/167
八角亭七子饼茶　御赏乔木/168
云南七子饼茶　乔木茶王/169
布朗山乔木古树茶　女儿贡饼/170
云南乔木生态饼茶　乔木贡瑞/171
云南勐海七子饼茶　至尊茶王/172
勐海大叶种云雾圆茶　金针贡饼/173
第四届中国国际茶业博览会　CTE2007/174
云南勐海七子饼茶　特制青饼/175
云南勐海七子饼茶　金孔雀/176
云南勐海七子饼茶　孔雀之春普饼/177
黎明典藏/178
庆祝香港回归十周年纪念饼　2007限量版/179

勐海御沱/180
乔木生态银毫沱茶/181
八角亭御赏乔木沱　御赏乔木/182
生态青砖/183
庆祝香港回归十周年纪念饼　2007限量版/184
孔雀之乡七子饼茶　黎明之光/185
孔雀之乡七子饼茶　黎明春乔/186
黎明普洱/187
云南勐海七子饼茶　7590（无标注）/188
云南乔木生态茶　沱王/189
孔雀青砖/190
生态普洱/191
云南勐海七子饼茶　黎明天韵/192
云南勐海七子饼茶　金叶饼/193
云南勐海七子饼　明日之星乔木青饼/194
云南勐海七子饼茶　黎明岁月留香/195
孔雀之乡七子饼茶　黎明普洱/196

2008年
云南勐海七子饼茶　黎明天境飘香/197
孔雀之乡七子饼茶　黎明普洱/198
孔雀之乡乔木七子饼茶　黎明精品/199
云南勐海七子饼茶　宫廷普洱王/200
孔雀之乡七子饼茶　越陈越香/201
黎明普洱散茶　精品/202
云南勐海七子饼茶　7590/203
孔雀之乡七子饼茶　御赏贡品/204
云南勐海七子饼茶　金牛献瑞/205
西双版纳勐海乔木云雾圆茶　布朗一号/206
西双版纳勐海乔木云雾圆茶　布朗二号/207
云南勐海七子饼茶　0840/208
云南勐海七子饼茶　0830/209
云南勐海七子饼茶　0820/210
云南普洱饼茶/211
黎明普洱　特制珍品/212
黎明普洱　特制珍品/213
孔雀之乡七子饼　雅韵/214
易武山老树茶　珍藏版/215
云南勐海七子饼茶　黎明青饼/216
云南七子饼茶　孔雀献瑞/217

易武正山早春乔木圆茶　特制珍藏版/218
中华国谊盛世普洱　国谊/219
2008年首届中国天然橡胶产业发展大会纪念茶/220
全国农垦宣传文化工作会纪念/221
云南勐海七子饼茶　嫦娥奔月/222
云南勐海七子饼茶　金丝青饼/223
孔雀之乡大树生饼　黎明天香/224
云南七子饼茶　乔木茶王/225
云南勐海七子饼茶　布朗大树/226
云南乔木生态茶　沱王/227
云南勐海七子饼茶　嫦娥奔月/228
云南勐海七子饼茶　黎明典藏/229
全国农垦宣传文化工作会纪念/230
云南勐海七子饼茶　孔雀之春/231
云南勐海七子饼　陈香普饼/232
勐海大叶种云雾圆茶　黎明红印/233
勐海七子饼茶　黎明金象/234
孔雀之乡七子饼　醇韵/235
布朗大树　沱茶/236
云南七子饼茶　孔雀献瑞/237
云南勐海七子饼茶　甲级早春/238
勐海孔雀之乡七子饼茶　布朗乔木/239
勐海大叶种云雾圆茶　黎明红印/240
云南勐海七子饼茶　福华号/241
云南勐海乔木圆茶　特制限量版/242
勐海七子饼茶　黎明金象/243
云南七子饼茶/244
云南普洱饼茶/245
云南勐海乔木古树圆茶　2008限量版/246
孔雀之乡黎明七子饼　祥云号/247
云南勐海七子饼茶/248
兜兜影协成立六十周年典藏品/249
孔雀之乡七子饼茶　金毫贡饼/250
云南勐海七子饼茶　福华号/251
孔雀之乡黎明七子饼　祥云号/252
云南七子饼茶　乔木茶王/253
云南勐海七子饼茶　0880/254
云南勐海七子饼茶　0880/255
云南乔木古树茶　黎明经典/256
云南乔木古树茶　黎明经典/257

2009年

班章生态茶/258
黎明普洱/259
竹筒茶/260
早春生态茶砖　越陈越香/261
云南勐海七子饼茶　早春银毫/262
云南勐海七子饼茶　宫廷普洱王/263
孔雀之乡七子饼茶　黎明精品/264
云南勐海七子饼茶　7540/265
孔雀之乡七子饼茶　越陈越香/266
云南勐海七子饼茶　0432/267
2009年云南勐海七子饼茶　7590/268
云南勐海七子饼茶　金针白莲/269
云南勐海高山乔木古树　献礼/270
云南勐海七子饼茶　早春银毫/271
云南勐海七子饼茶　布朗早春/272
云南勐海七子饼茶　0880/273
中华人民共和国60周年志庆饼/274
黎明茶砖/275
光辉历程/276
光辉历程/277
班章生态茶　黎明之光/278
云南乔木生态茶　沱王/279
傣乡沱茶/280
七彩孔雀/281
七彩孔雀/282
樟香金砖/283
早春生态沱茶/284
九九归——澳门回归10周年纪念/285
五福临门　厚砖/286
樟香厚砖/287
百福贡茶　福/288
云南勐海七子饼茶　勐宋熟饼/289
云南勐海七子饼茶　珍藏品 / 290
班盘老茶　早春乔木 / 291
云南勐海七子饼茶　孔雀之春 / 292
云南勐海七子饼茶　黎明晨韵 / 293

云南勐海七子饼茶　黎明极品 / 294

云南勐海七子饼茶　陈韵普饼 / 295

云南勐海七子饼茶　金枝玉叶 / 296

云南勐海早春乔木圆茶　生态珍藏品 / 297

巴达青饼 / 298

云南勐海七子饼　嫦娥奔月 / 299

至醇 / 300

班章贡饼 / 301

双陈 / 302

易武老树茶砖 / 303

凤沱 / 304

布朗山生态圆茶 / 305

勐宋那卡大树茶　早春乔木 / 306

云南勐海七子饼茶　金御赏 / 307

高山青饼　早春乔木 / 308

云南勐海七子饼茶　7530 / 309

云南勐海高山乔木古树茶　献礼 / 310

云南勐海七子饼茶　勐宋青饼 / 311

云南勐海七子饼茶　金虎贺岁饼 / 312

上海市行知中学建校70周年纪念 / 313

2009年澳门国际环保合作发展论坛及
展览纪念 / 314

百福贡茶　福 / 315

中华人民共和国60周年志庆饼 / 316

云南勐海七子饼茶　金虎贺岁饼 / 317

茶为国饮黎明普洱　金芽金毫 / 318

云南七子饼茶　宫廷普洱王 / 319

云南勐海七子饼茶　福华号 / 320

孔雀之乡七子饼茶　金饼 / 321

布朗金毫 / 322

云南七子饼茶　樟香贡饼 / 323

皇家贡饼 / 324

红韵圆饼 / 325

陈年老茶头 / 326

龙沱 / 327

勐海大叶种云雾圆茶　黎明红印 / 328

云南勐海老树圆茶　南糯银毫 / 329

金玉满堂 / 330

金玉满堂　珍藏贡品 / 331

珍品纯韵 / 332

孔雀之乡七子饼茶　谷花茶 / 333

云南勐海老树茶　螃蟹脚青饼 / 334

云南勐海七子饼茶　孔雀之春 / 335

易武正山老树茶　特级品 / 336

勐海乔木饼茶　景迈山 / 337

樟香醇韵 / 338

八角亭乔木圆茶　金贡品 / 339

八角亭乔木圆茶　银贡品 / 340

光辉历程纪念饼 / 341

滇砖普洱茶 / 342

2010年

竹筒茶 / 343

孔雀之乡七子饼茶　越陈越香 / 344

云南勐海七子饼茶　7590 / 345

第五届中国云南普洱茶国际博览交易
会纪念茶 / 346

云南勐海七子饼茶　早春银毫 / 347

八角亭七子饼茶　越陈越香 / 348

云南勐海七子饼茶　0432 / 349

云南勐海七子饼茶　7540 / 350

云南勐海七子饼茶　宫廷普洱 / 351

云南乔木生态茶　沱王 / 352

傣乡沱茶 / 353

高枕无忧厚砖 / 354

勐海乔木饼茶　七大茶山 / 355

勐海乔木饼茶　七大茶山之易武山 / 356

勐海乔木饼茶　七大茶山之布朗山 / 357

勐海乔木饼茶　七大茶山之南糯山 / 358

勐海乔木饼茶　七大茶山之巴达山 / 359

勐海乔木饼茶　七大茶山之勐宋山 / 360

勐海乔木饼茶　七大茶山之景迈山 / 361

勐海乔木饼茶　七大茶山之班盘山 / 362

易武正山生态乔木贡砖　限量珍藏版 / 363

云南七子饼茶　宫廷普洱王 / 364

云南勐海七子饼茶　陈香 / 365

班章古茶七子饼　黎明饼王 / 366

云南勐海高山乔木圆茶　金典888 / 367

云南勐海早春乔木圆茶　生态珍藏品 / 368

陈年茶头 / 369

枣香金砖 / 370

八八旧砖 / 371

百年原味 / 372

云南七子饼茶 乔木茶王 / 373

易武正山早春乔木圆茶 特制珍藏版 / 374

名山系列之布朗山纯大树 / 375

乔木茶王大砖 / 376

经典大树圆茶 云雾尚品 / 377

云南勐海布朗高山生态茶 黎明韵象 / 378

勐海班章生态茶 老寨班章 / 379

云南勐海七子饼茶 布朗乔木 / 380

易武麻黑古茶 / 381

云南勐海乔木古树圆茶 黎明特制版 / 382

云南勐海七子饼茶 早春贡饼 / 383

八角亭七子饼茶 早春生态乔木 / 384

八角亭七子饼茶 早春生态 / 385

南糯古茶七子饼 / 386

勐海乔木生态茶 味酽香 / 387

孔雀之乡七子饼茶 布朗乔木 / 388

嫦娥奔月 / 389

八角亭七子饼茶 333 / 390

黎明生态七子饼 / 391

景迈山乔木古树茶 景迈香饼 / 392

易武大树圆茶 佰年尚普 / 393

班章老寨生态茶 普洱王 / 394

黎明七子饼茶 冰韵 / 395

老树乔木茶 布朗尚品 / 396

云南勐海七子饼茶 古韵留香 / 397

嫦娥奔月 / 398

贡瑞针莲 / 399

孔雀之乡乔木七子饼茶 精品 / 400

云南勐海生态乔木圆茶 金虎限量版 / 401

勐海大叶种云雾圆茶 黎明红印 / 402

五年醇韵 / 403

易武麻黑圆茶 麻黑古茶 / 404

勐宋那卡大树茶 早春乔木 / 405

深山老树圆茶 普福号 / 406

易武贡饼 生态古树茶 / 407

云南勐海七子饼茶 黎明印级圆茶 / 408

无非妙道 / 409

珍品纯韵 / 410

云南勐海七子饼茶 黎明甲级 / 411

和 谐 / 412

勐宋生态大树圆茶 好茶 / 413

至 醇 / 414

孔雀之乡乔木七子饼茶 五星饼 / 415

孔雀之乡七子饼茶 银饼 / 416

第五届中国云南普洱茶国际博览交易

会纪念茶 / 417

乔木贡瑞 / 418

云南生态饼茶 班章贡瑞 / 419

勐海大叶种云雾圆茶 大树古叶陈茶 / 420

云南勐海七子饼茶 云雾圆茶 / 421

易武麻黑生态茶 普洱王 / 422

孔雀之乡乔木七子饼茶 六星饼 / 423

5年陈老班章 / 424

名山系列之班章山纯料茶 / 425

名山系列之易武山纯料茶 / 426

名山系列之南糯山纯料茶 / 427

名山系列之勐宋山纯料茶 / 428

名山系列之景迈山纯料茶 / 429

易武正山老树茶 / 430

八角亭普洱散茶 / 431

陈年醇韵 / 432

普洱熟砖 / 433

2011年

千家寨古乔木茶 原野香 / 434

班章古茶 / 435

黄金号2011 / 436

勐海生态乔木沱茶 圆润 / 437

御赏乔木 / 438

勐海金玉天七子饼茶 黄金嫩 / 439

云南勐海七子饼茶 0880普饼 / 440

樟香尚品 黎明醇韵 / 441

龙团凤饼系列 凤饼圆茶 / 442

嫦娥奔月 / 443

勐海金玉天七子饼茶 白雪香 / 444

云南勐海生态乔木圆茶　鸟金号 / 445

黎明岁月留香 / 446

勐宋那卡大树茶　早春乔木 / 447

云南七子饼茶　恒兴建材 / 448

布朗臻品 / 449

易武正山早春乔木圆茶　特制珍藏版 / 450

大班章 / 451

御赏乔木 / 452

孔雀之乡乔木七子饼茶　四星饼 / 453

生态班章 / 454

皓韵 / 455

龙团凤饼系列　龙团圆茶 / 456

金印乔木圆茶 / 457

云南乔木古树圆茶　特制青饼 / 458

易武 / 459

黎明特制易武青饼 / 460

云南勐海生态乔木圆茶　白金号2011 / 461

孔雀之乡乔木七子饼茶 / 462

勐海生态七子饼茶　和润 / 463

孔雀之乡乔木七子饼茶 / 464

云南勐海生态乔木圆茶　玉兔 / 465

云南七子饼茶　乔木茶王 / 466

班盆青饼 / 467

易武正山老树茶　2011特级品 / 468

易武正山大树茶　特级品 / 469

景迈古茶 / 470

布朗青饼 / 471

易武麻黑乔木茶　普洱王 / 472

云南古茶七子饼　一品班章 / 473

勐海乔木七子饼熟茶　精品 / 474

云南生态饼茶　班章贡瑞 / 475

勐海大叶种云雾圆茶　黎明红印 / 476

国品班章 / 477

班章老树茶　经典1989 / 478

班章古茶 / 479

云南七子饼茶　恒兴建材 / 480

布朗臻品 / 481

陈年老茶头 / 482

大班章沱王 / 483

品味班章 / 484

云南勐海七子饼茶　宫廷普洱王 / 485

黎明岁月留香 / 486

云南勐海七子饼茶　布朗早春 / 487

云南勐海七子饼茶　早春银毫 / 488

云南勐海七子饼茶　0432 / 489

云南勐海七子饼茶　7540 / 490

里程碑 / 491

孔雀之乡七子饼茶　越陈越香 / 492

孔雀之乡七子饼茶　御赏贡品 / 493

里程碑 / 494

云南勐海七子饼茶　7590 / 495

班章老寨乔木茶　普洱王 / 496

勐海生态乔木茶　黄印圆茶 / 497

早春生态方砖 / 498

生态黄金砖 / 499

黎明生砖　特供 / 500

黎明熟砖　特供 / 501

黎明生沱　特供 / 502

黎明熟沱　特供 / 503

勐海生态乔木砖茶　厚润 / 504

小金蛋 / 505

小贵人 / 506

2012年

至臻醇品 / 507

云南七子饼茶　乔木茶王 / 508

国韵臻品 / 509

大班章生态沱 / 510

老茶头 / 511

班章古树生态茶　普洱王 / 512

易武古树生态茶　普洱王 / 513

云南生态饼茶　班章贡瑞 / 514

易武 / 515

易武 / 516

云南勐海七子饼茶　0432 / 517

八角亭七子饼茶　黎明之光 / 518

大班章生态茶 / 519

云南勐海早春乔木圆茶　地道酽味 / 520

孔雀之乡七子饼茶　御赏贡品 / 521

特制珍品 / 522

特制珍品 / 523

孔雀之乡七子饼茶　越陈越香 / 524

云南勐海七子饼茶　7590 / 525

云南勐海七子饼茶　宫廷普洱王 / 526

八角亭七子饼茶　布朗一号 / 527

云南勐海七子饼茶　布朗早春 / 528

云南勐海七子饼茶　早春银毫 / 529

孔雀之乡七子饼茶　布朗古韵 / 530

古树情班章韵　魅力老寨 / 531

品味班章 / 532

云南勐海七子饼茶　7540 / 533

里程碑　青饼 / 534

里程碑　普饼 / 535

八角亭迷你砖 / 536

八角亭迷你沱 / 537

八角亭迷你沱 / 538

早春生态方砖 / 539

傣乡沱茶 / 540

至臻醇品　小金砖 / 541

2013年

老茶头 / 542

黎明熟砖　特供 / 543

陈香熟砖 / 544

福华勐海普洱熟茶　孔雀之乡·御赏贡品 / 545

福华勐海七子饼茶　孔雀之乡·御赏贡品 / 546

八角亭七子饼茶　布朗一号 / 547

布朗山 / 548

勐宋山 / 549

巴达山 / 550

易武山 / 551

景迈山 / 552

南糯山 / 553

八角亭七子饼茶　黎明之光 / 554

品味易武 / 555

陈韵青砖 / 556

至臻易武茶砖 / 557

黎明生沱　特供 / 558

乔木圆茶　珍藏版 / 559

易武古树茶王 / 560

云南勐海七子饼茶　金色映象 / 561

班盆早春 / 562

勐海班章生态茶　班章 / 563

荣宝斋 / 564

班章秘境 / 565

八角亭七子饼茶　老树普洱 / 566

元之木 / 567

八角亭七子饼茶 / 568

品味班章 / 569

云南易武乔木青饼　茶树王 / 570

荣宝斋 / 571

茶王青饼 / 572

勐海乔木熟砖 / 573

勐海乔木青砖 / 574

贡瑞针莲 / 575

孔雀之乡七子饼茶　布朗古韵 / 576

冰岛古树茶王 / 577

云南勐海七子饼茶 / 578

云南勐海七子饼茶 / 579

勐海早春乔木圆茶　班章古茶王 / 580

西双版纳傣族自治州成立60周年　布朗春芽 / 581

蛇舞吉祥 / 582

云南勐海乔木古树圆茶　特制限量版 / 583

大雪山古树茶 / 584

孔雀之乡　龙韵 / 585

八角亭普洱茶　刮风寨传奇 / 586

布朗古树圆茶 / 587

云南西双版纳勐海古树圆茶　茗门益品 / 588

勐海古乔木砖茶　荣宝斋 / 589

勐海陈年普洱砖茶　荣宝斋 / 590

里程碑　青饼 / 591

广州市荔湾区普洱茶文化协会纪念饼 / 592

易武古树砖 / 593

后记 / 594

茶史篇

CHASHI PIAN

"八角亭" 品牌简介

云南省黎明农工商联合公司茶厂坐落于美丽神奇的西双版纳州勐海县境内，隶属于云南省农垦集团有限责任公司。1964年初成立了茶叶加工组，经数十年辛勤耕耘发展成了今天的黎明茶厂，所生产的普洱茶享誉四海。"八角亭"已成为普洱茶的名牌。

关于"八角亭"，民间流传着这样一个美丽的传说：相传在很早的时候，佛祖派他的八大高僧到处传经。八大高僧云游四海，有一天走到西双版纳勐遮山顶上，俯瞰山下，整个勐遮坝被云海笼罩，这时正值黎明时分，晨光普照，云海五光十色，十分诱人。长僧道：你们稍候，我先去试探下云海的深度。他便跃入云海中，缓缓落入地面，也不知云海有多厚，地面十分平坦，花香扑鼻，加上坐落在天边的傣乡，构成一幅迷人的画卷。长僧正看得入神，忽听传来："长老到来有失远迎，看完风光我托你上去。"长僧一看是一只老龟，老龟是佛祖安排在这里修行守卫的，后来它化为坝中之山，人称龟山。此后傣家在龟山顶上修一佛塔，永作纪念。

八大高僧在山顶一直谈到云消雾散，这时勐遮坝风光尽收眼底，一派田园风光如诗如画，只见一处，老茶树与茶花息息相映，茶花香飘林间，溪水穿林而过，水尤清冽，鱼游浅底，林间百鸟鸣唱，构成一幅迷人的画卷。

八大高僧被这清幽的环境以及沁人心脾的茶花香打动了，不约而同赞道：妙哉！妙哉！于是他们在此间各指一方。双手一拍，顿时在平地上出现一个亭阁，茶树将亭阁围绕，溪水从亭下流过，成了后来的流沙河。他们坐于亭中，饮着浓香的茶水，谈笑说经。

后来，这个亭阁成了现在的八角亭，而八大高僧所饮的茶便是现在的"八角亭"普洱茶。八角代表佛祖身边的八大高僧，四个分别向东南西北开的门，示意中国的佛教思想和"八角亭"普洱茶传遍四面八方。

黎明之所以选择"八角亭"作为普洱茶的商标，首先是因为他拥有特殊的地理位置——普洱茶的故乡西双版纳。其次是"八角亭"有特别的寓意，八角在传说中是代表佛祖身边的八大高僧，在黎明人的理念中，这八大高僧则代表了世界各地的茶叶爱好者，黎明人愿借助优质优价的普洱茶与各界人士架起友谊的桥梁，共享美好的明天。

时任云南省人民政府副省长程映萱到
黎明茶厂调研

时任云南省人民政府副省长程映萱和西双版纳
傣族自治州州长刀林荫深入生产一线调研

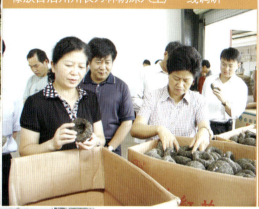

时任西双版纳傣族自治州州长刀林荫到黎明茶厂参观指导

云南农垦集团有限责任公司总经理迟中华到黎明
茶厂检查指导工作

云南农垦集团勐海八角亭茶业发展历程

古人云："五十而知天命"，八角亭茶业走过的半个世纪风雨历程，凝聚了两代茶人的艰辛拼搏和无私奉献，企业的发展也经历了一个从无到有、由弱到强的曲折过程。今天回顾过去，我们深怀无比崇敬的情感，怀念我们的前辈茶人、茶事，目的是时刻提醒我们，他们无愧于属于他们的时代，我们是站在巨人肩上，将继承他们的优良传统，不断努力奋进，光大未竟的事业，实现共同的梦想。

八角亭茶业的发展可以分为三个阶段：1984年以前的原始发展时期；1984年至2000年稳步发展时期；2001年到现在的转型提升发展时期，在每一个阶段均脱离不了当时的经济社会发展的现实背景，发生了无数趣人趣事。

第一篇　探索

　　云南农垦集团勐海八角亭茶业有限公司原名称是云南省黎明农工商联合公司茶厂，谈起黎明茶厂的历史就一定要从云南省黎明农工商联合公司开始。

　　云南省黎明农工商联合公司，原名为国营黎明农场（以下简称黎明农场）。1955年4月初，遵照上级关于屯垦戍边、保卫边疆、建设边疆的决定，中国人民解放军四兵团十三军三十九师、三十七师及军直单位的复转军人陆续来到了西双版纳勐遮坝，于1955年4月15日正式成立国营农场，并命名为国营黎明农场。属军垦性质，1957年3月始划归云南农垦总局领导。

　　1970年2月25日，根据中央军委1969年10月1日批示组建为中国人民解放军云南生产建设兵团一师五团。

　　1974年9月根据云南生产建设兵团（1974）81号文件通知，撤销云南生产建设兵团一师五团番号，恢复其原国营黎明农场称谓。

　　1980年1月10日，按照上级有关精神，国营黎明农场更名为云南省黎明农工商联合公司至今。

　　黎明农工商联合公司所在地勐遮坝的种茶历史可追溯到20世纪30年代初期，当时有一个白姓国民党军官，回族，云南大理人，带领100余名军人在勐遮坝子屯垦，以农养武、种植茶叶。现仍有部分茶树保留下来，这是有记录在勐遮坝最早人工栽培的茶树。而黎明农场建场后的次年即1956年初就抽调50余人建立了以种植特种经济林木为主的特林队。至此开启了黎明农场茶叶种植的大幕，虽然在以后的十余年间茶叶种植面积增长较慢，遇到了一些困难，有外部政策的原因，也有自身经验和技术匮乏的因素，有成功的喜悦，也伴随着失败的教训，但黎明茶人没有退缩，反而积极探索使得后期茶园得到快速的发展，乃至后来茶叶产业变成了黎明农场支柱产业之一，这都是后话，暂且按下不表，还是先回到茶叶加工发展过程上来吧。

用现在的话说需求决定了方向。1964年，由于特林队初期定植的茶园这一年开始投产，在春季3月份，由特林队自己组建了一个茶叶加工组，由7人组成。当时新建了两间草房作加工车间，无机械设备，只有一口用青砖砌成的口径为70厘米的铁锅灶，5块竹编晒席，两个竹编烤笼，代替烘干机作烘烤茶叶之用，揉捻采用手工方式。

当时的加工工艺极为简单原始，用铁锅快速杀青后，用手揉捻，再摊放在烤笼上用火炭烘干或摊放在晒席上太阳晒干，加工出的干茶就是"烘青"或"晒青"毛茶。

据《农垦黎明志》记载，特林队杨姓农林技术员在任职期间，由于"文化大革命"极"左"思潮的冲击，在清查"黑五类"中，受家庭影响，被多次追查其在昆父母的财产转移问题，最后查无实据，只将杨两个月应发工资125元扣下，并就用此款从勐海县农机厂购回手推式揉茶机1台；该揉茶机靠4人推动运转，为节省人力后改为牛拉式，开创了半机械揉茶的历史，一次偶然的机会，一名橡胶技术员建议改用武汉生产的12匹马力的柴油机作动力，经反复试验取得成功，从此结束了牛拉式的揉茶方式，这时已经到了1966年。这个小故事从一个侧面如实地描述了茶叶加工初期的艰辛和黎明茶人的智慧，但这确是"黎明"走出茶叶加工历史的第一步。

由于特林队试种茶叶成功后，1969年开始黎明农场在全场范围内推广，茶叶种植面积逐年增长。茶叶的初加工均由种植茶叶的生产队自己组织加工，有的加工点开始出现自己购置部分小型杀青机、揉捻机、烘干机等加工机械，并建盖了简易的专用的加工厂房。1979年黎明农场决定："把茶产业列为继'胶、糖、粮'之后的主要开发经济项目"。至此茶叶生产加工成为了黎明农场四大支

柱产业，茶产业进入正常的发展时期，主要表现在种植面积迅速增长、毛茶产量快速提高、加工设备逐步齐全，变手工"炒菜式"的杀青为机械杀青，揉捻机代替"揉面式"的手工操作，自动烘干机代替了竹编烤笼，加工效率大幅提高。1982年开始出现了小型精制加工点，以自身的毛茶为原料进行深加工，生产出不同规格的成品茶。

通过多年的实践和发展，茶叶生产加工有了一批懂得种植、加工技术的人员，有了初步的从原料型生产转向商品型生产的经验和能力，也有了进一步加快发展的需求，为后来黎明茶厂发展奠定了良好的基础。

绿""滇红"（红碎茶、红条茶）为主，随着生产工艺的不断进步、各类专业人才的充实、内外各种关系逐步理顺，黎明茶厂的生产稳步发展，无论是加工产量、产值、销售收入、效益、职工收入均有了较大的提高。这期间的1998年还向国家商标局正式申请了注册商标"八角亭"，并获得批准，"八角亭"商标沿用至今。产品花色品种发展到30余个，产品除交售给当时的云南省茶叶进出口公司外，还销往广东、福建、湖南、东北等地。

由于长期以来注重产品质量，重信誉、讲诚信，特别是20世纪90年代中期，逐步形成了自己产品的特色，在广大消费者中已形成专门购买黎明茶厂产品的消费群体，"八角亭"品牌在市场中有了一定的口碑，整个生产呈现产销两旺的好势头。

第三篇　转型提升

　　天有不测风云，20世纪90年代末茶叶市场发生重大转变，国际市场出现了大调整的状况，尤以苏联解体这一导火索，对我国茶叶出口产生了较大的冲击，在这之前欧洲特别是东欧国家一直是中国茶叶出口非常重要的市场之一，苏联解体后使得各独联体国家的经济进入了低迷调整期。而云南省作为国内产茶大省难免受到影响，国内红茶市场持续低迷，加之没能及时把握市场需求变化，提早进行产品结构调整，黎明农工商联合公司茶厂的生产经营遇到了前所未有的困难。车间开工不足、产品销售不畅、职工收入无法保证、资金周转困难、人心涣散，整个企业的生产经营形势十分严峻。

面对困难，云南农垦人没有退缩，坚强的黎明茶人同样没有退缩。在上级各级领导的关心支持下，在进行了充分的调研论证后决定迎难而上，发挥自身的技术优势和地处勐海县的区位优势，果断进行产品结构调整，逐步减少传统红茶、绿茶的生产，探索生产云南传统名优茶——普洱茶，并逐步扩大普洱茶的产量，背水一战杀出一条血路，使得企业走出困境，实现转型升级。

目标、战略已经确定，接下来就是贯彻实施。今天在这里描述这些设想看是容易，但实践中远没有这样简单，每一个经历过企业转型过程中阵痛的人有着刻骨铭心的记忆。而黎明茶人在这一过程中尤其艰难，因为当时面临着内忧外患两方面因素的挑战。首先是内部职工队伍不稳定，人心浮动；虽然同为茶叶加工但普洱茶的生产工艺、技术、设备与传统红绿茶的生产完全不同，需要对原有的工艺、设备及生产流程进行大规模的重置和改造，特别是普洱熟茶的发酵技术无任何实践经验，形象地说就是需要伤筋动骨做大手术，但黎明茶厂自身却资金严重匮乏、普洱茶生产技术和工艺流程一片空白，稍有不慎就会造成无法挽回的损失。其次是外部，首当其冲的是市场在哪里，原来的客户基本都是以销售红、绿茶的，而且当时国内市场对云南普洱茶的认知度非常低，即使产品出来了如何商品化是面临的第一道坎；此外虽然企业地处普洱茶原产地勐海县境内，但茶叶加工的企业寥寥无几，整个茶产业尚处在比较保

守的时期，大多数茶企之间基本上没有来往交流，无法互相取长补短，这是我们在企业转型过程中面临的又一道坎。

这里归纳的困难因素只是当时的一隅，实际上遇到的难处要多得多，在此不可能一一赘述。但是需要提及的是时任厂长张云军临危受命，带领黎明茶厂一班人为企业的转型付出了艰辛的努力，做出了突出的贡献，此外在此期间得到了勐海当地的个别茶厂和广东茶商的帮助支持，使得黎明茶厂的转型不断向前推进，这些人物和事件都是每个黎明茶人应铭记在心的。

功夫不负有心人，坚韧不拔的黎明茶人经过不懈努力，最终完成了转型，逐步走出了困境。2000年末、2001年试制普洱茶成功，并形成产品投放市场，2002年生产普洱茶100余吨，2003年生产200余吨，连续两年普洱茶产量在总产量中的比重不断提高。

2004年初经与云南省黎明农工商联合公司协商一致，并报云南南省农垦总局同意，由云南农垦茶叶发展有限公司法人承包经营云南省黎明农工商联合公司茶厂。根据当时黎明茶厂的实际，结合对市场发展的前景预测，农垦茶叶发展有限公司对黎明茶厂的发展确立了以过硬产品质量为基础，着力打造"八角亭"品牌在市场中的知名度、美誉度和满意度，走发展外延的道路，逐步构建企业的核心竞争力，缔造百年企业为目标的发展战略。在接下来的十年中黎明茶厂和黎明茶人按照这一思路，明确目标、夯实基础、坚持不

懈、努力奋斗，虽然也经历一些波折但均顺利渡过，如2007年的市场风波，2008、2009年的市场调整等事件的影响。在这期间黎明茶厂产品质量不断提高、管理不断完善、生产稳步增长，"八角亭"品牌不断成长，市场影响力、知名度、美誉度不断提升，产品已经发展到600余个品种，在各种评比中获奖无数，先后被授予"云南名牌产品""云南名牌农产品"。"八角亭"商标连续九年被评为"云南著名商标"，黎明茶厂被省政府授予"茶叶生产先进单位"，被农业厅认定为"省级农业产业化龙头企业"。

2006年云南农垦集团有限公司为整合内部茶产业资源，谋求茶产业做强做优，将黎明茶厂整体上划至云南农垦茶叶发展有限公司，这是黎明茶厂在资产上的最后一次变动。

我们回顾历史目的是为了缅怀前人的功绩，可以以史为鉴，使我们时刻保持清醒的头脑，牢记自己的责任，俗话说"逆水行舟、不进则退"，今天的黎明茶人常怀感恩之心，牢记广大消费者和合作商家及社会各界一路走来所给予的关爱和支持，以安全健康的产品、全心全意的服务，以着力打造适合消费、能够消费的产品为己任，回馈社会、报答各界。我们坚信有您一路相伴、一路扶持，黎明茶厂的明天一定更稳健、更美好。

云南农垦集团勐海八角亭茶业有限公司
2014年8月

茶性篇

CHAXING PIAN

独爱早春银毫

　　本人爱茶、品茶数年，喝茶是平时最大爱好之一，家里的茶叶品种也不少。一直喜欢普洱那种纯真的味道，尤其喜爱老生茶。

　　生茶是指新鲜的茶叶采摘后以自然的方式陈放，不经过人工"发酵""渥堆"处理，但普洱生茶经过加工整理、修饰饰形状的各种云南茶叶（饼茶、砖茶、沱茶）的统称。生茶茶性比熟茶烈、刺激，新制或陈放不久的生茶有苦涩味，汤色较浅或黄绿。长久储藏，香味越来越醇厚。

　　这款"早春银毫青饼"，2006年曾荣获金奖，茶饼整体松紧适度洒面条索细嫩，茶汤色泽很好，比普通的生茶色度深了一点，正好是老生茶的特征。滋味强烈甘爽香气纯正叶肥芽嫩。品饮时色香味俱全，蜜香厚重，持久性方面表现不凡，茶味十足，回甘快而浓。茶底均匀整齐，口感及茶香都不错，如果再放置一段时间应会更加好！亲朋好友来一杯八角早春银毫普洱老生茶，汤色鲜艳，香气浓浓，味道甘美，经久耐冲。

林宗辉 摄

茶中滋味

我是个爱喝茶的人，爱喝绿茶和普洱茶。

八角亭2011年里程碑熟茶，饼子很瓷实，大且饱满，茶叶能看得出绝对是好茶，茶叶也很干净！掰一块放在杯子里，冲入滚烫的开水，无须片刻，茶汤颜色就红浓明亮，品一口，滋味浓郁，闻一闻，香气高扬。那口感真的是饱满醇厚，回甘持久。配一块甜点，喝茶，真是惬意！

浓郁飘香的普洱茶，你值得拥有！

（香~）

一茶一知己 知己好茶

—— 八角亭2014布朗山

2014-06-04 高顺 龙鑫名茶（广东）

18

　　茶如人生，淡中有味，虚怀若谷，怡然自得。喝出了苦和甜，清和涩。人生必有一知己无话不谈，无话不说。人生何求？得一知己好茶，细品其苦甜青涩便是人生。

　　"人生就像一杯茶，不会苦一辈子，总会苦一阵子"。人生该怎么走，这在于自己的选择，需像茶一样，靠慢慢品味，我偏爱沏香醇八角亭布朗山茶，静静放松心情，那散发着遥远原始布朗山的香气，给人以味觉、视觉及精神上的享受。让我能看着清淡之物，品尝着它的原汁原味，品味耐人寻味的人生……人生如品茶，一杯清茶，就像一个大千世界，每片茶叶恰似红尘中的芸芸众生。人赤条条来到这个世界，其实无论怎么过，都要有意义，都要让人有感悟，还要让人寻味，只是看你从那个度去感悟，选择……

　　爱人是可遇不可求，知己却可求不可遇，人的一生都是会有不完美的，正是这种不完美，人就必须需要有知己。知己可以是同性也可以是异性，但知己须必就是心心相印，能理解你、宽容你、认同你、牵挂你。彼此欣赏，彼此倾慕，彼此的关注，并渗入彼此心灵的最深处。能给你无穷的力量和勇气，是你倾诉的对象，是你的一件衣服，寒冷时，会给你温暖，炎热时，会给你又是一丝凉爽。会分担彼此的快乐与痛苦，让你知道被人彼此牵挂，难以言语的那种感动与幸福，从而使自己的生活得充实而快乐，使得人生更精彩。

"品味班章"之体感

上海市　周哲敏

林宗辉 摄

普洱茶界一直流传着一句名言"班章为王，易武为后"。本人有幸喝了一款"品味班章"普洱茶品，才真正地体会到何为"班章为王"的感受。

品味班章：

第一道入口，喉润。茶水入口，又厚又滑，无须用力吞咽，茶水自己从嘴过喉入腹，顿感喉润，两颊生津。

第二道入口，包口裹舌，茶水入口开始时感觉不到明显的茶香茶感，等茶过口后，茶香茶感慢慢从口腔喉部回出来，整个口腔有刚刷完牙、漱完口的清新，无比舒畅。

第三四道入口，随着茶水的入腹，感觉肢体上的经络，后背的经络有着气血在流动的感觉，口腔的刺激不断加深，满嘴开始生津，并且能达到舌底鸣泉的境界。

而后几道能使此感觉保持很长时间，尾水非常甘甜，回甘茶香能保持数小时，品味班章后，整个一天都回味不止。

一杯清茶，品著心境

本人是云南文山人，是个公交车驾驶员，有5年多的喝茶历史了，平时喝的就是普洱生茶和普洱熟茶，每天晚上三五个茶友聚在哪家一起喝茶聊天，天天如此。

清香的茶香味飘入鼻中，再看看这茶水的颜色，清澈透底，普洱生茶的纯正淡黄色映入眼帘，端起一杯，闻了三五秒钟，享受八角亭傣乡沱茶的独特清香，然后品了一口，感觉到普洱生茶特有的一点点苦涩味，涩味是因为陈放时间只有两年，如果再存储上三年五载，那涩味就不会有了，茶水在嘴里很顺滑，感觉就是口感很不错，于是连喝了三杯，舌跟有了很明显的甘甜味出现，我喝普洱生茶这么多年，十多个厂家的茶，这价位的茶，还是第一次喝到这么好的，这么润口，回甘这么快的呢，而且不是我一个的感觉，同时四个茶友也有同感，都很赞。

普洱生茶自然转熟的进程相当缓慢，视保存环境条件，至少需要近十年，时间越长，茶体内的多酚类化合物的酶性和非酶性氧化越完全，其陈香越发醇和稳健，但韵致活泼生动，这种活力即为茶人所称道的"茶气"。生茶适合喜欢原生态，崇尚自然的人士长久储藏，可以陈放在家中，年复一年看着生普洱叶子颜色的渐渐变深，香味越来越醇，就像人生阅历的累计，有着说不尽的乐趣和兴奋。

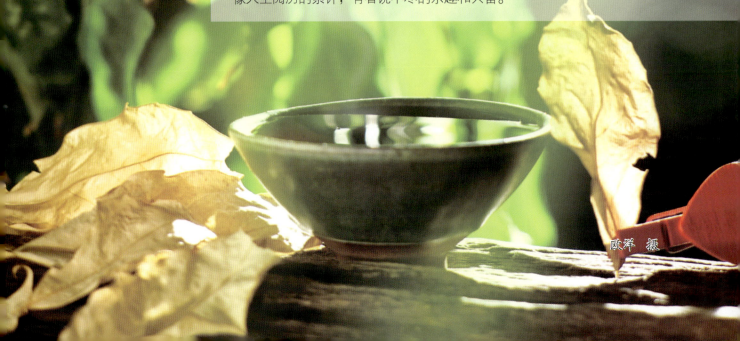

欧泽 摄

炎炎夏日与香郁普洱的浪漫邂逅
（2013年景迈山普洱生茶）

　　身为福建人及"资深"养生爱好者，本人自然是各类茶饮的忠实信徒。闲暇时，邀约三俩好友，摆上整套茶具，泡上一壶功夫茶，边品茗边畅谈。就是工作繁忙之时，带个简易玻璃茶壶，装上茶叶灌满开水，也是茶香一天相伴。

　　喝多了本省的铁观音，尝试一下来自云南的普洱，自然十分不错。

　　打开包装，闻到一股类似阳光的味道，颜色有点青黑（与铁观音、红茶、绿茶都不一样噢），为了更好地观察茶汤的颜色和茶叶的形状，特地选择了一个玻璃杯。取了一点茶叶后，用开水冲泡，原来团在一起的茶叶经过开水的浸润，全都舒展开了。茶汤渐渐呈现出琥珀般的颜色，给人温暖的感觉。

　　入口后先是感觉有点稳重深沉的味道。之后香、甜、甘、苦、涩、津、气、陈各种味道感觉融汇交融在一起，令人回味无穷。有别于铁观音和绿茶的清香，普洱的香味更加丰富，怪不得有人说"不识云南普洱茶枉喝茶。"

林宗辉 摄

慕茗普洱

　　昔归产于云南省临沧市临翔区邦东乡境内的昔归村忙麓山，忙麓山是临沧大雪山向东延伸靠近澜沧江的一部分，背靠昔归山，向东延伸至澜沧江，山脚便是归西渡口（原嘎里古渡）。

　　昔归茶内质丰富十分耐泡，茶汤浓度高，滋味厚重，香气高锐，茶气强烈却又汤感柔顺，水路细腻并伴随着浓强的回甘与生津，且口腔留香持久。

　　昔归茶，属邦东大叶种，因为当地的习惯每年只采春茶和秋茶两季，所以茶树保护得比较好，茶质比其他村寨要好得多。

　　昔归茶开汤，汤色淡黄清亮，入口即香，无杂味，味甘；三泡后回甘更明显，香气高锐，两颊与舌底生津，舌面感觉微涩，化得很快。

　　四至六泡，香气如兰，冰糖香渐显，水质较黏稠，重手泡后苦现，较轻，易化；七泡后汤色几乎未变，醇厚，更佳，尚微涩，喉韵深，回味悠长；十泡后水渐淡，甜味稍减，回甘好，冰糖香尚存。

黄良　摄

芳香普洱，沁人心扉

早春生态沱是一款很好的普洱，可以从以下几个方面来品味：

看茶

散茶：外观色泽褐红润泽，级别越高嫩度越好，外形紧实，净度好。

茶饼：茶饼松紧适宜，条形完整清晰，优质普洱茶外形光洁平整，色泽光润，闻之陈香味浓，无异味。

汤色：优质普洱茶汤色红浓明亮，汤质明净。

香气：陈香浓郁纯正，香味悠长持久，伴有樟香、藕香、糖香等自然的特殊香味。

滋味：醇厚甘滑，饮后口舌生津，回味悠长持久。

叶底：色泽褐红、匀亮，条形完整，叶质柔软，无腐败硬化现象。以上几个条件综合评价，再依据自己喜好就可以选购到自己满意的普洱茶。

普洱茶适宜用沸水冲泡，否则不能很好地体现茶汤品质。

23

闻香

闻汤前香

温壶（或盖碗）后倒入茶叶，盖上盖数秒，借壶中热气闻茶香。

闻汤后香

出汤后，闻壶盖（或盖碗盖中心）聚集的香气。一般在出汤后温度很高的情况下，茶的香味不容易嗅出并可能因蒸汽影响到鼻腔的敏感度，所以出汤很快的情况下，适宜在温度稍微降低时再闻。

品味

最适合的饮茶温度介于40~50℃度之间。

品尝茶汤时，让舌头在口腔中来回打转，让茶汤充分与口中味觉细胞接触，以鼻子呼出口中气味，将茶汤慢慢咽下，感受茶汤的刺激性、浓稠度、回甘、余味。（提示：舌头各部位的味觉：舌尖对甜味敏感，舌根对苦味敏感，舌中部对鲜涩味敏感。所以，一般情况下，舌尖尝甜味，舌面尝酸味，舌头的后面尝苦味，舌头的两边尝咸味。收敛性强的茶，因品种和产地不同，其收敛性在口腔中表现的部位亦会不完全一致。感受一般会因人而异，不可一概而论。且舌头味觉随温度而改变，不同的温度下，舌头对各种味道的感觉有所不同。）

一、刺激性

茶汤一入口，舌头、鼻腔的嗅觉立刻受到或轻或重的刺激，这里纯指嗅觉对茶叶滋味产生的反应。

二、浓稠度

借舌头在口腔中转动感受茶汤的浓稠度。浓稠度高，代表茶叶的浸出物多，茶汤的成分含量高，滋味自然好。

三、回甘

回甘又称为喉韵，当茶汤入喉，收剑性与刺激性逐渐消失，唾液慢慢分泌而出，此时喉咙感觉滋润甘美，这就是回甘，越持久越好。

四、余味

品尝喝入茶汤，许久后仍对茶叶的滋味留有印象，这就是余味十足的好茶。

普洱茶需用心品茗，啜饮入口，始能得其真韵;虽茶汤入口略感苦涩，但待茶汤于喉舌间略作停留时,即可感受茶汤穿透牙缝、沁渗齿龈,并由舌根产生甘津送回舌面,此时此乃品茗之最佳感受。

冠韵 摄

茶品篇

/CHAPIN /PIAN

八角亭 ®

云南省著名商标

Since 1964

西双版纳勐海大叶种云雾园茶

27

❋ 产品介绍

　　饼形均整，显金毫，汤色褐红明亮，滋味甘甜，陈香气足，叶底红褐匀亮。

类　别	熟饼
规　格	357克
生产日期	2001年

西双版纳勐海大叶种云雾园茶

28

黎明云雾园茶

本品系选用生长在云南省勐海县云雾缭绕的山区和半山区的云南大叶种茶树上采摘的鲜叶，用普洱茶传统工艺适度发酵，高温蒸压而成。具有茶体丰满厚实，茶条肥硕油润，茶汤红黄鲜亮，香气纯正，滋味醇厚回甘，饮之清凉爽滑消化，提神醒脑之功能。同时还具有减肥降血压、降血脂及胆固醇之功能，对中老年人和高血压与动脉硬化患者，均有良好作用。

本品适宜长期贮存、年代越长品质及保健、药效越佳。

中国云南省勐海县黎明茶厂

❋ 产品介绍

　　饼形端正、条索肥大油润，汤色红黄明亮，香气独特持久显蜜香，滋味霸气强劲、口感饱满、喉韵悠长，叶底色泽暗黄肥红均匀。

类　　别	生饼
规　　格	500克
生产日期	2001年

云南原野香七子饼茶
普洱王

29

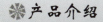
产品介绍

　　饼形圆整、条索肥壮显毫，汤色红黄鲜亮，香气纯高，滋味醇厚生津、回甘持久，叶底肥厚均匀、色泽红黄。

类　别	生饼
规　格	500克
生产日期	2002年

西双版纳勐海大叶种云雾圆茶

黎明云雾圆茶

本品系选用生长在云南省勐腊县云雾弥漫的山区和半山区的云南大叶种茶树上采摘的原料，用普洱茶传统工艺经发酵制，高温蒸压而成，具有饼体平滑厚实，茶多肥硕油润，茶汤红黄鲜亮，香气纯正，滋味醇厚回甘，饮之浓浓醇厚助消化，具神清爽之功效。同时还具有减肥降血压、降血脂及防癌症之功能，对中老年人和高血压与肥胖病症患者，均有良好作用。

本品适宜长期贮存，年代越长品质及保存，药香越佳。

中国云南省勐海县黎明茶厂

❋ 产品介绍

　　饼形周正、条索紧实显毫，汤色红黄明亮，香气纯正蜜香，滋味浓厚甘醇、回甘生津，叶底色泽红黄均匀。

类　别	生饼
规　格	357克
生产日期	2002年

八角亭普洱茶 典籍

云南七子饼茶

景迈千年萬畝古茶園概況

惠民哈尼族鄉位于瀾滄易東南部，與西雙版納州勐海縣勐龍鄉鄉鄰，通過214線暢背而遇，交通便利，地理位置優越，故有《瀾滄南大門》之美稱。

千年萬畝古茶園占地2.8萬畝，實有採摘面積10003畝，古茶園地處瀾滄易東南部的惠民鄉鄉境內景邁、芒景村，距縣城70余公里。茶園由景邁、芒蟹、芒洪、翁居、翁窪等村寨橫連而成，這裏的茶樹大部分樹冠整株，枝葉茂密，最大的茶樹樹圍達150厘米，品種優良，具有發芽早，葉質肥軟、厚實肥壯，顯露白毫。內含豐富，是天然的保健飲料，是雲南茶業中的佼佼者，是世界罕見的大面積栽培古茶林，是茶文化的發源地之一。曾經到這裏考察茶片的萬畝古茶園是珍青的《茶树自然博物館》。

饮景迈古茶　健康走天下

❋产品介绍

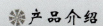

　　螃蟹脚青饼，饼形圆整、条索紧实、显螃蟹角，汤色红黄明亮，香气纯正悠长，滋味浓醇厚实、回甘持久、生津明显，叶底肥厚均匀。

类　别	生 饼
规　格	357克
生产日期	2002年

云南七子饼茶

八角亭普洱茶
典籍

云南七子饼茶

云南"七子饼茶"采用云南名茶中外的"普洱茶"作原料，速度发酵，经高温蒸压成成，汤色红黄鲜亮，香气纯真，滋味醇厚，具有回甘之特点，饮之清宜解渴，帮助消化，祛除疲劳，提神醒酒。

YUNNAN CHITSU PINGCHA

Yunnan Chitsu pingcha (also called Yuancha) is manufactured from Puerhcha, a tea of world - wide fame, through a process of optimum fermentation and high - temperature steaming and pressing . It affords a bright red - yellowish liquid with pure aroma and fine taste , and is characterised by a sweet after - taste all its own . Drink a cup of this , and you will find it very refreshing and thirst - quenching . It also aids your digestion and quickens your recovery from fatigue or intoxication.

中国土产畜产进出口公司云南省茶叶分公司
CHINA NATIONAL NATIVE PRODUCE & ANIMAL BY - PRODUCTS
IMPORT & EXPORT CORPORATION
YUNNAN TEA BRANCH

❀ 产品介绍

　　饼形工整，条索紧结匀整，芽毫显露，汤色红黄通透，香气纯正幽扬、荷香味浓，滋味醇和厚实、舌底生津，叶底匀整泛红色。

类　别	生饼
规　格	357克
生产日期	2002年

云南勐海早春乔木圆茶
生态珍藏品

云南勐海縣早春喬木圓茶

本品系選用雲南省西雙版納勐海縣熱帶雨林中生長
約千年大葉種喬木古茶樹上採摘下來的芽葉，用"普洱茶"
傳統工藝，經高溫殺青，手工揉製，日光乾燥，再經高溫
蒸壓而成，具有香氣純高，湯色橙黃明亮，滋味濃烈厚實，
回甘生津，"霸氣"突出之特點，適宜長期貯存陳化。

中國雲南省勐海縣黎明茶廠

33

❋ 产品介绍

　　饼形匀整美观大气，压制松紧适度，饼面条索紧实完
整，汤色红黄明亮，香气纯正甜香，滋味厚实浓醇、回甘
生津，叶底色泽红黄均匀。

类　别	生饼
规　格	1000克
生产日期	2002年

傣乡沱茶

34

❉ 产品介绍

　　沱形工整美观、碗口平整，沱面显毫，汤色黄红透亮，香气纯正显栗香，滋味浓醇厚实、回甘生津、叶底色泽红黄匀齐。

类　别	生沱
规　格	250克
生产日期	2002年

南糯山古乔木大树茶

46

雲南勐海縣早春喬木圓茶

本品采選用雲南省西雙版納勐海縣熱帶雨林中生長的千年大葉糯喬木古茶樹上採摘下來的芽葉，用"普洱茶"傳統工藝，經高溫殺青，手工揉制，日光幹燥，再經高溫蒸壓而成。具有香氣純高，湯色橙黃明亮，滋味濃烈厚實，回甘生津，"霸氣"突出之特點。適宜長期貯存陳化。

中國雲南省勐海縣黎明茶廠

❋ 产品介绍

2004年春茶，饼形周正匀称，松紧适度，汤色黄红、明亮，滋味醇和甘爽，香气纯正甜香，叶底微红有活性。

类　别	生饼
规　格	357克
生产日期	2004年

班章乔木古茶

云南勐海县早春乔木圆茶

本品系选用云南省西双版纳勐海县热带雨林中生长的千年大叶种乔木古茶树上采摘下来的芽叶，用"普洱茶"传统工艺，经高温杀青，手工揉制，日光钟滁，再经高温蒸墨而成，具有香气馥郁高，汤色橙黄明亮，滋味浓郁厚醇，回甘生津，"霸气"突出之特酷。适宜长期贮存硬化。

中国云南省勐海郡黎明茶厂

45

❋ 产品介绍

　　2004年春茶，饼形端正大方，松紧适度，汤色黄红明亮，滋味浓厚，陈韵初现，香气纯正悠长、显樟香，叶底微红有活性。

类　别	生饼
规　格	357克
生产日期	2004年

云南勐海七子饼茶

普洱金毫

八角亭普洱茶 典籍

云南七子饼茶

云南"七子饼茶"古称圆茶，系选用驰名中外的"普洱茶"制作
的。这类饼茶，经高温蒸压而成，汤色红黄鲜亮、香气纯高、西味醇厚，
具有回甘之特点，饮之清凉解渴、帮助消化、味醇浓爽、提神醒酒。

YUNNAN CHITSU PINGCHA

Yunnan ChitSu pingcha(also called Yuancha)is manufactured from Puerhcha
a tea of world-wide fame,through a process of optimum fermentation and high -
temperature steaming and pressing.it affords a bright red -yellowish liquid with pure
aroma and fine taste and is characterised by a sweet after - taste, all its own. Drink a
cup of this, and you will find it very refreshing and thirst - quenching.it also aids
your digestion and quickens your recovery from fatigue or intoxication.

中国云南西双版纳勐海馨明茶厂出品
MENG-HAI LMENG TEA FACTORY XISHUANGBANNA YUNNAN CHINA

❋ 产品介绍

　　饼形端正匀称，金毫显而不脱面，汤色红艳明亮，滋
味浓醇甘爽，滑感明显，香气陈香浓郁，叶底红褐柔嫩。

类　　别	熟饼
规　　格	200克
生产日期	2004年

云南老班章野生茶

班章王

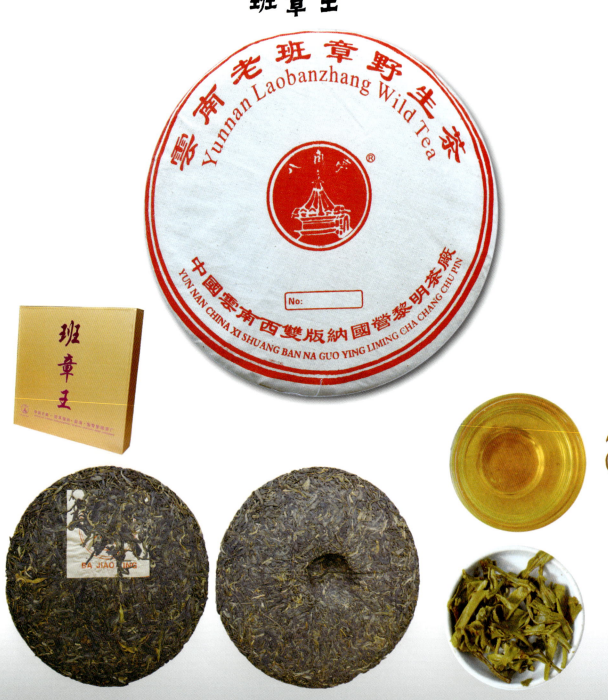

❋ 产品介绍

　　饼形圆正、松紧适度、条索肥大显毫，汤色红黄透亮，陈香浓郁、滋味醇厚、回甘持久，叶底均齐。2003年、2004年、2005年、2006年均有生产。

类　　别	生　饼
规　　格	1000克
生产日期	2003年

云南勐海千年乔木古茶青饼

八角亭普洱茶 典籍

云南勐海大叶种乔木古茶

本品系选用云南省西双版纳勐海县热带森林中生长的千年大
叶种乔木古茶树上采摘下来的芽叶，用"普洱茶"传统工艺，经
高温杀青，手工揉制，日光干燥，再经高温蒸压塑而成。具有香气
纯高，汤色橙黄明亮，滋味浓烈厚实，回甘生津，"霸气"尖锐之
特点，适宜长期贮存陈化。

中国云南省勐海县黎明茶厂

❋ 产品介绍

　　饼形圆整秀美、松紧适度、条索细嫩显毫，汤色红黄
明亮，香气幽幽荷香，滋味浓醇厚实、回甘生津，叶底色
泽红黄均匀。

类　　别	生　饼
规　　格	200克
生产日期	2003年

42

云南七子饼茶

41

黎明云雾圆茶

本品采选用生长在云南省勐海县云雾缭绕的山区和季山区的云南大叶种茶树上采摘的鲜叶，用普洱茶将传统工艺适度发酵，高温蒸压而成。具有汤味丰满厚实，茶条肥硕油润，茶汤红黄鲜亮，香气纯正，滋味醇厚回甘。饮之精原解油腻化，提神醒脑之功效，同时还具有减肥降血压、降血型及型解酒之功能，对中老年人和高血压与动脉硬化患者，均有良好作用。

本品适宜长期贮存，年代越长越品质及保健、药效越佳。

中国云南省勐海县黎明茶厂

❀ 产品介绍

　　饼形圆正、条索紧实，汤色红黄明亮，香气纯正清香，滋味浓醇生津、显荷香，叶底色泽红黄匀整。

类　　别	生　饼
规　　格	357克
生产日期	2003年

云南勐海早春乔木圆茶

八角亭普洱茶 **典籍**

雲南勐海縣早春喬木圓茶

　本品系選用雲南省西雙版納勐海縣熱帶雨林中生長的千年大葉種喬木古茶樹上采扥下來的芽菜，用"普洱茶"傳統工藝，經高溫殺青，手工揉制，日光幹燥，再經高溫蒸壓而成。具有香氣醇厚，湯色橙黃明亮，滋味濃烈厚實，回甘生津，"瑒氣"突出之特點，適宜長期貯存陳化。

中國雲南省勐海縣黎明茶廠

❋ 产品介绍

饼形圆整，条索肥硕油润有光泽，汤色红黄明亮，香气纯正显蜜香，滋味厚实浓醇、回甘生津，叶底色泽红黄匀齐。

类　　别	生饼
规　　格	357克
生产日期	2003年

40

景迈古乔木大树茶
2003年早春

39

景迈古乔木大树茶饼

千年万亩古茶园地处澜沧县东南部的惠民乡境内,占地2.8万亩。

茶园由景迈、芒景、芒洪、翁基、翁挂等村寨汇连而成,这里的茶树大部份树冠挺拔,枝叶茂密,最大的茶树树围达150厘米,品种优良,具有发芽早,叶质柔软、厚实肥壮、显露白毫,内含丰富之特点,当地老百姓称之为大茶树,是天然的保健饮料,是云南茶叶中的佼佼者,是世界罕见的大面积栽培古茶林,是茶文化的发源地之一。

大树茶饼系精选自这些千年大叶古茶树的芽叶再以极度严格的传统工艺精制而成,因而本品极具香气纯高,汤色鲜艳明亮,滋味浓醇厚实,回甘生津,"霸气"突出的特点。

本品诚盏专供普洱茶爱好者们鉴赏、收藏。

饮景迈古茶　健康走天下

❄ 产品介绍

　　饼形圆正美观,条索健壮显毫,汤色红黄透亮,香气纯正显蜜香,滋味厚实甘醇、回甘快、生津强,叶底色泽红黄均匀。

类　别	生　饼
规　格	500克
生产日期	2003年

景迈古乔木大树茶
早春大树茶

景迈古乔木大树茶饼

千年万亩古茶园地处澜沧县西南部的惠民乡境内，占地2.8万亩。

茶园由景迈、芒景、芒洪、翁居、翁基等村寨五连面成。这里的茶树大部份树冠圆披，枝叶茂密，最大的茶树树围达150厘米，品种优良，具有发芽早，叶质柔软，厚实肥壮，显露白毫，内含丰富之特点，当地名百姓称之为大茶树，是天然的保健饮料，是云南茶叶中的佼佼者，是世界罕见的大乔木成培古茶林，是茶文化的发源地之一。

大树茶饼系精选自这种千年大叶古茶树的芽叶，再以极其严格称的传统工艺精制而成，因而本品显具其香气纯高，汤色鲜艳明亮，滋味醇厚厚实，回甘生津，"霸气"突出的特点。

本籍诚邀专供普洱茶爱好者们鉴赏、品尝。

饮景迈古茶　健康走天下

✳ 产品介绍

　　2003年特制，饼形周正、条索肥壮显毫，汤色红黄明亮，香气纯正显花香，滋味甘醇生津、浓醇爽滑，叶底色泽红黄均匀。

类　别	生饼
规　格	357克
生产日期	2003年

云南原野香七子饼茶
普洱王

 **产品介绍**

　　饼形端正大气美观、条索紧结完整、芽毫肥壮呈桔红色，汤色红黄透亮，香气纯正悠长，滋味浓醇厚滑、生津快、回甘强，叶底色泽红黄均匀。

类　　别	生饼
规　　格	500克
生产日期	2003年

云南原野香七子饼茶
普洱王

37

✳ 产品介绍

　　饼形端正大气美观、条索紧结完整、芽毫肥壮呈桔红色，汤色红黄透亮，香气纯正悠长，滋味浓醇厚滑、生津快、回甘强，叶底色泽红黄均匀。

类　　别	生饼
规　　格	500克
生产日期	2003年

景迈古乔木大树茶

早春大树茶

38

景迈古乔木大树茶饼

千年万亩古茶园地处澜沧县东南部的惠民乡境内，占地2.8万亩。

茶园由景迈、芒景、芒洪、芒帕、翁基等村寨汇连面成，这里的茶树大部份树冠粗壮，枝叶茂密，最大的茶树树围达150厘米，品种优良，具有发芽早、叶质柔软、厚实肥壮、显露白毫，内含丰富之特点，当地老百姓称之为大茶树，是天然的保健饮料，是云南茶叶中的佼佼者，是世界罕见的大面积栽培古茶树，是茶文化的发源地之一。

大树茶饼系精选自这种千年大叶种古茶树的芽叶再以极度严格的传统工艺炮制而成，圆面本品最具其香气纯高，汤色鲜艳明亮，滋味浓厚扎实，回甘生津，"霸气"突出的特点。

本品诚造专供普洱茶爱好者们鉴赏，欢迎。

饮景迈古茶　健康走天下

❋ 产品介绍

　　2003年特制，饼形周正、条索肥壮显毫，汤色红黄明亮，香气纯正显花香，滋味甘醇生津、浓醇爽滑，叶底色泽红黄均匀。

类　别	生饼
规　格	357克
生产日期	2003年

布朗山乔木古树茶
银毫饼

本品系选用云南省西双版纳勐海县林带遮林中生长的千年大叶种乔木古树上茶叶下面的芽尖，用"普洱茶"得绿工艺，经高温杀青，手工揉制，日光干燥，再经高温蒸压而成。其有香气纯正，汤色橙黄明亮，滋味浓烈醇厚，回甘生津，"岩韵"突出之特点，置放时间愈长愈佳。

云南勐海大叶种乔木古茶

中国云南省勐海县黎明茶厂

❋ 产品介绍

　　饼形圆正，条索匀整、显毫，汤色橙黄明亮，滋味纯厚，香气纯正、显荷香，叶底肥厚，有弹性。

类　　别	生饼
规　　格	200克
生产日期	2003年

八角亭普洱茶 典籍

36

云南勐海云雾普洱圆茶

云南勐海云雾普洱圆茶

本品系选用生长在云南省勐海县云雾缭绕的山区和半山区的云南大叶种茶树上采摘的鲜叶，用普洱茶传统工艺适度发酵，高温蒸压而成。具有饼体丰满厚实，茶条肥壮油润，茶汤红黄鲜亮，香气纯高，滋味醇厚回甘。饮之能消暑解渴助消化，提神醒脑之功效。同时还具有减肥降血压、降血脂及胆固醇之功能，对中老年人和高血压与动脉硬化患者，均有良好作用。

本品适宜长期贮存，年代越长品质及保健，药效越佳。

电话：0591—5122278—5422515

邮编：665205

中国云南省勐海县黎明茶厂

产品介绍

饼形圆正，松紧适度，汤色褐红明亮，滋味纯正回甘，香气陈香，叶底褐红明亮。

类　　别	熟饼
规　　格	357克
生产日期	2003年

景迈古树圆茶

春茶

景迈千年乔木古茶饼

景迈千年古茶园地处云南省澜沧县的惠民乡境内，茶园古地2.8万亩。1000~1300年连片古茶树面积10000余亩，具有发芽早，叶质柔软，厚实肥壮，白毫显露的特点。

本品系选用这茶园上等原料，按传统普洱茶加工工艺制作运成。具有香气纯正，汤色鲜明亮，滋味浓型厚实，回甘生津"霸气"之特点，实为难得的天然保健饮品，珍藏佳品。

47

❋ 产品介绍

春茶，饼形圆正，饱满，汤色黄红明亮，滋味醇厚甘爽，香气纯正浓醇，叶底肥壮。

类　　别	生　饼
规　　格	357克
生产日期	2004年

普洱茶砖

八角亭普洱茶 典籍

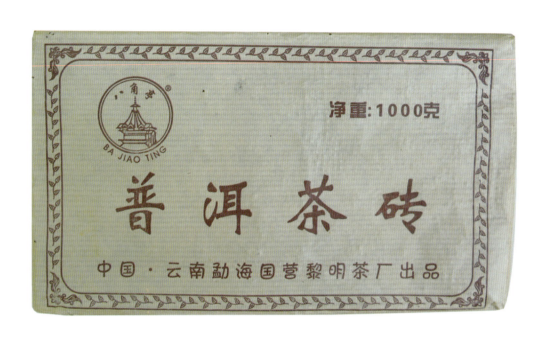

❋ 产品介绍

　　外形周正无缺角，汤色红浓明亮，滋味回甘浓滑，香气沉香，叶底匀称，稍带梗。

类　别	熟　砖
规　格	1000克
生产日期	2004年

云南七子饼茶

甲级

49

❋ 产品介绍

　　饼形圆润匀称，汤色红浓明亮，滋味醇润，香气陈香尚浓，叶底匀净带嫩梗。

类　别	熟饼
规　格	357克
生产日期	2004年

云南勐海千年乔木古茶

八角亭普洱茶
典籍

雲南勐海縣早春喬木圓茶

本品系選用雲南省西雙版納勐海縣熱帶雨林中生長
的千年大葉種喬木古茶樹上採摘下來的芽葉，用"普洱茶"
傳統工藝，經高溫殺青，手工揉制，日光幹燥，再經高溫
蒸壓而成。具有香氣純高，湯色橙黃明亮，滋味濃烈厚實，
回甘生津，"霸氣"突出之特點。適宜長期貯存陳化。

中國雲南省勐海縣黎明茶廠

50

❄ 产品介绍

　　饼形匀净，色泽油润、显金毫，端正匀称，汤色黄红
透亮，滋味浓强回甘，香气纯正，叶底肥厚柔软。

类　　别	生 饼
规　　格	3000克
生产日期	2004年

云南乔木野生茶
黎明茶王

云南七子饼茶

云南"七子饼茶"茶形圆茶，系选用驰名中外的"普洱茶"作原料，经高温蒸压而成。汤色鲜亮，香气纯高，滋味醇厚，具有回甘之特点。饮之清凉解渴，帮助消化，祛除疲劳。

YUNNAN CHI TSE BEENG CHA

Yunnan Chitse bingcha(also called Yuancha) is manufactured from puerh cha, a tea of world-wide fame. Through a process of high-temperature steaming and pressing. It affords a bright liquid with pure aroma and fine taste, and is characterised by a sweet after taste all its own. Drink a cup of this, and you will find it very refreshing and thirst-quenching. I also sid- your digestion and quickens your recovery from fatigue.

中国云南西双版纳国营黎明茶厂
ZHONGGUO YUNNAN XISHUANGBANNA GUOYING LIMING CHACHANG

51

❋ 产品介绍

饼形圆正，松紧适度、条索粗壮显毫，汤色红黄明亮，陈香浓郁，滋味醇厚回甘、甜润爽滑，叶底均匀微红。

类　　别	生饼
规　　格	357克
生产日期	2004年

云南七子饼茶

0432

52

云 南 七 子 饼 茶

云南"七子饼茶"亦称圆茶，系选用驰名中外的"普洱茶"作原料，适度发酵，经高温蒸压而成，汤色红黄鲜亮，香气纯美，滋味醇厚，具有回甘之特点，饮之清凉解渴，帮助消化、祛除疲劳，提神醒酒。

YUNNAN CHITSU PINGCHA

Yunnan Chitsu pingcha(also called Yuancha)is manufactured from Puerhcha, a tea of world-wide fame,through a process of optimum fermentation and high-temperature steaming and pressing.it affords a bright red-yellowish liquid with pure aroma and fine taste,and is characterised by a sweetafter-taste.alittecwn, Drink a cup ofthis, and you will find it very refreshing and thirst-quenching.it also aids your digestion and quickwn your recovery from fatigue or intoxication.

中国云南西双版纳勐海黎明茶厂出品
MENGHAI LIMING TEA FACTORY XISHUANGBANNA YUNNAN CHINA

八角亭普洱茶 典籍

❀ 产品介绍

　　首批常规生饼之一，2004年春茶，饼形周正、略紧，汤色红亮，滋味醇厚，霸气十足，略带烟味，叶底红润、整齐。

类　　别	生 饼
规　　格	357克
生产日期	2004年

云南乔木古树圆茶

乔木圆茶

53

❋ 产品介绍

　　饼形圆正大气、松紧适度、条索肥大显毫，汤色红黄透亮，陈香浓郁，滋味醇厚回甘，叶底嫩匀微黄。

类　　别	生饼
规　　格	3000克
生产日期	2004年

云南乔木古树圆茶

黎明珍品

八角亭普洱茶 典籍

54

❋ **产品介绍**

    饼形圆正、美观大气、条索紧结完整、芽毫肥壮，汤色浓黄透亮，陈香浓郁，滋味醇厚回甘，叶底均匀柔嫩。

类　别	生　饼
规　格	3000克、1000克
生产日期	2004年

云南勐海乔木古树圆茶

特制限量版

云 南 七 子 饼 茶

云南"七子饼茶"古称圆茶，是通用越名中的"圆茶茶"等外形，选度度醇，特面温压后两流，海色红黄鲜亮，香气纯正，回味绵厚，且有饮后之特点，饮之清洁解毒，帮助消化，提神醒脑，减肥降脂等。

YUNNAN CHITSU PINGCHA

Yunnan ChiSu pingchaiso called Yuanchaso manufactured from Puerh.is a tea of world-wide fame through a process of optimum formulations and high temperature steaming and pressing.it affords a bright tea such as red liquid with nice aroma and fine taste and is characterized by a venerable inner structure. Please a cup of this and you will find is very refreshing and there' quenching of your digestion and quickens your recovery from fatigue.so on so on.

中国云南西双版纳勐海黎明茶厂出品
MENGHAI LIMING TEA FACTORY XISHUANGBANNA YUNNAN CHINA

55

❋ 产品介绍

　　饼形端正饱满，松紧适度，汤色红黄明亮，滋味醇厚，香气纯正，叶底肥厚油润。

类　别	生饼
规　格	357克
生产日期	2005年

云南乔木古树圆茶

黎明珍品

56

❈ 产品介绍

　　饼形端正、匀称大方，汤色黄亮，滋味浓厚，香气纯正，叶底肥厚油润。

类　别	生　饼
规　格	400克
生产日期	2005年

云南七子饼茶

云南七子饼茶

云南"七子饼茶"亦称圆茶，系选用驰名中外的"普洱茶"为原料，进度发酵，经高温蒸压而成，汤色红黄鲜亮，香气纯高，回味引序，具有回甘之特点，饮之清凉解渴，帮助消化，祛除疲劳，消纳醒力。

YUNNAN CHITSU PINGCHA

Yunnan ChiTSu pingcha(also called Yuancha)is manufactured from Pu-erh-tea a tea of world-wide fame.through a process of optimum fermentation and high-temperature steaming and pressing .it affords a bright red -yellowish liquid with pure aroma and fine taste.and is characterized by a sweet after- taste. all its own, Drink a cup of this, and you will find it very refreshing and thirst - quenching it also aids your digestion and quickens your recovery from fatigue or intoxication.

中国云南西双版纳勐海国营黎明茶厂 出品
MENGHAI GUOYING LIMING TEA FACTORY XISHUANGBANNA YUNNAN CHINA

57

❋ 产品介绍

　　饼形匀称，松紧适度，不起层脱面，汤色黄红，滋味醇和，香气纯正，叶底肥壮。

类　别	生饼
规　格	357克
生产日期	2005年

孔雀之乡七子饼茶

黎明之光

八角亭普洱茶 **典籍**

58

❋ 产品介绍

　　饼形周正匀称，松紧适度，汤色黄红透亮，滋味浓强回甘，香气纯正，叶底肥厚有弹性。

类　别	生饼
规　格	357克
生产日期	2005年

布朗山乔木古树茶

早春银毫

59

❊ **产品介绍**

　　饼形周正匀称，银毫显露，汤色黄红明亮，滋味醇厚，香气纯正清香，稍有烟味，叶底嫩红柔韧，有活性。

类　别	生饼
规　格	200克
生产日期	2005年

孔雀之乡七子饼茶

布朗青饼

60

云南七子饼茶

云南"七子饼茶"为红圆茶，系选用西双版纳中所产的"普洱茶"作原料，适度发酵，经高温蒸压而成，汤色红亮鲜浓，香气纯正，滋味醇厚，具有甘甜之特点，饮之清凉解渴，帮助消化，涤除疲劳，提神醒酒。

YUNNAN CHITSU PINGCHA

Yunnan ChiSu pingcha(also called Yaaochaja manufactured from Puerhcha, a tea of world-wide fame through a process of optimum fermentation and high-temperature steaming and pressing. It affords a bright red-yellowish liquid with pure aroma and fine taste, and is characterized by a sweet after-taste, all its own, Drunk a cup of this, and you will find it very refreshing and thirst-quenching. it also aids your digestion and quickens your recovery from fatigue or intoxication.

中国云南西双版纳勐海国营黎明茶厂出品
MENGHAI GUOYING LIMING TEA FACTORY XISHUANGBANNA YUNNAN CHINA

❋ 产品介绍

　　特制限量版，2005年明前春茶。饼形端正、松紧适度，汤色栗红，清亮，滋味醇和尚苦，香气纯正有蜜香，叶底微红油润。

类　别	生　饼
规　格	357克
生产日期	2005年

勐海早春乔木圆茶

班章古茶王

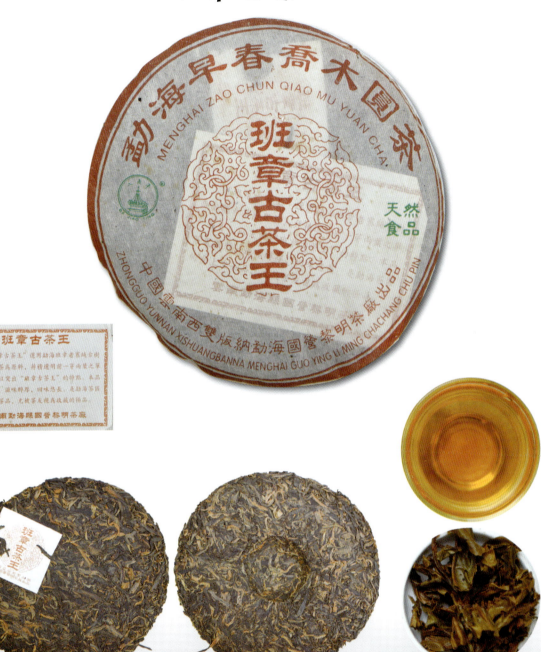

❁ 产品介绍

　　饼形整匀大方，松紧适度，滋味浓强，厚实，回甘快，香气高扬，叶底肥厚柔嫩、有活性。

类　　别	生饼
规　　格	400克
生产日期	2005年

云南七子饼茶
特级

云南七子饼茶

云南"七子饼茶"亦称圆茶，系选用驰名中外的"普洱茶"作原料，适度发酵，经高温蒸压而成，汤色红黄鲜亮，香气纯高，滋味醇厚，具有回甘之特点，饮之清凉解渴，帮助消化，祛除疲劳，提神醒酒。

YUNNAN CHITSU PINGCHA

Yunnan Chitsu pingcha(also called Yuanchai)is manufactured from Puerh cha. a tea of world -wide fame .through a process of optimum fermentation and high - temperature steaming and pressing .it affords a bright red - yellowish liquid with pure aroma and fine taste and is characterized by a sweet after - taste. all its own, Drink a cup of this. and you will find it very refreshing and thirst - quenching. it also aids your digestion and quickens your recovery from fatigue or intoxication.

中国云南西双版纳勐海国营黎明茶厂出品
MENGHAI GUOYING LIMING TEA FACTORY XISHUANGBANNA YUNNAN CHINA

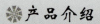 **产品介绍**

　　饼形圆正匀称，金毫显露，汤色红艳明亮，滋味醇滑甘甜，香气陈香浓郁，叶底红褐油润细嫩。

类　　别	熟饼
规　　格	357克
生产日期	2005年

云南勐海七子饼茶

7590

八角亭普洱茶 **典籍**

云 南 七 子 饼 茶

云南"七子饼茶"不称圆茶，系选用驰名中外的"普洱茶"作原
料，经发酵，经高温蒸压而成，汤色红黄鲜亮，香气纯高，滋味
醇厚，具有回甘之特点，饮之清凉解渴，清食解腻，清神醒之。

YUNNAN QIZIBING TEA

Yunnan Qizibing Tea—Yuan Tea,is selected from "puer tea" which popular both
home andabroad as the raw materials.It's made through a process of optimum
fermentation and high-temperature.The tea features a bright red-yellowish colour
with a pure aroma and after drinking sweet.Drinking our product is believed to
quench thirst,aid digestion,refreshing and dispel fatigue.

云南省黎明农工商联合公司茶厂出品
PROUD PRODUCT OF
LIMING AGRO-INDUSTRIAL-COMMERCIAL COMBINES TEA FACTORY YUNNAN

❈ 产品介绍

　　饼形端正厚薄一致，不起层脱面，汤色深红尚明，滋
味醇和回甘，香气陈香纯正，叶底褐红尚柔。

类　别	熟饼
规　格	357克
生产日期	2005年

一叶红

云南七子饼茶

云南"七子饼茶"历经圆茶，系选用版纳名地中的"香茶"作原料，遂度发酵，红汤溢亮而成，汤色红多鲜亮，香气纯正，滋味醇厚，具有回甘之特点，饮之清导解渴，攀胜消化，经脾胃，饭神提起。

YUNNAN CHITSU PINGCHA

Yunnan Chitlsu pingcha(also called Yuanchajia manufactured from Puerhcha, a tea of world-wide fame.through a process of optimum fermentation and high-temperature steaming and pressing .it affords a bright red -yellowish liquid with pure aroma and fine taste.and is characterized by a sweet after - taste. all its own, Drink a cup of this and you will find a very refreshing and thirst - quenching it also aids your digestion and quickens your recovery from fatigue or intoxication.

中国云南西双版纳勐海国营鼙明茶厂出品
MENGHAI GUOYING LIMING TEA FACTORY XISHUANGBANNA YUNNAN CHINA

63

❋ 产品介绍

乔木古茶，2005年春茶，饼形匀整，松紧适中，汤色浓厚，茶气强，微苦，香气清香，叶底肥厚鲜活。

类　别	生饼
规　格	357克
生产日期	2005年

云南勐海七子饼茶
宫廷普洱

八角亭普洱茶 典籍

62

❈产品介绍

    饼形匀称，松紧适度，汤色红艳明亮，滋味浓醇回甘，香气陈香浓润，叶底红褐柔嫩。

类　　别	熟 饼
规　　格	357克
生产日期	2005年

勐海生态贡饼
生态茶

勐海生态贡饼
MENG HAI HENG TAI GONG BING

生态茶
净重：357克

云南西双版纳勐海国营黎明茶厂出品

云 南 七 子 饼 茶

云南"七子饼茶"亦称圆茶，系选用驰名中外的"普洱茶"作原料，适度发酵，经高温蒸压而成，汤色红黄鲜亮，香气纯正，滋味醇正，具有回甘之特点，饮之清心解渴，帮助消化，极除疲劳，解什醒酒。

YUNNAN CHITSU PINGCHA

Yunnan Chitsu pingcha(also called Yuancha)is manufactured from Puerhcha a tea of world-wide fame,through a process of quietened fermentation and high-temperature steaming and pressing. it offends a bright red-yellowish liquid with pure aroma and fine taste.and it characterized by a sweet after - taste. all its own, Drink a cup of this. and you will find it very refreshing and thirst - quenching .it also aids your digestion and quickens your recovery from fatigue or intoxication.

中国云南西双版纳勐海国营黎明茶厂出品
MENGHAI GUOYING LIMING TEA FACTORY XISHUANGBARNA YUNNAN

茶品篇／2005年

61

❋ 产品介绍

　　饼形匀齐端正，厚薄一致，汤色黄红明亮。滋味醇和，香气纯正沉香，叶底肥壮油润。

类　别	生饼
规　格	357克
生产日期	2005年

南糯山乔木古树茶

珍藏版

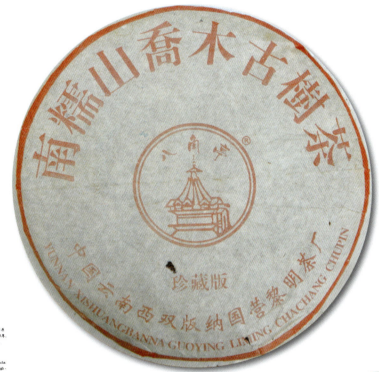

云南七子饼茶

云南"七子饼茶"亦称圆茶，系选用优选中外的"普洱茶"作原料，适度发酵，经高温蒸压而成，汤色红黄明亮，香气较高，滋味醇厚，具有回甘之特点，饮之清凉解渴，每助消化，恢愉疲劳，提神醒酒。

YUNNAN CHITSU PINGCHA

Yunnan ChiSu pingcha(also called Yuanchajia manufactured from Puerhcha a tea of world -wide fame through a process of optimum fermentation and high - temperature steaming and pressing it affords a bright red - yellowish liquid with pure aroma and fine taste and is characterized by a sweet after - taste. all its own, Drink a cup of this. and you will find it very refreshing and thirst - quenching it also aids your digestion and quickens your recovery from fatigue or intoxication.

中国云南西双版纳勐海国营黎明茶厂出品

MENGHAI GUOYING LIMING TEA FACTORY XISHUANGBANNA YUNNAN CHINA

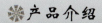

❈产品介绍

　　饼形完整，条型紧结，厚薄匀称，汤色桔红透明，滋味醇酽甘爽，香气清正，叶底粗壮，肥厚，尚柔软。

类　　别	生饼
规　　格	357克
生产日期	2005年

勐海生态饼茶

珍藏

八角亭普洱茶 典籍

68

❀ **产品介绍**

　　饼形圆正、条索紧实显毫，汤色橙黄透亮，香气纯正蜜香，滋味醇厚香甜、回甘生津，叶底色泽微黄匀齐。

类　别	生饼
规　格	357克
生产日期	2005年

布朗山乔木古树茶
珍藏版

雲南野生古茶青餅

原稱雲南"七子餅茶",亦稱圓茶,係特別選用雲南省,(野生古茶)的高山茶作原料,精心特別選用野生的大葉樟茶。完全沒有發酵,經高溫蒸壓而成,湯色紅黃鮮亮,衝泡時未飲已會氣味紛香,且有蜂蜜味的口感,飲後回甘,及有樟香味,飲之清涼,及可解身體的體固醇,幫助消化,提神解酒的功效,確是極品茶餅中之極品。

中國雲南西雙版納勐海縣國營黎明茶廠
保質期:長期保存

69

✳ 产品介绍

　　饼形圆正、松紧适度、条索肥大显毫,汤色红黄透亮,陈香浓郁纯正,滋味醇厚回甘,叶底均齐微红。

类　别	生饼
规　格	357克
生产日期	2005年

孔雀之乡七子饼茶
黎明之光

八角亭普洱茶
典籍

70

❋ 产品介绍

　　班章生态普饼，饼形圆正、条索紧实，汤色红浓黄透，香气显樟香，滋味醇厚甘甜顺滑，叶底色泽红褐肥壮匀齐。

类　别	熟饼
规　格	357克
生产日期	2005年

孔雀之乡七子饼茶
普洱金毫

云 南 七 子 饼 茶
云南"七子饼茶"系标圆茶,系选用驰名中外的"普洱茶"作原料,适度发酵,经高温蒸压而成,汤色红黄鲜亮,香气纯高,滋味醇厚,具有回甘之特久,饮之清凉解渴,消食解腻,提神解乏。

YUNNAN QIZIBING TEA
Yunnan Qizibing Tea—Yuan Tea,is selected from "puer tea" which popular both home and abroad as the raw materials.It's made through a process of optimum fermentation and high-temperature.The tea features a bright red-yellowish colour with a pure aroma and after drinking sweet.Drinking our product is believed to quench thirst,aid digestion,refreshing and dispel fatigue.

云南省黎明农工商联合公司茶厂出品
PROUD PRODUCT OF
LIMING AGRO-INDUSTRIAL-COMMERCIAL COMBINES TEA FACTORY,YUNNAN.

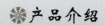

❋ 产品介绍

　　饼形秀美紧凑、条索紧实显金毫,汤色红浓明亮,香气陈香中带栗香,滋味甜醇顺滑、厚实生津,叶底色泽暗红褐、匀细显毫。

类　别	熟 饼
规　格	200克
生产日期	2005年

孔雀之乡七子饼茶

越旧越醇

云南七子饼茶

云南"七子饼茶"系特图茶,系选用驰名中外的"普洱茶"作原料,适度发酵,经高温蒸压而成,汤色红黄鲜亮,香气纯高,滋味醇厚,具有回甘之特点,饮之清凉解渴,帮助消化,袪除疲劳,提神醒酒。

YUNNAN CHITSU PINGCHA

Yunnan ChitSu pingcha(also called Yuancha)is manufactured from Puerhcha, a tea of world-wide fame.through a process of optimum fermentation and high-temperature steaming and pressing .it affords a bright red-yellowish liquid with pure aroma and fine taste.and is characterized by a sweet after-taste. all its own, Drink a cup of this. and you will find it very refreshing and thirst-quenching .it also aids your digestion and quickens your recovery from fatigue or intoxication.

中国云南西双版纳勐海国营黎明茶厂出品
MENGHAI GUOYING LIMING TEA FACTORY XISHUANGBANNA YUNNAN CHINA

❋ 产品介绍

　　特级品,饼形圆整、条索清晰显金毫,汤色红浓明亮,香气醇香绵长,滋味醇厚甘甜柔滑,叶底色泽红褐匀齐。

类　别	熟饼
规　格	357克
生产日期	2005年

勐海老树七子饼茶
醇香

云 南 七 子 饼 茶

云南"七子饼茶"条粉圆茶,系选用驰名中外的"普洱茶"作原料,迳度发酵,经高温蒸压而成,汤色红亮鲜亮,香气越高,滋味醇厚,具有回甘之特点,饮之清凉解渴、帮助消化,壮身疲劳、提神醒酒。

YUNNAN CHITSU PINGCHA

Yunnan ChitSu pingcha(also called Yuanchai)is manufactured from Poorhcha. a tea of world-wide fame through a process of optimum fermentation and high-temperature steaming and pressing. it affords a bright red-yellowish liquid with pure aroma and fine taste and is characterised by a sweet after-taste. all its cure, Drink a cup of this, and you will find it very refreshing and thirst - quenching .it also aids your digestion and quickens your recovery from fatigue or intoxication.

中国云南西双版纳勐海国营黎明茶厂出品
MENGHAI GUOYING LIMING TEA FACTORY XISHUANGBANNA YUNNAN

❊ 产品介绍

　　外形圆整、条索紧结、芽毫肥硕,汤色红黄明亮,香气浓醇有花香,滋味浓厚刚烈、厚实回甘生津,叶底色泽红褐均匀。

类　　别	生饼
规　　格	357克
生产日期	2005年

孔雀之乡七子饼茶
越陈越香

八角亭普洱茶 典籍

云 南 七 子 饼 茶

云南"七子饼茶"亦称圆茶，系选用独五中外的"普洱茶"作原料，适度发酵，经高温蒸压而成，汤色红黄明亮，香气秋高，滋味醇厚，具有回甘之特点，饮之清香醇滑，帮助消化，确除疲劳，获神醒脑。

YUNNAN CHITSU PINGCHA

Yunnan ChiSu pingcha(also called Yuenchain manufactured from Poerhcha, a tea of world-wide fame through a process of optimum fermentation and high-temperature steaming and pressing it affords a bright red-yellowish liquid with pure aroma and fine taste and is characterised by a sweetafter-taste allttuc w t. Drink a cup of this, and you will find it very refreshing and thirst - quenching,it also aids your digestion and quickens your recovery from fatigue or intoxication.

中国云南西双版纳勐海黎明茶厂出品
MENGHAI LIMING TEA FACTORY XISHUANGBANNA YUNNAN CHINA

❋ 产品介绍

502批。选用勐海茶区优质晒青毛茶为原料，经适度发酵，高温蒸压而成。茶饼外观显毫、条索均匀，香气纯正，汤色红浓明亮、滋味醇厚、水性厚实，叶底匀整、褐红柔软有弹性。本品包装未标明产品说明。

类 别	熟饼
规 格	357克
生产日期	2005年

普洱茶砖
越陈越香

净重：250克

普洱茶砖

越　陈　越　香

中國雲南勐海國營黎明茶廠出品

78

❋ 产品介绍

　　砖形周正、厚薄均匀、紧结显金毫，汤色红浓明亮，滋味醇和顺滑，陈香纯正，叶底褐红匀整洁净。

类　　别	熟砖
规　　格	250克
生产日期	2005年

普洱青砖
越久越醇

净重：250克

普洱 青砖
越 久 越 醇
中國雲南勐海國營黎明茶廠出品

77

❋ 产品介绍

外形规正、厚薄均匀、条索紧结显毫，汤色红黄明亮，陈香纯正，滋味醇厚甜滑、回甘强烈，叶底均齐柔嫩。

类　别	生　砖
规　格	250克
生产日期	2005年

云南乔木野生茶

黎明金砖

76

❈ 产品介绍

　　砖形周正、厚薄均匀、茶条粗壮显毫，汤色红黄明亮，陈香纯正，滋味醇厚、回甘持久，叶底均匀微红。

类　　别	生砖
规　　格	250克
生产日期	2005年

孔雀之乡七子饼茶
越陈越香

云南七子饼茶

云南"七子饼茶"系饼圆茶，系选用私名中外的"普洱茶"作原料，适度发酵，经高温蒸压而成，汤色红黄鲜亮，香气纯高，滋味醇厚，具有回甘之特点，饮之清凉解渴，帮助消化，祛除疲劳，还神醒酒。

YUNNAN CHITSU PINGCHA

Yunnan ChiSu pingcha(also called Yuancha)is manufactured from Puerhcha, a tea of world-wide fame,through a process of optimum fermentation and high-temperature steaming and pressing ,it affords a bright red -yellowish liquid with pure aroma and fine taste,and is characterised by a sweet after - taste. all its own, Drink a cup of this, and you will find it very refreshing and thirst - quenching it also aids your digestion and quickens your recovery from fatigue or intoxication.

中国云南西双版纳勐海国营黎明茶厂出品

MENGHAI GUOYING LIMING TEA FACTORY XISHUANGBANNA YUNNAN CHINA

75

❈ 产品介绍

　　503批。选用勐海茶区优质晒青毛茶为原料，经适度发酵，高温蒸压而成。茶饼外观显毫、条索均匀，香气纯正，汤色红浓明亮、滋味醇厚、水性厚实，叶底匀整、褐红柔软有弹性。

类　　别	熟饼
规　　格	357克
生产日期	2005年

竹筒圆茶

79

❋ 产品介绍

　　选用云南优质晒青毛茶，精制而成，松紧适度、条索细嫩，汤色橙黄明亮，滋味强烈甘爽、香气纯正、叶肥芽嫩，持久性好，回甘快而浓。

类　别	生茶
规　格	150克
生产日期	2005年

勐海七子饼茶

马帮下江南

云南七子饼茶

云南"七子饼茶"系精圆茶，系选用驰名中外的"普洱茶"竹历料，适度发酵，经高温蒸压而成，汤色红黄鲜亮，香气独高。品味醇厚，具有回甘之特点，饮之清凉解渴，消食解腻，敬神解之。

YUNNAN QIZIBING TEA

Yunnan Qizibing Tea—Yuan Tea,is selected from "puer tea" which popular both home andabroad as the raw materials.It's made through a process of optimum fermentation and high-temperature.The tea features a bright red-yellowish colour with a pure aroma and after drinking sweet.Drinking our product is believed to quench thirst,aid digestion,refreshing and dispel fatigue.

云南省黎明农工商联合公司茶厂出品
PROUD PRODUCT OF
LIMING AGRO-INDUSTRIAL-COMMERCIAL COMBINES TEA FACTORY,YUNNAN

❀ 产品介绍

贡茶万里行产品，饼形圆正匀齐，松紧适度，汤色红浓明亮，滋味浓厚回甘，香气陈香味纯，叶底褐红油亮。

类　别	熟饼
规　格	357克
生产日期	2006年

云南勐海七子饼茶

宫廷普洱王

云 南 七 子 饼 茶

云南"七子饼茶"亦称圆茶，系选用驰名中外的"普洱茶"作原
料，经发酵，经高温蒸压而成，汤色红贵鲜亮，香气纯高，滋味
醇厚，其有回甘之特点，饮之清凉解渴，消食解腻，提神解之。

YUNNAN QIZIBING TEA

Yunnan Qizibing Tea—Yuan Tea,is selected from "puer tea" which popular both
home andabroad as the raw materials.It's made through a process of optimum
fermentation and high-temperature.The tea features a bright red-yellowish colour
with a pure aroma and after drinking sweet.Enhaking,was product it believed to
quench thirst,aid digestion,refreshing and dispel fatigue.

云南省黎明农工商联合公司茶厂出品
PROUD PRODUCT OF
LIMING AGRO-INDUSTRIAL-COMMERCIAL COMBINES TEA FACTORY,YUNNAN

81

❋ 产品介绍

　　2006年中国广州茶博会特等金奖，饼形匀整端正，厚
薄一致，条索完整，汤色红艳明亮，滋味陈香浓郁，香气
纯正有枣香，叶底褐红细嫩有弹性。

类　　别	熟饼
规　　格	357克
生产日期	2006年

云南勐海七子饼茶

宫廷茶王

云南七子饼茶

云南"七子饼茶"亦称圆茶，系选用驰名中外的"普洱茶"作原料，适度发酵，经高温蒸压而成，汤色红黄鲜亮。香气纯高，滋味醇厚，具有回甘之特点，饮之清凉解渴，消食解腻，提神祛之。

YUNNAN QIZIBING TEA

Yunnan Qizibing Tea—Yuan Tea,is selected from "puer tea" which popular both home andabroad as the raw materials.It's made through a process of optimum fermentation and high-temperature.The tea features a bright red-yellowish colour with a pure aroma and after drinking sweet.Drinking our product is believed to quench thirst,aid digestion,refreshing and dispel fatigue.

云南省黎明农工商联合公司茶厂出品

PROUD PRODUCT OF
LIMING AGRO-INDUSTRIAL-COMMERCIAL COMBINES TEA FACTORY,YUNNAN.

❋ 产品介绍

　　饼形周正饱满，金毫显露，汤色红艳明亮，滋味陈香浓郁，香气陈香甘滑，叶底紧细油亮。

类　　别	熟饼
规　　格	357克
生产日期	2006年

孔雀之乡七子饼

83

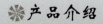 产品介绍

　　饼形外形色泽红褐，形状圆润端正，汤色红润明亮，滋味浓醇回甘，香气陈香尚浓，叶底褐红稍有梗。

类　别	熟饼
规　格	357克
生产日期	2006年

孔雀之乡生态七子饼茶

早春银毫

云 南 七 子 饼 茶

"云南七子饼茶"亦称圆茶,系选用驰名中外的"普洱茶"作原料,经高温蒸压而成,汤色红黄鲜亮,香气纯和,滋味甘美,回甘持久。饮之清凉解渴,清暑解腻,提神解乏。

YUNNAN QIZIBING TEA

"Yunnan Qizibing Tea—Yuan Tea,is selected from "puer'zz" which popular both home andabroad as the raw materials.It is made through a process of optimum fermentation and high-temperature.The tea features a bright red-yellowish colour with a pure aroma and after drinking sweet.Drinking for mouth,it is believed to quench thirst,aid digestion,refreshing and dispel fatigue.

云南昆明农工贸联合公司茶厂出品
PROUD PRODUCT OF
LIMING AGRO-INDUSTRIAL-COMMERCIAL COMBINES TEA FACTORY,YUNNAN

84

❋ 产品介绍

布朗山乔木古树茶,饼形圆正饱满,银毫显露,汤色橙黄明亮,滋味醇厚回甘迅速,香气清香,叶底肥厚嫩匀。

类　别	生饼
规　格	357克
生产日期	2006年

普洱茶砖

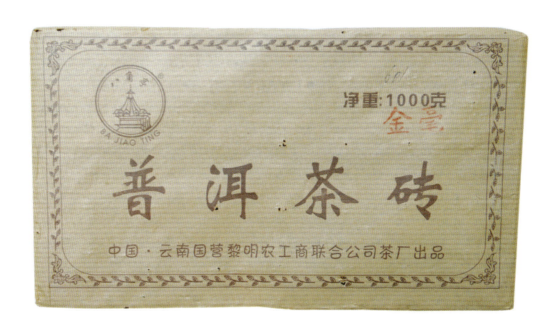

85

❀ 产品介绍

　　金毫，砖形方正，棱角线条完整清晰，汤色深红明亮，滋味浓厚回甘，韵味深，香气陈香浓醇，叶底红褐稍带梗。

类　　别	熟　砖
规　　格	1000克
生产日期	2006年

勐海野生乔木茶

五星饼

86

❋ 产品介绍

　　珍藏版，饼形饱满大方，纹理清晰、周正、美观，汤色橙红透亮，滋味浓强，野放气息浓厚，喉韵深，香气纯正有野生蜂蜜味、叶底微红、油柔、有弹性。

类　　别	生饼
规　　格	1900克
生产日期	2006年

孔雀之乡七子饼茶

黎明之光

❈ 产品介绍

　　特制生饼，饼形整匀饱满，条索完整，汤色橙黄明亮，清透诱人，滋味浓厚甘醇，香气清香浓郁，叶底条索肥壮，芽毫显露。

类　别	生饼
规　格	357克
生产日期	2006年

布朗山乔木古树茶
特制珍藏版

88

❋ **产品介绍**

　　饼形周正圆润，汤色橙黄明亮，滋味浓醇回甘，香气纯正显蜜香，叶底微红，油柔。

类　别	生饼
规　格	357克
生产日期	2006年

云南勐海七子饼茶

云南七子饼茶

云南"七子饼茶"茶称圆茶，茶选用驰名中外的"普洱茶"作原料，适度发酵，绿高温蒸压而成，汤色红亮鲜亮，香气纯高，滋味醇厚，具有回甘之特点，饮之清淳解渴，消食解腻，提神解乏。

YUNNAN QIZIBING TEA

Yunnan Qizibing Tea—Yuan Tea,is selected from "puer tea" which popular both home andabroad as the raw materials.It's made through a process at optimal fermentation and high-temperature.The tea features a bright red-yellow-ish colour with a pure aroma and after drinking sweet.Drinking our product is believed to quench thirst,aid digestion,refreshing and dispel fatigue.

云南省黎明农工商联合公司茶厂出品
PROUD PRODUCT OF
LIMING AGRO-INDUSTRIAL-COMMERCIAL COMBINES TEA FACTORY,YUNNAN

89

❄ 产品介绍

602批，饼形完整，松紧适宜，汤色橙黄鲜亮，滋味醇厚，回甘明显，香气纯高，叶底匀整鲜活。

类　　别	生　饼
规　　格	357克
生产日期	2006年

云南七子饼茶

0432

云南七子饼茶

　　云南"七子饼茶"亦称圆茶，原选用驰名中外的"普洱茶"作原料，适度发酵，经高温蒸压而成，汤色红黄鲜亮，香气纯高，滋味醇厚，具有甜之特点，饮之清凉鲜高，消食解腻，提神解乏。

YUNNAN QIZIBING TEA

Yunnan Qizibing Tea—Yuan Tea,is selected from "puer tea" which popular both home andabroad as the raw materials.It's made through a process of optimum fermentation and high-temperature.The tea features a bright red-yellowish colour with a pure aroma and after drinking sweet.Drinking our product is believed to quench thirst,aid digestion,refreshing and dispel fatigue.

云南省思茅农工商制合公司茶厂出品
PROUD PRODUCT OF
LIMING AGRO-INDUSTRIAL-COMMERCIAL COMBINES TEA FACTORY,YUNNAN.

90

❀ 产品介绍

　　汤色红黄鲜亮，滋味浓香厚醇，回甘快，香气纯高，叶底柔软，鲜嫩。

类　别	生饼
规　格	357克
生产日期	2006年

孔雀之乡七子饼茶

黎明之光

91

❀ 产品介绍

　　班章生态普饼，饼形饼面条形完整，松紧适度，汤色红浓明亮，滋味醇厚、韵味幽长，香气纯正，叶底匀整鲜嫩。

类　　别	熟饼
规　　格	357克
生产日期	2006年

黎明之光

班章生态茶

92

❋ 产品介绍

　　外形条索清晰完整，茶条肥壮，油润，汤色黄亮通透，滋味浓厚回甘，香气纯正，叶底黄绿完整。

类　　别	生　砖
规　　格	1000克
生产日期	2006年

云南乔木生态茶
沱王

❋ 产品介绍

外形美观，压制松紧适度，条索肥壮紧实，白毫显露，汤色红黄明亮，滋味醇厚，香气纯高，清香回甘，叶底暗绿鲜爽。

类　　别	生沱
规　　格	250克
生产日期	2006年

神舟六号
经典沱茶

94

神舟六号经典沱茶

　　"神舟六号经典沱茶"系选用云南乔木大叶种上等晒青春茶作原料，通过高温蒸压而成。造型优美，芽肥叶壮，白毫显露，汤色澄黄明亮，香气清香高纯，滋味醇厚鲜爽，具有饮后回甘之特点。

云南省黎明农工商联合公司茶厂出品

❀ 产品介绍

　　外形优美，芽肥叶壮，汤色红黄明亮，滋味醇厚、鲜爽回甘，香气清高纯，叶底色泽暗绿嫩匀。

类　别	生沱
规　格	100克
生产日期	2006年

孔雀之乡七子饼茶

神舟见证·民族品牌

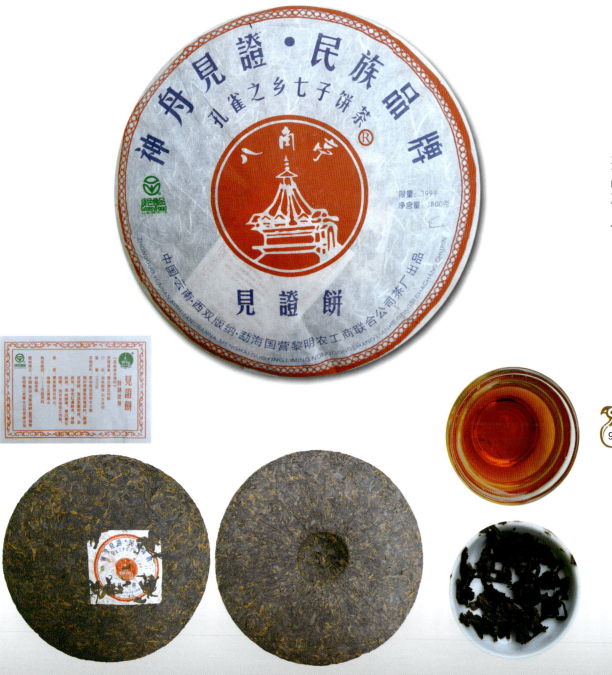

95

❋ 产品介绍

　　饼形圆整，发酵适度，汤色红浓鲜亮，滋味醇厚变化明显，香气纯高，叶底褐红匀整。

类　　别	熟饼
规　　格	1800克
生产日期	2006年

孔雀之乡七子饼茶

神舟见证·民族品牌

❋ **产品介绍**

　　饼形圆整条形清晰，松紧适中，汤色红黄鲜亮，滋味浓厚回甘，香气纯高，底叶尚嫩匀。

类　　别	生饼
规　　格	1800克
生产日期	2006年

早春生态沱茶

早春生态沱茶

　　"云南早春生态沱茶"是
选用云南乔木大叶种上等鲜叶
春茶作原料，通过高温蒸压而
成。造型优美，芽肥叶壮，白
毫显露。汤色橙黄明亮，香气
清香高纯，滋味醇厚鲜爽，并
有饮后回甘之特点。

云南省黎明农工商联合公司茶厂出品

97

✿ 产品介绍

　　贡品，外形优美，芽肥叶壮，白毫显露，汤色橙黄明
亮，滋味醇厚鲜爽，香气清香高纯，叶底色泽暗绿。

类　　别	生沱
规　　格	100克
生产日期	2006年

孔雀之乡七子饼茶

越陈越香

云 南 七 子 饼 茶

云南"七子饼茶"亦称圆茶，系选用驰名中外的"普洱茶"作原料，适度发酵，经高温蒸压而成，汤色红黄鲜亮，香气纯高，滋味醇厚，具有回甘之特点，饮之清凉解渴，消食解腻，提神醒之。

YUNNAN QIZIBING TEA

Yunnan Qizibing Tea—Yuan Tea,is selected from "puer tea" which popular both home andabroad as the raw materials.It's made through a process of optimum fermentation and high-temperature.The tea features a bright red-yellowish colour with a pure aroma and after drinking sweet.Drinking our product is believed to quench thirst,aid digestion,refreshing and dispel fatigue.

云南省黎明农工商联合公司茶厂 出品
PROUD PRODUCT OF
LIMING AGRO-INDUSTRIAL-COMMERCIAL COMBINES TEA FACTORY,YUNNAN

98

❋ 产品介绍

　　饼形松紧适中，汤色红浓鲜亮，滋味醇厚，香气纯高，叶底尚嫩匀。

类　别	熟饼
规　格	357克
生产日期	2006年

云南勐海七子饼茶

云南七子饼茶

云南"七子饼茶"亦称圆茶，系选用驰名中外的"普洱茶"作原料，适度发酵，经高温蒸压而成，汤色红黄鲜亮，香气纯高，滋味醇厚，具有回甘之特点，饮之清凉解渴，消食解腻，提神解乏。

YUNNAN QIZIBING TEA

Yunnan Qizibing Tea—Yuan Tea,is selected from "puer tea" which popular both home andabroad as the raw materials.It's made through a process of optimum fermentation and high-temperature.The tea features a bright red-yellowish colour with a pure aroma and after drinking sweet.Drinking our product is believed to quench thirst,aid digestion,refreshing and dispel fatigue.

云南省黎明农工商联合公司茶厂出品
PROUD PRODUCT OF
LIMING AGRO-INDUSTRIAL-COMMERCIAL COMBINES TEA FACTORY,YUNNAN.

99

❋ 产品介绍

　　饼形周正，汤色红黄鲜亮，滋味醇厚回甘，香气纯高，回甘迅速，叶底柔软匀整。

类　别	生　饼
规　格	357克
生产日期	2006年

孔雀之乡七子饼茶

乔木老茶树

云南七子饼茶

云南"七子饼茶"亦称圆茶,系选用驰名中外的"普洱茶"作原料,适度发酵,经高温蒸压而成,汤色红黄料亮、香气纯高、滋味醇厚,具有回甘之特点,饮之清凉解渴,消食解腻,提神解乏。

YUNNAN QIZIBING TEA

Yunnan Qizibing Tea—Yuan Tea,is selected from " puer tea " which popular both home andabroad as the raw materials.It's made through a process of optimum fermentation and high-temperature.The tea features a bright red-yellowish colour with a pure aroma and after drinking sweet.Drinking our product is believed to quench thirst,aid digestion,refreshing and dispel fatigue.

云南省黎明农工商联合公司茶厂出品
PROUD PRODUCT OF
LIMING AGRO-INDUSTRIAL-COMMERCIAL COMBINES TEA FACTORY,YUNNAN

❈ 产品介绍

饼形端正,银毫显露,汤色红黄明亮,饼面油亮光泽好,滋味刚劲强烈,回甘生津,香气高扬强劲,叶底肥嫩柔软。

类　　别	生饼
规　　格	357克
生产日期	2006年

八角亭七子饼茶

御赏乔木

御赏乔木

"云南御赏乔木青饼茶"系选用云南乔木大叶种上等晒青春茶作原料，通过高温蒸压而成。造型优美、芽肥叶壮，白毫显露，汤色橙黄明亮，香气清香高纯，滋味醇厚鲜爽，具有饮后回甘之特点。极具收藏、存放价值。

西双版纳·勐海云南省黎明农工商联合公司茶厂出品

101

❋ 产品介绍

外形端正，白毫显露，汤色橙黄明亮，滋味醇厚鲜爽，香气清香高纯，叶底暗绿尚匀整。

类　　别	生饼
规　　格	357克
生产日期	2006年

孔雀之乡七子饼茶

神舟六号

云南七子饼茶

云南"七子饼茶"亦称圆茶，系选用驰名中外的"普洱茶"作原料，适度发酵，经高温蒸压而成，汤色红黄鲜亮，香气纯高，滋味醇厚，具有回甘之特点，饮之清凉解渴，消食解腻，提神解乏。

YUNNAN QIZIBING TEA

Yunnan Qizibing Tea—Yuan Tea,is selected from "puer tea" which popular both home andabroad as the raw materials.It's made through a process of optimum fermentation and high-temperature.The tea features a bright red-yellowish colour with a pure aroma and after drinking sweet.Drinking our product is believed to quench thirst,aid digestion,refreshing and dispel fatigue.

云南省黎明农工商联合公司茶厂出品
PROUD PRODUCT OF
LIMING AGRO-INDUSTRIAL-COMMERCIAL COMBINES TEA FACTORY,YUNNAN.

❋ 产品介绍

　　饼形圆润端正、匀整，汤色橙黄明亮、通透，滋味醇厚回甘持久，香气高纯，叶底柔软、黄绿。

类　　别	生饼
规　　格	357克
生产日期	2006年

七彩孔雀

八角亭普洱茶 **典籍**

106

❋ 产品介绍

　　601批，饼形条索清晰，松紧适中，汤色红黄通透，滋味醇厚鲜爽、润滑，香气优雅，叶底匀整。

类　　别	生饼
规　　格	357克
生产日期	2006年

布朗山乔木古树茶

早春银毫

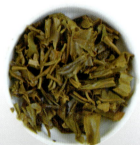

❋ 产品介绍

　　601批，饼形圆正饱满，银毫显露，汤色橙黄明亮，饼面光泽好，香气清香；滋味醇厚、回甘迅速，叶底肥厚嫩匀。

类　　别	生饼
规　　格	200克
生产日期	2006年

布朗山乔木古树茶

早春银毫

八角亭普洱茶 典籍

云南七子饼茶

云南"七子饼茶"系竹筒茶，系选用驰名中外的"普洱茶"作原料，经适度发酵，经高温压而成，汤色红黄鲜亮，香气纯高，滋味醇厚，具有回甘之特点，饮之清凉解渴，消食解腻，提神解乏。

YUNNAN QIZIBING TEA

Yunnan Qizibing Tea—Yuan Tea,is selected from "puer tea" which popular both house and abroad as the raw materials.It's made through a process of optimum fermentation and high-temperature.The tea features a bright red-yellowish colour with a pure aroma and after drinking sweet.Drinking our product is believed to quench thirst,aid digestion,refreshing and dispel fatigue.

云南省黎明农工商联合公司茶厂出品
PROUD PRODUCT OF
LIMING AGRO-INDUSTRIAL-COMMERCIAL COMBINES TEA FACTORY,YUNNAN

❀ 产品介绍

　　602批，饼形圆润，芽肥叶壮，银毫显露，汤色橙黄明亮，饼面光泽好，滋味浓厚回甘，香气纯正高扬，叶底色泽绿黄嫩匀。

类　　别	生饼
规　　格	200克
生产日期	2006年

孔雀之乡七子饼茶

神舟六号

云 南 七 子 饼 茶

云南"七子饼茶"不仅圆茶，系选用驰名中外的"普洱茶"作原料，适度发酵，经高温蒸压而成，汤色红黄鲜亮，香气出高，滋味醇厚，并有回甘之特点。饮之清凉解渴，闷食解腻，提神解乏。

YUNNAN QIZIBING TEA

Yunnan Qizibing Tea—Yuan Tea,is selected from "puer tea" which popular both house andabroad as the raw materials.It's made through a process of optimum fermentation and high-temperature.The tea features a bright red-yellowish colour with a pure aroma and after drinking sweet.Drinking our product is believed to quench thirst,aid digestion,refreshing and dispel fatigue.

PROUD PRODUCT OF
LIMING AGRO-INDUSTRIAL-COMMERCIAL COMBINES TEA FACTORY,YUNNAN.

103

✳ 产品介绍

　　饼形圆润匀整，松紧适中，条索紧细，汤色鲜亮、通透，滋味醇厚回甘，香气醇厚，底叶鲜活匀整。

类　　别	熟饼
规　　格	357克
生产日期	2006年

勐海七子饼茶

早春茶

云南七子饼茶

云南"七子饼茶"序称圆茶,系选用驰名中外的"普洱茶"作原料,送度发酵,经高温蒸压而成,汤色红亮鲜亮、香气纯高、滋味醇厚,具有回甘之特点,饮之清凉解渴,消食解腻,提神解之。

YUNNAN QIZIBING TEA

Yunnan Qizibing Tea—Yuan Tea,is selected from "puer tea" which popular both home andabroad as the raw materials.It's made through a process of optimum fermentation and high-temperature.The tea features a bright red-yellowish colour with a pure aroma and after drinking sweet.Drinking our product is believed to quench thirst,aid digestion,refreshing and dispel fatigue.

云南省黎明农工商联合公司茶厂出品
PROUD PRODUCT OF
LIMING AGRO-INDUSTRIAL-COMMERCIAL COMBINES TEA FACTORY,YUNNAN.

107

❋ 产品介绍

　　饼形圆润,茶形青嫩,汤色黄亮甘甜度适中,滋味纯厚、回甘快,香气清香纯正,叶底完整,舒展。

类　　别	生饼
规　　格	357克
生产日期	2006年

孔雀之乡七子饼茶

谷花茶

云南七子饼茶

云南"七子饼茶"亦称圆茶，系选用优化之中外的"普洱茶"作原料，适度发酵，经高温高压而成，汤色红黄鲜亮，香气纯高，油光醇厚，具有回甘之特点，饮之清凉解渴，清爽舒畅，提神解乏。

YUNNAN QIZIBING TEA

Yunnan Qizibing Tea—Yuan Tea,is selected from "puer tea" which popular both home andabroad as the raw materials.It's made through a process of optimum fermentation and high-temperature.The tea features a bright red-yellowish colour with a pure aroma and after drinking sweet.Drinking our product is believed to quench thirst,aid digestion,refreshing and dispel fatigue.

云南省黎明农工商联合公司茶厂出品
PROUD PRODUCT OF
LIMING AGRO-INDUSTRIAL-COMMERCIAL COMBINES TEA FACTORY,YUNNAN.

108

❋ 产品介绍

　　饼形圆润，茶形条索清晰，芽肥匀嫩，汤色金黄透亮，滋味饱满厚实，香气纯正甘甜，叶底匀整尚嫩。

类　　别	生饼
规　　格	357克
生产日期	2006年

乔木精品王

109

❋ 产品介绍

　　饼形圆润，茶形条索紧实，嫩度高，汤色橙黄明亮，滋味醇厚回甘，香气高扬口感饱满，叶底匀整。

类　别	生饼
规　格	357克
生产日期	2006年

孔雀之乡大树生饼
经典06

110

❋ **产品介绍**

　　饼形圆润，条索粗壮、芽肥，汤色桔黄明亮，滋味醇甘口感饱满，香气纯和，回甘明显，叶底黄绿尚亮。

类　别	生 饼
规　格	357克
生产日期	2006年

云南勐海七子饼茶

孔雀之春

云南七子饼茶

云南"七子饼茶"古称圆茶，系选用驰名中外的"普洱茶"作原料，适度发酵，经高温蒸压而成，汤色红黄鲜亮，香气纯高，滋味醇厚，具有回甘之特点，饮之清凉解渴，溶食解腻，提神解元。

YUNNAN QIZIBING TEA

Yunnan Qizibing Tea—Yuan Tea,is selected from "puer tea" which popular both home andabroad as the raw materials.It's made through a process of optimun fermentation and high-temperature.The tea features a bright red-yellowish colour with a pure aroma and after drinking-sweet.Drinking our product is believed to quench thirst,aid digestion,refreshing and dispel fatigue.

云南省黎明农工商联合公司茶厂出品

PROUD PRODUCT OF
LIMING AGRO-INDUSTRIAL-COMMERCIAL COMBINES TEA FACTORY,YUNNAN.

111

❀ 产品介绍

　　饼形匀整，松紧适度，汤色橙黄明亮，滋味醇和，陈香纯正，香气纯高，叶底均匀。

类　　别	生饼
规　　格	357克
生产日期	2006年

云南勐海七子饼茶

至尊茶王

112

❄ 产品介绍

    饼形匀整，条索肥壮，柔嫩度高，汤色橙黄明亮通透，滋味浓郁回甘，香气纯正，叶底黄绿。

类　　别	生饼
规　　格	357克
生产日期	2006年

云南乔木生态饼茶

乔木贡瑞

113

❋ 产品介绍

　　饼形圆润，条形紧细，汤色红黄透明，滋味厚实，浓强度高，香气清甜，层次变化明显，叶底均整、黄绿。

类　　别	生饼
规　　格	357克
生产日期	2006年

云南七子饼茶

乔木茶王

❋产品介绍

　　饼形外形端正，银毫显露，汤色红黄明亮油润，滋味茶气刚劲强烈，厚重醇香，香气高扬，叶底匀嫩。

类　　别	生饼
规　　格	357克
生产日期	2006年

云南勐海七子饼茶

乔木至尊茶王

云南七子饼茶

云南"七子饼茶"市场圆茶，系选用驰名中外的"普洱茶"作原料，适度发酵，经高温蒸压而成，油色红黄鲜亮，香气纯高，滋味特厚，具有回甘之特点，饮之清凉解渴，消食解腻，提神醒之。

YUNNAN QIZIBING TEA

Yunnan Qizibing Tea—Yuan Tea, is selected from "puer tea" which popular both home andabroad as the raw materials.It's made through a process of optimum fermentation and high-temperature.The tea features a bright red-yellowish colour with a pure aroma and after drinking sweet.Drinking our product is believed to quench thirst,aid digestion,refreshing and dispel fatigue.

云南省黎明农工商联合公司茶厂出品
PROUD PRODUCT OF
LIMING AGRO-INDUSTRIAL-COMMERCIAL COMBINES TEA FACTORY,YUNNAN

❀ 产品介绍

　　饼形端正，松紧适宜，汤色橙黄明亮，香气纯正显蜜香，滋味醇厚，回甘生津，叶底色泽暗黄匀齐。

类　别	生饼
规　格	357克
生产日期	2006年

云南勐海七子饼茶
高山古树茶

八角亭普洱茶 典籍

❋ 产品介绍

　　饼形圆正松紧适宜，汤色橙黄明亮，滋味浓醇厚实，回甘生津，香气纯正甜香，叶底暗黄均匀。

类　别	生饼
规　格	357克
生产日期	2006年

孔雀之乡七子饼茶

黎明春乔

117

❋ 产品介绍

　　饼形圆正，条索紧实，汤色红黄明亮，滋味厚实甘醇，香气纯正显蜜香，叶底柔顺黄绿。

类　　别	生饼
规　　格	357克
生产日期	2006年

布朗山乔木古树茶
女儿贡饼

云南七子饼茶

云南"七子饼茶"亦称圆茶，系选用猛海之今年的"普洱茶"作原料，counter过度复杆，经高温蒸压成形，汤色红黄明亮，香气纯高，滋味醇厚，具有回甘之特点。饮之清凉解渴，帮助消化，祛除疲劳，提神醒酒。

YUNNAN CHITSU PINGCHA

Yunnan ChiTSu pingcha(also called Yuancha)is manufactured from Puerhcha, a tea of world -wide fame.through a process of optimum fermentation and high - temperature steaming and pressing .it affords a bright red -yellowish liquid with pure aroma and fine taste.and is characterized by a cover after - taste. all its own, Drink a cup of this. and you will find it very refreshing and thirst - quenching .it also aids your digestion and quickens your recovery from fatigue or intoxication.

中国云南省双版纳勐海黎明茶厂出品

MENGHAI LIMING TEA FACTORY XISPUANGBANNA YUNNAN CHINA

❋ 产品介绍

　　饼形圆正，松紧适中，汤色红黄明亮，滋味较浓强，回甘快，香气高扬浓郁，叶底匀齐。

类　别	生饼
规　格	250克
生产日期	2006年

孔雀之乡七子饼茶

普洱王

云南 七子饼茶

云南"七子饼茶"茶珍国茶，系选用驰名中外的"普洱茶"作原料，适度发酵，经高温蒸压而成。汤色红黄鲜亮，香气纯高，滋味醇厚，具有回甘之特点。饮之清凉解渴，消食解腻、提神解之。

YUNNAN QIZIBING TEA

Yunnan Qizibing Tea—Yuan Tea,is selected from "puer tea" which popular both home andabroad as the raw materials.It's made through a process of optimum denmnundion and highertemperature.The tea features a bright red-yellowish colour with a pure aroma and after drinking sweet.Drinking our product is believed to quench thirst,aid digestion,refreshing and dispel fatigue.

云南省黎明农工商联合公司茶厂出品

PROUD PRODUCT OF
LIMING AGRO-INDUSTRIAL-COMMERCIAL COMBINES TEA FACTORY,YUNNAN.

❀ 产品介绍

　　饼形端正显金毫，汤色红浓明亮，滋味纯厚，口感顺滑，香气浓郁纯正，叶底匀净尚嫩。

类　　别	熟饼
规　　格	357克
生产日期	2006年

孔雀之乡生态七子饼茶

五星茶王

❈ 产品介绍

　　饼形圆整紧实显毫，汤色黄亮通透，滋味纯厚，口感顺滑，香气纯正浓郁，叶底柔嫩匀亮。

类　别	生饼
规　格	1000克
生产日期	2006年

云南勐海七子饼茶

明日之星

 **产品介绍**

　　乔木普饼，饼圆紧实端正，褐红显毫，松紧适宜，汤色红浓透亮，滋味醇和滑口，香气陈香醇郁，叶底褐红均匀。

类　　别	熟饼
规　　格	357克
生产日期	2006年

大型文化工程马帮贡茶万里行

云茶贡羊城·见证饼

八角亭普洱茶 典籍

❋ 产品介绍

　　饼圆大方端正，饼面条索清晰显毫，香气纯正持久，滋味浓稠醇厚，口感丰富绵长，回甘生津，叶底嫩匀。

类　　别	生饼
规　　格	1000克
生产日期	2006年

孔雀之乡女儿贡饼

云 南 七 子 饼 茶

云南"七子饼茶"亦称圆茶，系选用驰名中外的"普洱茶"作原料，经适度发酵，经高温蒸压而成，汤色红黄鲜亮、香气纯高、滋味醇厚，具有回甘之特点。饮之清凉解渴、消食解腻、提神解乏。

YUNNAN QIZIBING TEA

Yunnan Qizibing Tea—Yuan Tea,is selected from "puer tea" which popular both home andabroad as the raw materials.It's made through a process of optimum fermentation and high-temperature.The tea features a bright red-yellowish colour with a pure aroma and after drinking sweet.Drinking our product is believed to quench thirst,aid digestion,refreshing and dispel fatigue.

云南省黎明农工商联合公司茶厂出品
PROUD PRODUCT OF
LIMING AGRO-INDUSTRIAL-COMBINES TEA FACTORY,YUNNAN

123

❋ 产品介绍

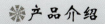

　　饼圆形正、厚薄均匀，条索清晰，色泽已显数年陈化，香气浓郁纯正持久，滋味浓醇厚重，回甘生津，汤色橙黄明亮，叶底暗绿柔软。

类　　别	生饼
规　　格	1000克
生产日期	2006年

勐海七子饼茶

金芽贡饼

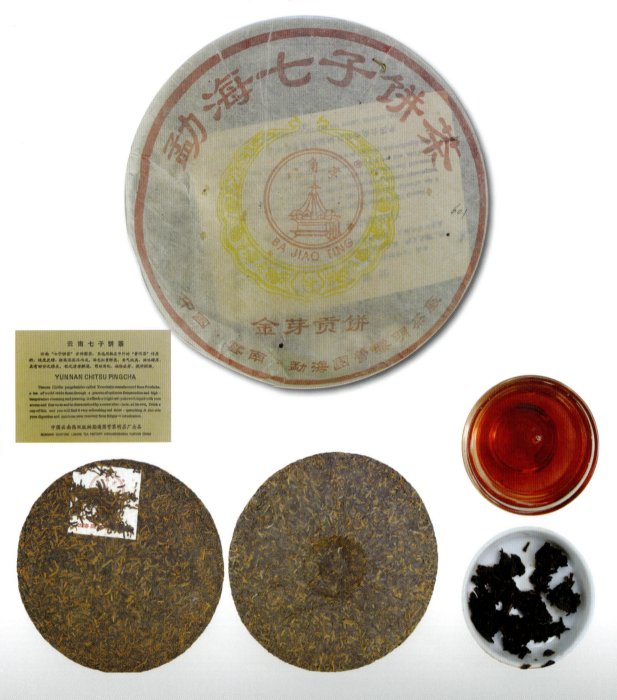

124

❀ 产品介绍

　　饼形周正匀整，金毫满布，香气独特陈香，滋味醇厚甘甜，口感滑润，汤色红浓明亮，叶底红褐嫩匀。

类　　别	熟饼
规　　格	357克
生产日期	2006年

云南勐海七子饼茶

普洱金毫

云南七子饼茶

云南"七子饼茶"亦称圆茶，系选用驰名中外的"普洱茶"作原料，速度发酵，经高温蒸压而成，饼色红黄明亮，香气纯高，滋味醇厚，具有回甘之特点，饮之清凉解渴，帮助消化，祛除疲劳，提神醒酒。

YUNNAN CHITSU PINGCHA

Yunnan Chit8u pingcha(also called Yuanchajia) manufactured from Puerhcha, a tea of world-wide fame, through a process of optimum fermentation and high-temperature steaming and pressing, it affords a bright red-yellowish liquid with pure aroma and fine taste, and is characterized by a sweet after-taste, all its own, Drink a cup of this, and you will find it very refreshing and thirst-quenching, it also aids your digestion and quickens your recovery from fatigue or intoxication.

中国云南西双版纳的勐海国营黎明茶厂出品

MENGHAI GUOYING LIMING TEA FACTORY XISHUANGBANNA YUNNAN CHINA

❈ 产品介绍

饼圆形周正略松边，金毫显露，香气陈香纯正持久，滋味醇正，滑口润喉，汤色红浓明亮，叶底红褐嫩匀。

类　别	熟饼
规　格	200克
生产日期	2006年

孔雀之乡七子饼茶

越陈越香

云 南 七 子 饼 茶

云南"七子饼茶"系饼圆形，系选用驰名中外的"普洱茶"为原料，适度发酵，经高温高压而成，汤色红贵鲜亮，香气纯高，滋味醇厚，具有回甘之特点，饮之清凉解渴，消食解腻，提神解乏。

YUNNAN QIZIBING TEA

Yunnan Qizibing Tea—Yuan Tea,is selected from " puer tea " which popular both home andabroad as the raw materials.It's made through a process of optimum fermentation and high-temperature.The tea features a bright red-yellowish colour with a pure aroma and after drinking sweet.Drinking our product is believed to quench thirst,aid digestion,refreshing and dispel fatigue.

云南省黎明农工商联合公司茶厂产品

PROUD PRODUCT OF
LIMING AGRO-INDUSTRIAL-COMMERCIAL COMBINES TEA FACTORY,YUNNAN.

126

❀ 产品介绍

　　饼圆形端正，褐红金毫显露，压制松紧适宜，香气陈香浓郁，汤色褐红透亮，滋味醇正爽滑，叶底褐红尚匀。

类　别	熟饼
规　格	357克
生产日期	2006年

孔雀之乡七子饼茶

越旧越醇

云南 七子饼茶

云南"七子饼茶"，市称圆茶，系选用驰名中外的"普洱茶"作原料，适度发酵，经高温蒸压而成，油色红黄鲜美，香气纯高，滋味醇厚，具有回甘之特点，饮之清凉解渴，消食解腻，提神解乏。

YUNNAN QIZIBING TEA

Yunnan Qizibing Tea—Yuan Tea, is selected from "puer tea" which popular both home and abroad as the raw materials.It's made through a process of optimum fermentation and high-temperature.The tea features a bright red-yellowish colour with a pure aroma and after drinking sweet.Drinking our product is believed to quench thirst,aid digestion,refreshing and dispel fatigue.

云南省茶明农工商联合公司茶厂产品
PROUD PRODUCT OF
LIMING AGRO-INDUSTRIAL-COMMERCIAL COMBINES TEA FACTORY,YUNNAN.

127

❋ 产品介绍

　　特级品，饼形周正，松紧适度，褐红显毫，香气陈香纯正，汤色红浓明亮，滋味醇甘，叶底褐红嫩匀。

类　　别	熟饼
规　　格	357克
生产日期	2006年

云南勐海七子饼茶

明日之星

八角亭普洱茶 典籍

128

❋产品介绍

　　饼形周正，饼面芽毫显露，香气略显蜜香，汤色橙黄，滋味浓厚，叶底黄绿嫩匀。

类　别	生饼
规　格	200克
生产日期	2006年

孔雀之乡七子饼

129

云南 七 子 饼 茶

YUN NAN CHITSU PINGCHA

❀ 产品介绍

　　八集电视艺术篇《中国普洱茶》拍摄纪念，饼形端正完整，条索紧实显毫，厚薄均匀，香气纯正持久，滋味浓强，口感饱满丰富，回甘生津，叶底嫩匀。

类 别	生饼
规 格	200克
生产日期	2006年

布朗山乔木古树茶

布朗银毫

130

❋ 产品介绍

　　饼圆形周正，松紧适度，条索紧实，香气纯正持久，滋味饱满浓烈，醇厚生津，汤色橙黄晶莹，叶底厚匀，有弹性。

类　别	生饼
规　格	357克
生产日期	2006年

云南勐海七子饼茶

黄针贡茶

云南七子饼茶

云南"七子饼茶"亦称圆茶，采选用驰名中外的"普洱茶"作原料，适度发酵，经蒸渥蒸压而成，汤色红黄鲜亮，香气纯高，滋味醇厚，具有回甘之特点，饮之清凉解渴，消食解腻，破种醒之。

YUNNAN QIZIBING TEA

Yunnan Qizibing Tea—Yuan Tea,is selected from "puer tea" which popular both home andabroad as the raw materials.It's made through a process of optimum fermentation and high-temperature.The tea features a bright red-yellowish colour with a pure aroma and after drinking sweet.Drinking our product is believed to quench thirst,aid digestion,refreshing and dispel lustigkit.

云南省黎明农工商联合公司茶厂出品
PROUD PRODUCT OF
LIMING AGRO—INDUSTRIAL—COMMERCIAL COMBINES TEA FACTORY,YUNNAN.

131

❋ 产品介绍

饼圆端正，金毫显露，布满饼面，松紧度适宜，香气陈香独特，滋味浓醇，滑口润喉，汤色红浓透亮，杯壁且有金圈，叶底褐红嫩匀。

类　别	熟饼
规　格	200克
生产日期	2006年

孔雀之乡生态七子饼茶

特制青饼

云南七子饼茶

云南"七子饼茶"亦称圆茶，系选用驰名中外的"普洱茶"鲜原料，经过发酵，经高温蒸压而成，汤色红黄鲜亮、香气纯高、滋味醇厚，具有回甘之特点。饮之清洋解腻、消食解渴，提神解乏。

YUNNAN QIZIBING TEA

Yunnan Qizibing Tea—Yuan Tea,is selected from "puer tea" which popular both home andabroad as the raw materials.It's made through a process of optimum fermentation and high-temperature.The tea features a bright red-yellowish colour with a pure aroma and after drinking sweet.Drinking our product is believed to quench thirst,aid digestion,refreshing and dispel fatigue.

云南省黎明农工商联合公司茶厂出品

PROUD PRODUCT OF
LIMING AGRO-INDUSTRIAL-COMMERCIAL COMBINES TEA FACTORY,YUNNAN.

❈ 产品介绍

　　野生乔木，本品精选勐海大叶种茶为原料，饼圆形端正，条索肥壮，芽毫显露，香气纯正持久；滋味浓强厚重，口感顺滑，生津绵长，汤色橙黄明亮，叶底绿匀。

类　别	生　饼
规　格	357克
生产日期	2006年

云南七子饼茶

0432

云南七子饼茶

云南"七子饼茶"茶称圆茶，系选用驰名中外的"普洱茶"作原料，适度发酵，经高温压压而成，油色红黄鲜亮，香气纯高，滋味精厚，具有回甘之特点，饮之清凉解渴，消食解腻，提神醒之。

YUNNAN QIZIBING TEA

Yunnan Qizibing Tea—Yuan Tea,is selected from "puer tea" which popular both home andabroad as the raw materials.It's made through a process of optimum fermentation and high-temperature.The tea features a bright red-yellowish colour with a pure aroma and after drinking sweet.Drinking our product is believed to quench thirst,aid digestion,refreshing and dispel fatigue.

云南省黎明农工商联合公司茶厂出品

PROUD PRODUCT OF
LIMING AGRO-INDUSTRIAL-COMMERCIAL COMBINES TEA FACTORY,YUNNAN.

133

❋ 产品介绍

　　饼形尚圆，芽毫显露，压制较紧，香气纯正持久，滋味浓强、醇和回甘，汤色橙黄明亮，叶底软嫩明亮。

类　别	生饼
规　格	357克
生产日期	2006年

云南勐海七子饼茶

7540

云南七子饼茶

云南"七子饼茶"采样圆茶，系选用驰身中外的"普洱茶"作原料，适度发酵，经高温蒸压而成，汤色红黄鲜亮、香气纯高，滋味醇厚，具有回甘之特点，饮之清凉解渴、消食解腻、提神解乏。

YUNNAN QIZIBING TEA

Yunnan Qizibing Tea—Yunn Tea,is selected from "puer tea" which popular both home andabroad as the raw materials.It's made through a process of optimum fermentation and high-temperature.The tea features a bright red-yellowish colour with a pure aroma and after drinking sweet.Drinking our product is believed to quench thirst,aid digestion,refreshing and dispel fatigue.

云南省黎明农工商联合公司茶厂出品
PROUD PRODUCT OF
LIMING AGRO-INDUSTRIAL-COMMERCIAL COMBINES TEA FACTORY,YUNNAN.

❋产品介绍

　　饼形端正，芽头显露，压制较紧，香气纯正；滋味浓醇回甘，汤色橙黄明亮，叶底黄绿尚匀。

类　别	生饼
规　格	357克
生产日期	2006年

勐海七子饼茶
金芽贡饼

八角亭普洱茶 典籍

云南七子饼茶

云南"七子饼茶"亦称圆茶，系选用驰名中外的"普洱茶"作原料，适度发醇，经高温蒸压而成。汤色红亮鲜亮、香气纯高、滋味醇厚，具有回甘之特点，饮之清凉解渴、帮助消化、祛除疲劳、提行止渴。

YUNNAN CHITSU PINGCHA

Yunnan Chitsu pingcha(also called Yuancha)is manufactured from Puerhcha, a tea of world-wide fame,through a process of optimum fermentation and high-temperature steaming and pressing. it affords a bright red-yellowish liquid with pure aroma and fine taste,and is characterized by a sweet after - taste. all its own. Drink a cup of this. and you will find it very refreshing and thirst - quenching.it also aids your digestion and quickens your recovery from fatigue or intoxication.

中国云南西双版纳勐海国营黎明茶厂出品
MENGHAI GUOYING LIMING TEA FACTORY XISHUANGBANNA YUNNAN CHINA

138

❋ 产品介绍

　　饼形圆正紧实、饼面均匀、金毫显露，汤色红浓透亮，滋味醇和浓香，陈香纯正，叶底褐红均匀。

类　别	熟饼
规　格	200克
生产日期	2006年

勐海大叶种云雾圆茶

金针贡饼

云南七子饼茶

云南"七子饼茶"亦称圆茶，系选用驰名中外的"普洱茶"作原料，适度发酵，经高温蒸压而成。汤色红黄鲜亮，香气纯高，滋味醇厚，具有回甘之特点，饮之清凉解渴，消食解腻，提神解乏。

YUNNAN QIZIBING TEA

Yunnan Qizibing Tea—Yuan Tea, is selected from "puer tea" which popular both home and abroad as the raw materials. It's made through a process of optimum fermentation and high-temperature. The tea features a bright red-yellowish colour with a pure aroma and after drinking sweet. Drinking our product is believed to quench thirst, aid digestion, refreshing and dispel fatigue.

云南省黎明农工商联合公司茶厂出品

PROUD PRODUCT OF
LIMING AGRO-INDUSTRIAL-COMMERCIAL COMBINES TEA FACTORY, YUNNAN.

137

❋ 产品介绍

　　特制精品，饼圆端正，芽毫显露，松紧适中，香气浓郁，滋味醇厚，味酽，汤色黄明透亮，叶底嫩匀。

类　　别	生饼
规　　格	357克
生产日期	2006年

孔雀之乡七子饼茶
贡茶饼

云南七子饼茶

云南"七子饼茶"古乔园茶,系选用驰名中外的"晋洱茶"作原料,透度发酵,经高温英压而成。汤色红黄鲜亮,香气纯高,滋味醇厚,具有回甘之特点,饮之清凉解渴,消食解腻,提神醒之。

YUNNAN QIZIBING TEA

Yunnan Qizibing Tea—Yuan Tea,is selected from "puer tea" which populer both home andabroad as the raw materials.It's made through a process of optimum fermentation and high-temperature.The tea features a bright red-yellowish colour with a pure aroma and after drinking sweet.Drinking our product is believed to quench thirst,aid digestion,refreshing and dispel fatigue

云南省昆明农工商联合公司茶厂荣品
PROUD PRODUCT OF
LIMING AGRO-INDUSTRIAL-COMMERCIAL COMBINES TEA FACTORY,YUNNAN.

❄ 产品介绍

　　乔木精品,饼圆形正,芽毫显露,压制较紧,汤色橙黄透亮,滋味醇厚,生津,叶底黄绿嫩匀。

类　　别	生饼
规　　格	357克
生产日期	2006年

孔雀之乡生态七子饼茶

特 制 精 品

云南七子饼茶

云南"七子饼茶"示称圆茶，系选用驰名中外的"普洱茶"作原料，适度发酵，经高温高压而成，汤色红黄鲜亮，香气纯高，滋味醇厚，具有回甘之特点。饮之清凉解渴、消食解腻、提神解之。

YUNNAN QIZIBING TEA

Yunnan Qizibing Tea—Yuan Tea,is selected from "puer tea" which popular both home andabroad as the raw materials.It's made through a process of optimum fermentation and high-temperature.The tea features a bright red-yellowish colour with a pure aroma and after drinking sweet.Drinking our product is believed to quench thirst,aid digestion,refreshing and dispel fatigue.

云南省黎明农工商联合公司茶厂出品
PROUD PRODUCT OF
LIMING AGRO-INDUSTRIAL-COMMERCIAL COMBINES TEA FACTORY,YUNNAN.

135

❊ 产品介绍

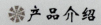

　　饼形周正，松紧适度，条索肥壮匀齐，芽毫肥硕，汤色橙黄通透；滋味浓烈醇和，香气纯高、有花香，叶底匀整柔嫩。

类　　别	生 饼
规　　格	357克
生产日期	2006年

云南勐海七子饼茶
明日之星

139

❋ 产品介绍

　　乔木青饼，饼形圆整、松紧适度，汤色橙黄明亮，香气纯正甜香，滋味浓醇厚实、回甘生津，叶底色微黄柔嫩均匀。

类　　别	生饼
规　　格	357克
生产日期	2006年

云南勐海七子饼茶

明日之星

八角亭普洱茶 典籍

云南七子饼茶

云南"七子饼茶"系选用驰名中外的"普洱茶"作原料,适度发酵,经高温蒸茶压而成,汤色红黄鲜亮,香气纯高,滋味醇厚,具有回甘之特点,饮之清凉解渴,消食解腻,提神解乏。

YUNNAN QIZIBING TEA

Yunnan Qizibing Tea—Yuan Tea,is selected from "puer tea" which popular both home andabroad as the raw materials.It's made through a process of optimum fermentation and high-temperature.The tea features a bright red-yellowish colour with a pure aroma and after drinking sweet.Drinking our product is believed to quench thirst,aid digestion,refreshing and dispel fatigue.

云南省黎明农工商联合公司茶厂出品
PROUD PRODUCT OF
LIMING AGRO-INDUSTRIAL-COMMERCIAL COMBINES TEA FACTORY,YUNNAN.

140

❀ 产品介绍

金毫贡饼,饼形圆整、条索紧实,汤色红浓明亮,香气陈香,滋味醇厚、甘甜柔滑,叶底红褐柔软匀整、有弹性。

类　　别	熟饼
规　　格	200克
生产日期	2006年

勐海七子饼

黎明金象

141

❉ 产品介绍

　　饼形周正，尚显银毫，压制紧实，香气纯正，滋味浓厚顺滑，汤色橙黄，叶底黄绿尚嫩匀。

类　　别	生饼
规　　格	357克
生产日期	2007年

云南农垦集团企业文化建设战略工程

天骄计划

八角亭普洱茶 **典籍**

142

❋ 产品介绍

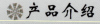

　　饼面光滑，茶毫显露，条索粗壮清晰，压制紧实，香气清香，滋味醇厚饱满有层次感，汤色橙黄透亮，叶底嫩绿尚匀。

类　别	生饼
规　格	357克
生产日期	2007年

云南勐海七子饼茶

嫦娥奔月

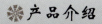 产品介绍

　　饼形圆正，金毫显露，松紧适中，香气陈香独特，滋味顺滑甜糯，汤色红浓明亮，叶底褐红嫩匀。

类　　别	熟　饼
规　　格	357克
生产日期	2007年

云南勐海七子饼茶

7540

云南七子饼茶

云南"七子饼茶"亦称圆茶，系选用驰名中外的"普洱茶"作原料，适度发酵，经高温蒸压而成，汤色红黄鲜亮，香气纯高，滋味醇厚，具有回甘之特点，饮之清凉解渴、消食解腻、提神解乏。

YUNNAN QIZIBING TEA

Yunnan Qizibing Tea—Yuan Tea,is selected from "puer tea" which popular both home andabroad as the raw materials.It's made through a process of optimum fermentation and high-temperature.The tea features a bright red-yellowish colour with a pure aroma and after drinking sweet.Drinking our product is believed to quench thirst,aid digestion,refreshing and dispel fatigue.

云南省黎明农工商联合公司茶厂出品
PROUD PRODUCT OF
LIMING AGRO-INDUSTRIAL-COMMERCIAL COMBINES TEA FACTORY,YUNNAN.

144

❄ 产品介绍

　　饼形周正，撒面均匀，压制偏紧，汤色黄明透亮，滋味醇和甘回，叶底黄绿柔软。

类　　别	生饼
规　　格	357克
生产日期	2007年

云南七子饼茶

0432

云南 七子饼茶

云南"七子饼茶"茶系圆茶，系选用驰名中外的"普洱茶"作原料，适度发酵，经高温蒸压而成，汤色红亮鲜亮，香气纯高，滋味醇厚，其有回甘之特点。饮之清凉解渴、消食解腻、提神醒之。

YUNNAN QIZIBING TEA

Yunnan Qizibing Tea—Yuan Tea,is selected from "puer tea" which popular both home andabroad as the raw materials.It's made through a process of optimum fermentation and high-temperature.The tea features a bright red-yellowish colour with a pure aroma and after drinking sweet.Drinking our product is believed to quench thirst,aid digestion,refreshing and dispel fatigue.

云南省黎明农工商联合公司茶厂荣誉出品
PROUD PRODUCT OF
LIMING AGRO-INDUSTRIAL-COMMERCIAL COMBINES TEA FACTORY.YUNNAN.

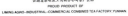

❋ 产品介绍

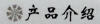

　　饼形圆正，压制紧实，饼边稍松，香气纯正持久，滋味浓醇厚重，回甘生津，汤色橙黄明亮，叶底嫩匀。

类　别	生　饼
规　格	357克
生产日期	2007年

云南勐海七子饼茶

金孔雀

云南七子饼茶

云南"七子饼茶"采叶圆茶，系选用驰名中外的"普洱茶"作原料，适度发酵，经高温蒸压而成，汤色红黄鲜亮，香气纯高，滋味醇厚，具有回甘之特点，饮之清凉解渴，消食解腻，提神解乏。

YUNNAN QIZIBING TEA

Yunnan Qizibing Tea—Yuan Tea,is selected from "puer tea" which popular both home andabroad as the raw materials.It's made through a process of optimum fermentation and high-temperature.The tea features a bright red-yellowish colour with a pure aroma and after drinking sweet.Drinking our product is believed to quench thirst,aid digestion,refreshing and dispel fatigue.

云南省黎明农工商公司茶厂出品
PROUD PRODUCT OF
LIMING AGRO-INDUSTRIAL-COMMERCIAL COMBINES TEA FACTORY,YUNNAN

146

❋ 产品介绍

　　饼圆周正，芽毫显露，压制紧实，香气纯正，滋味醇厚润滑，汤色金黄尚亮，叶底嫩尚匀。

类　别	生饼
规　格	357克
生产日期	2007年

孔雀之乡七子饼茶

黎明之光

147

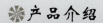 **产品介绍**

　　特制青饼，饼形端正，条索粗壮显毫，压制紧实，香气纯正带蜜香，滋味浓强厚重，回甘持久，汤色橙黄明亮，叶底嫩匀。

类　别	生　饼
规　格	357克
生产日期	2007年

孔雀之乡七子饼茶

布朗一号

148

❋ 产品介绍

　　2007珍藏版，饼形端正，饼面光滑，压制松紧度偏紧，香气纯正，滋味浓厚带烟味，回甘快，汤色橙黄明亮，叶底尚匀。

类　　别	生 饼
规　　格	357克
生产日期	2007年

云南勐海七子饼茶

黎明珍品

云南七子饼茶

云南"七子饼茶"系精圆茶，系选用驰名中外的"普洱茶"作原料，适度发酵，经高温蒸压而成，汤色红黄鲜亮，香气纯高，滋味醇厚，具有回甘之特点。饮之清凉解渴，消食解腻、提神解乏。

YUNNAN QIZIBING TEA

Yunnan Qizibing Tea—Yuan Tea, is selected from "puer tea" which popular both home and abroad as the raw materials. It's made through a process of optimum fermentation and high-temperature. The tea features a bright red-yellowish colour with a pure aroma and after drinking sweet. Drinking our product is believed to quench thirst, aid digestion, refreshing and dispel fatigue.

云南省黎明农工商联合公司茶厂出品
PROUD PRODUCT OF
LIMING AGRO-INDUSTRIAL-COMMERCIAL COMBINES TEA FACTORY, YUNNAN.

149

❋ 产品介绍

饼圆形端正，芽毫显露 条索粗壮紧实，香气纯正持久，滋味醇厚回甘，汤色黄浓明亮，叶底黄绿匀齐。

类　　别	生饼
规　　格	357克
生产日期	2007年

孔雀之乡七子饼茶

乔木老树茶

150

❋ 产品介绍

特制精品，饼圆形端正，条索紧实显毫，松紧度稍紧，香气纯正，滋味浓强醇厚，生津绵长，汤色橙黄明亮，叶底匀整。

类　别	生饼
规　格	357克
生产日期	2007年

八角亭七子饼茶

经典·黎明之光

151

❋ 产品介绍

国谊特需专供，外形圆正，条索清晰紧实，香气纯正高扬，滋味浓醇厚实、回甘明显，汤色黄浓明亮，叶底嫩匀，有弹性。

类　　别	生饼
规　　格	357克
生产日期	2007年

八角亭七子饼茶

经典·宫廷普洱王

152

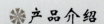

❄ 产品介绍

　　国谊特需专供，2007年黎明茶厂力作之一，本品精选勐海优质大树、乔木原料精心发酵而成。外形略紧结，厚薄适度、均匀，金毫显露，冲泡后汤色红艳明亮，滋味甜醇；香气浓郁，稀缺的古树乔木原料使得这款熟茶更具品鉴与收藏魅力。

类　别	熟饼
规　格	357克
生产日期	2006年

孔雀之乡七子饼茶

班章王

153

❋ 产品介绍

　　原料选自班章老寨，饼形圆正完好，汤色金黄透亮，滋味醇厚独特，回甘持久，香气醇高气扬，叶底匀整明亮。

类　　别	生饼
规　　格	500克
生产日期	2007年

云南勐海七子饼茶

嫦娥奔月

154

❀ 产品介绍

外形规整圆实，汤色红黄透亮，滋味纯厚、甘甜，香气纯正，叶底条索柔软、匀整。

类　别	生饼
规　格	357克
生产日期	2007年

勐海大叶种云雾圆茶

黎明红印

云南七子饼茶

云南"七子饼茶"亦称圆茶，系选用驰名中外的"普洱茶"作原料，适度发酵，经高温蒸压而成，汤色红黄鲜亮、香气纯高、滋味醇厚，具有回甘之特点。饮之清凉解渴，消食解腻，提神解乏。

YUNNAN QIZIBING TEA

Yunnan Qizibing Tea—Yuan Tea,is selected from "puer tea" which popular both home andabroad as the raw materials.It's made through a process of optimum fermentation and high-temperature.The tea features a bright red-yellowish colour with a pure aroma and after drinking sweet.Drinking our product is believed to quench thirst,aid digestion,refreshing and dispel fatigue.

云南省黎明农工商联合公司茶厂出品
PROUD PRODUCT OF
LIMING AGRO-INDUSTRIAL-COMMERCIAL COMBINES TEA FACTORY,YUNNAN

155

❋ 产品介绍

　　特制精品，饼形稍椭，汤色桔黄明亮，滋味柔和、甘甜，香气纯高，叶底条索匀整。

类　　别	生饼
规　　格	357克
生产日期	2007年

云南勐海七子饼茶

黎明春

八角亭普洱茶
典籍

156

云南七子饼茶

云南"七子饼茶"系珍稀圆茶，系选用驰名中外的"普洱茶"作原料，适度发酵，经高温蒸压而成，汤色红黄鲜亮，香气纯高，滋味醇厚，具有回甘之特点，饮之清凉解渴，消食醒脑，提神解乏。

YUNNAN QIZIBING TEA

Yunnan Qizibing Tea—Yuan Tea,is selected from " puer tea " which popular both
house andsbroad as the raw materials It's made through a process of optimum
fermentation and high-temperature.The tea features a bright red-yellowish colour
with a pure aroma and after drinking sweet.Drinking our product is believed to
quench thirst,aid digestion,refreshing and dispel fatigue.

云南省黎明农工商联合公司茶厂出品
PROUD PRODUCT OF
LIMNG AGRO-INDUSTRIAL-COMMERCIAL COMBINES TEA FACTORY,YUNNAN.

❋ 产品介绍

　　珍藏品，特制精品，饼形圆润，色泽油亮，汤色橙黄透亮，滋味厚实柔润，香气高扬，叶底匀齐。

类　　别	生饼
规　　格	357克
生产日期	2007年

云南勐海七子饼茶

7540

云南七子饼茶

云南"七子饼茶"亦称圆茶，系选用驰名中外的"普洱茶"作原料，适度发酵，经高温蒸压而成，汤色红黄明亮，香气纯高，滋味醇厚，具有回甘之特点，饮之清凉解渴，消食解腻、提神解之。

YUNNAN QIZIBING TEA

Yunnan Qizibing Tea—Yuan Tea,is selected from "puer tea" which popular both home andabroad as the raw materials.It's made through a process of optimum fermentation and high-temperature.The tea features a bright red-yellowish colour with a pure aroma and after drinking sweet.Drinking our product is believed to quench thirst,aid direction refreshing and dispel fatigue.

云南省黎明农工商联合公司茶厂出品
PROUD PRODUCT OF
LIMING AGRO-INDUSTRIAL-COMMERCIAL COMBINES TEA FACTORY,YUNNAN

❈ 产品介绍

　　饼形浑圆一体、较优美，汤色红黄明亮，滋味回甘快、持久生津，香气馥郁悠扬，叶底条索均匀，油亮发光。

类　　别	生　饼
规　　格	357克
生产日期	2007年

云南勐海七子饼茶

金孔雀

云南七子饼茶

云南"七子饼茶"采作团茶，采选闻名中外的"雪芽茶"作原料，速度发酵，经高温蒸菜压而成，汤色红黄鲜亮、香气纯高、滋味醇厚，其有回甘之特点。饮之清凉解腻、消食解腻、提神解乏。

YUNNAN QIZIBING TEA

Yunnan Qizibing Tea—Yuan Tea,is selected from "puer tea" which popular both home andabroad as the raw materials.It's made through a process of optimum fermentation and high-temperature.The tea features a bright red-yellowish colour with a pure aroma and after drinking sweet.Drinking our product is believed to quench thirst,aid digestion,refreshing and dispel fatigue.

云南省黎明农工商联合公司茶厂出品
PROUD PRODUCT OF
LIMING AGRO-INDUSTRIAL-COMMERCIAL COMBINES TEA FACTORY,YUNNAN

八角亭普洱茶典籍

✿ 产品介绍

　　饼形优美圆整，汤色金黄明亮，滋味持久生津、回甘快，香气枣香高扬，叶底匀整柔软。

类　　别	生　饼
规　　格	357克
生产日期	2007年

158

早春生态方茶
贡 品

云南省黎明农工商联合公司茶厂出品

162

❊ 产品介绍

　　外观方正有形，汤色红黄透亮，滋味醇厚甘甜，香气十足、纯正高香，叶底匀整。

类　　别	生 砖
规　　格	100克
生产日期	2007年

七彩孔雀

161

❋ 产品介绍

　　七个颜色，饼形圆整完美，汤色桔黄明亮，滋味醇厚生津绵长，香气陈香气馥郁，叶底匀整。

类　别	生饼
规　格	357克
生产日期	2007年

首届中国普洱茶战略联盟论坛峰会纪念茶

云南七子饼茶

云南"七子饼茶"古称圆茶，系选用驰名中外的"普洱茶"作原料，适度发酵，经高温蒸压而成，汤色红黄鲜亮，香气纯高、滋味醇厚，具有回甘之特点。饮之清凉解渴、消食解腻、提神解乏。

YUNNAN QIZIBING TEA

Yunnan Qizibing Tea—Yuan Tea,is selected from "puer tea" which popular both home andabroad as the raw materials.It's made through a process of optimum fermentation and high-temperature.The tea features a bright red-yellowish colour with a pure aroma and after drinking sweet l'rinking our product is believed to quench thirst,aid digestion,refreshing and dispel fatigue.

云南省黎明农工商联合公司茶厂出品

PROUD PRODUCT OF
LIMING AGRO-INDUSTRIAL-COMMERCIAL COMBINES TEA FACTORY,YUNNAN

❋ 产品介绍

　　饼形有少许脱边，汤色橙黄明亮，滋味十足回甘，纯正生津，香气幽兰清香，持久怡人，叶底匀整。

类　别	熟饼
规　格	357克
生产日期	2007年

首届中国普洱茶战略联盟论坛峰会纪念茶

云南七子饼茶

云南"七子饼茶"亦称圆茶，系选用驰名中外的"普洱茶"作原料，适度发酵，经高温蒸压而成，汤色红黄鲜亮、香气纯高、滋味醇厚，具有回甘之特点。饮之清凉解渴、清食解腻、提神解乏。

YUNNAN QIZIBING TEA

Yunnan Qizibing Tea—Yuan Tea,is selected from " puer tea " which popular both home andabroad as the raw materials.It's made through a process of optimum fermentation and high-temperature.The tea features a bright red-yellowish colour with a pure aroma and after drinking sweet.Drinking our product is believed to quench thirst,aid digestion,refreshing and dispel fatigue.

云南省黎明农工商联合公司茶厂出品
PROUD PRODUCT OF
LIMING AGRO-INDUSTRIAL-COMMERCIAL COMBINES TEA FACTORY,YUNNAN.

159

❄ 产品介绍

　　饼形完好圆整，汤色橙黄明亮，滋味持久生津、回甘稍慢，香气纯正馥郁，叶底匀整条索明析。

类　　别	生饼
规　　格	357克
生产日期	2007年

云南勐海七子饼茶

早春银毫

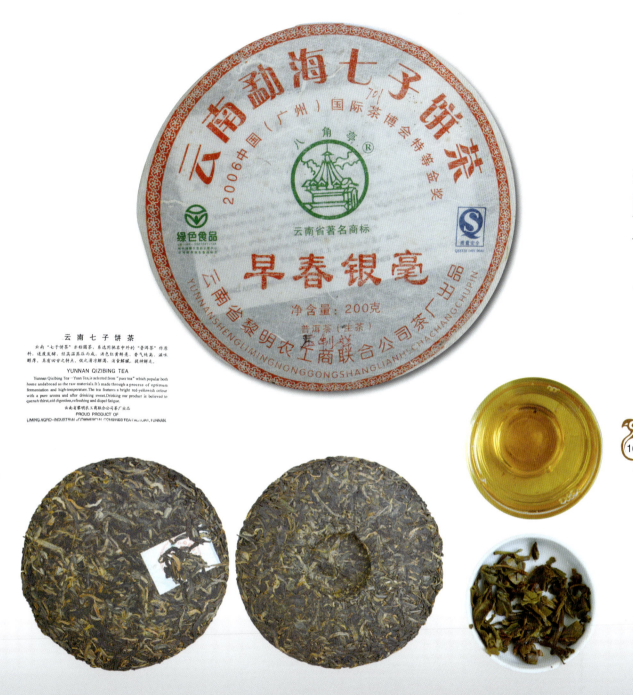

云南七子饼茶

云南"七子饼茶"亦称圆茶，系选用驰名中外的"普洱茶"竹原料，适度发酵，经高温蒸压而成，汤色红黄鲜亮、香气纯高、滋味醇厚，具有回甘之特点，饮之清凉解渴，消食解腻，提神解乏。

YUNNAN QIZIBING TEA

Yunnan Qizibing Tea—Yuan Tea,is selected from "puer tea" which popular both home andabroad as the raw materials.It's made through a process of optimum fermentation and high-temperature.The tea features a bright red-yellowish colour with a pure aroma and after drinking sweet.Drinking our product is believed to quench thirst,aid digestion,refreshing and dispel fatigue.

云南省黎明农工商联合公司茶厂出品
PROUD PRODUCT OF
LIMING AGRO-INDUSTRIAL &COMMERCIAL COMBINED TEA FACTORY,YUNNAN.

163

✳产品介绍

　　饼面圆整，条形匀齐，汤色橙黄明亮，滋味入口香润、饱满，香气馥郁悠长，叶底匀整。

类　　别	生饼
规　　格	200克
生产日期	2007年

孔雀之乡大树青饼

经典07

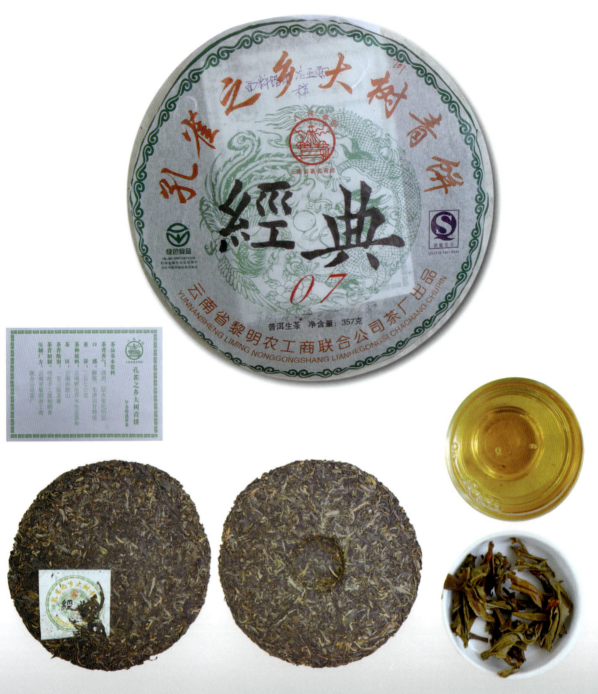

❋ 产品介绍

饼形圆整，汤色桔黄透亮，滋味醇厚浓烈、生津持久，香气馥郁独特，叶底匀整尚。

类　　别	生饼
规　　格	357克
生产日期	2007年

云南勐海七子饼茶

明日之星

165

❀ **产品介绍**

　　乔木青饼，饼形完好圆整，汤色淡黄清冽，滋味醇浓、生津快，香气持久，叶底匀整。

类　　别	生饼
规　　格	357克
生产日期	2007年

勐海七子饼茶

马帮进京

云南七子饼茶

云南"七子饼茶"来粉圆茶，系选用独名中外的"普洱茶"作原料，适度发酵，经高温蒸压而成，汤色红黄鲜亮，香气纯高，面味醇厚，具有回甘之特点，饮之清凉解渴，消食解腻，提神解之。

YUNNAN QIZIBING TEA

Yunnan Qizibing Tea—Yuan Tea,is selected from "puer tea" which popular both home andabroad as the raw materials.It's made through a process of optimum fermentation and high-temperature.The tea features a bright red-yellowish colour with a pure aroma and after drinking sweet.Drinking our product is believed to quench thirst,aid digestion,refreshing and dispel fatigue.

云南省邕明农工商联合公司第厂出品
PROUD PRODUCT OF
LIMING AGRO-INDUSTRIAL-COMMERCIAL COMBINES TEA FACTORY,YUNNAN

166

❋ 产品介绍

　　贡茶万里行产品，饼形稍有脱边，汤色金黄透亮，滋味霸气十足、生津回甘快，香气蜜香绵长，叶底无变化、匀整、条索柔软。

类　　别	生饼
规　　格	357克
生产日期	2007年

云南勐海七子饼茶

布朗乔木

云南七子饼茶

云南"七子饼茶"亦称圆茶，系选用驰名中外的"普洱茶"作原料，适度发酵，经高温蒸压而成，汤色红黄鲜亮，香气纯高，滋味醇厚，具有回甘之特点。饮之清凉解渴、消食解腻，提神解之。

YUNNAN QIZIBING TEA

Yunnan Qizibing Tea——Yuan Tea,is selected from "puer tea" which popular both home andabroad as the raw materials.It's made through a process of optimum fermentation and high-temperature.The tea features a bright red-yellowish colour with a pure aroma and after drinking sweet.Drinking our product is believed to quench thirst,aid digestion,refreshing and dispel fatigue.

云南省黎明农工商联合公司茶厂出品
PROUD PRODUCT OF
LIMING AGRO-INDUSTRIAL-COMMERCIAL COMBINES TEA FACTORY,YUNNAN.

167

❈ 产品介绍

　　饼形圆整完好，汤色桔黄通透，滋味滑润浓烈，苦尽甘来，香气蜜枣香气十足，叶底条索匀整柔软。

类　别	生饼
规　格	357克
生产日期	2007年

八角亭七子饼茶
御赏乔木

八
角
亭
普
洱
茶
典籍

168

✳ 产品介绍

　　饼形尚圆，汤色橙黄透亮，滋味味甘生津，香气持久，叶底匀齐柔嫩。

类　　别	生饼
规　　格	357克
生产日期	2007年

云南七子饼茶

乔木茶王

169

❋ 产品介绍

饼形圆整，汤色灿若金汤，滋味浓烈霸气，回甘持久，香气山野气息、香飘悠远，叶底柔软芽显、匀整完好。

类　别	生饼
规　格	357克
生产日期	2007年

布朗山乔木古树茶
女儿贡饼

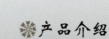

170

❋ 产品介绍

　　饼形周正，汤色金黄透亮，滋味润滑甘爽，舌底生津，香气有蜜糖香味，心旷神怡，叶底柔嫩完好。

类　别	生饼
规　格	357克
生产日期	2007年

云南乔木生态饼茶

乔木贡瑞

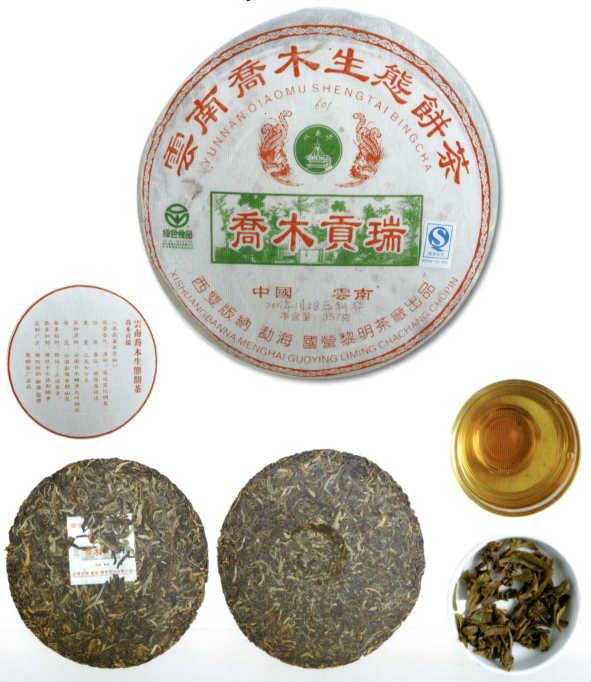

❀ **产品介绍**

　　饼形美观，条索匀实，芽毫肥硕，汤色桔黄明亮，滋味苦尽甘来，喉馥甘润，香气高扬，连绵不绝，叶底匀整，无花杂。

类　　别	生　饼
规　　格	357克
生产日期	2007年

云南勐海七子饼茶

至尊茶王

172

❋ 产品介绍

　　饼面圆整优美，汤色黄亮明晰，滋味浓厚回甘、生津持久，香气纯正馥郁，叶底条索显硬，匀整。

类　别	生饼
规　格	357克
生产日期	2007年

勐海大叶种云雾圆茶

金针贡饼

云南七子饼茶

云南"七子饼茶"亦称圆茶，系选用驰名中外的"普洱茶"作原料，适度发酵，经高温蒸压而成，汤色红黄鲜亮、香气纯高、滋味醇厚，具有回甘之特点，饮之清凉解渴，消食解腻，提神解乏。

YUNNAN QIZIBING TEA

Yunnan Qizibing Tea—Yuan Tea, is selected from "puer tea" which popular both home andabroad as the raw materials.It's made through a process of optimum fermentation and high-temperature.The tea features a bright red-yellowish colour with a pure aroma and after drinking sweet.Drinking our product is believed to quench thirst,aid digestion,refreshing and dispel fatigue.

云南老黎明农工商联合公司茶厂出品

PROUD PRODUCT OF
LIMING AGRO-INDUSTRIAL-COMMERCIAL COMBINES TEA FACTORY,YUNNAN.

173

❋ 产品介绍

　　特制精品，饼形优美完好，汤色金黄透亮，滋味回甘生津持久，香气樟香气韵，叶底匀整。

类　　别	生饼
规　　格	400克
生产日期	2007年

第四届中国国际茶业博览会
CTE2007

八角亭普洱茶 典籍

174

❋ 产品介绍

  限量生产2007饼，饼形完美，汤色红黄明亮，滋味甘纯，生津久远，香气高山气韵，悠远飘香，叶底匀整。

类　别	生饼
规　格	500克
生产日期	2007年

云南勐海七子饼茶

特制青饼

云南七子饼茶

云南"七子饼茶"亦称圆茶，系选用驰名中外的"普洱茶"作原料，适度发酵，经高温蒸压而成，汤色红黄鲜亮，香气独高，滋味醇厚，具有回甘之特点，饮之清凉解渴，消食解腻，提神解乏。

YUNNAN QIZIBING TEA

Yunnan Qizibing Tea—Yuan Tea,is selected from "pure tea" which popular both home andabroad as the raw materials.It's made through a process of optimum fermentation and high-temperature.The tea features a bright red-yellowish colour with a pure aroma and after drinking itwetDrinking our product is bethered to quench thirst,aid digestion,refreshing and dispel fatigue.

云南省黎明农工商联合公司茶厂出品

PROUD PRODUCT OF
LIMING AGRO-INDUSTRIAL-COMMERCIAL COMBINES TEA FACTORY,YUNNAN.

175

❋ 产品介绍

饼形完美，汤色橙黄明亮，滋味厚润甘醇，生津持久，香气陈香气韵，叶底匀整柔嫩。

类　　别	生饼
规　　格	357克
生产日期	2007年

云南勐海七子饼茶

金孔雀

云南七子饼茶

云南"七子饼茶"云称圆茶，系选用驰名中外的"普洱茶"作原料，适度发酵，经高温蒸压而成，油色红黄鲜亮、香气纯高、滋味醇厚，具有回甘之特点，饮之清凉解渴、消食解腻、提神解乏。

YUNNAN QIZIBING TEA

Yunnan Qizibing Tea— Yuan Tea, is selected from "puer tea" which popular both home andabroad as the raw materials. It's made through a process of optimum fermentation and high-temperature. The tea features a bright red-yellowish colour with a pure aroma and after drinking sweet. Drinking our product is believed to quench thirst, aid digestion, refreshing and dispel fatigue.

云南翠明农工商联合公司茶厂出品
PROUD PRODUCT OF
LIMING AGRO-INDUSTRIAL-COMMERCIAL COMBINES TEA FACTORY, YUNNAN.

❄ 产品介绍

　　饼形完好，金毫显现，汤色红浓透亮，滋味醇厚浓郁，甜润顺滑，香气陈香气韵十足，叶底匀整。

类　别	熟饼
规　格	357克
生产日期	2007年

云南勐海七子饼茶

孔雀之春普饼

云南七子饼茶

云南"七子饼茶"亦称圆茶，系选用驰名中外的"普洱茶"作原料，适度发酵，经高温蒸压而成，汤色红黄鲜亮，香气纯高，滋味醇厚，具有回甘之特点，饮之清凉解渴，消食解腻，提神解乏。

YUNNAN QIZIBING TEA

Yunnan Qizibing Tea—Yuan Tea,is selected from "puer tea" which popular both home andabroad as the raw materials.It's made through a process of optimum fermentation and high-temperature.The tea features a bright red-yellowish colour with a pure aroma and after drinking sweet.Drinking our product is believed to quench thirst,aid digestion,refreshing and dispel fatigue.

云南省黎明农工商联合公司茶厂出品

PROUD PRODUCT OF

LIMING AGRO-INDUSTRIAL-COMMERCIAL COMBINES TEA FACTORY,YUNNAN.

177

❋ 产品介绍

精品，饼形美观完好，汤色呈琥珀红，犹如红酒，滋味浓稠甜润，香气樟香显露，陈韵气足，叶底匀整。

类 别	熟饼
规 格	357克
生产日期	2007年

黎明典藏

八角亭普洱茶 **典籍**

❋ 产品介绍

　　饼形完整优美，汤色橙黄明亮，滋味香润饱满，香气浓郁，叶底匀整。

类　别	生饼
规　格	1000克
生产日期	2007年

庆祝香港回归十周年纪念饼

2007限量版

❋ 产品介绍

　　勐海大叶种乔木茶，饼形优美、满月之状，汤色红黄明亮，回甘持久，香气陈香韵十足，叶底柔软匀整。

类　别	生饼
规　格	1000克
生产日期	2007年

勐海御沱

180

✳ 产品介绍

　　沱形端正，沱面显毫，汤色橙黄明亮，滋味醇厚甘和，香气特殊甜香气十足，叶底细碎柔嫩。

类　　别	生沱
规　　格	200克
生产日期	2007年

乔木生态银毫沱茶

乔木生态银毫沱茶

本沱系选用云南乔木大叶种上等晒青春茶作原料，通过高温蒸压而成，造型优美，芽肥叶壮，白毫显露，汤色澄黄明亮，香气清香高纯，滋味醇厚鲜爽，具有饮后回甘之特点。

云南省黎明农工商联合公司茶厂

181

✿ 产品介绍

沱形端正紧结，银毫显露，汤色桔黄透亮，滋味醇厚甘和，生津持久，香气陈香气韵，叶底匀整柔嫩。

类　　别	生沱
规　　格	250克
生产日期	2007年

八角亭御赏乔木沱

御赏乔木

182

※ **产品介绍**

　　沱形优美紧结，汤色橙黄明亮，滋味醇厚甘润，香气馥郁，叶底匀整柔嫩。

类　　别	生沱
规　　格	200克
生产日期	2007年

生态青砖

183

❋产品介绍

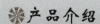

　　砖面条索清晰，砖形完整，汤色桔黄透亮，滋味浓烈强甘、生津持久，香气陈韵气扬，叶底匀整柔嫩。

类　别	生砖
规　格	250克
生产日期	2007年

庆祝香港回归十周年纪念饼

2007限量版

八角亭普洱茶 **典籍**

❋ 产品介绍

选用勐海大叶种乔木春茶为原料精心压制而成。饼形工整大气，白毫显露，条索墨绿油亮。汤色金黄透亮，滋味醇和厚实，浓强度佳，香气浓郁，极具收藏价值。

类　别	生饼
规　格	2500克
生产日期	2007年

云南勐海七子饼茶

7590（无标注）

云南七子饼茶

云南"七子饼茶"系精选同茶，采选同弛名中特的"云洱茶"作原料，适度发酵，经高温蒸压而成，汤色红黄鲜亮，香气纯高，滋味醇厚，具光口甘之绩点，饮之清凉醉润，消食解腻，提神解乏。

YUNNAN QIZIBING TEA

Yunnan Qizibing Tea—Yuan Tea,is selected from "puer tea"which is both home unisolved as the raw materials.It's made through a process of optimum fermentation and high-temperature.The tea features a bright red-yellowish colour with a pure aroma and after drinking sweet.Drinking our product is believed to quench thirst,aid digestion,refreshing and dispel fatigue.

云南黎明农工商联合公司八角亭产品
PROUD PRODUCT OF
LIMING AGRO-INDUSTRIAL-COMMERCIAL COMBINES TEA FACTORY,YUNNAN

❀ 产品介绍

　　以大叶种晒青春茶为原料，采用传统工艺发酵后蒸压而成。饼形工整，松紧适度，内外一致，金毫显露。汤色宝石红亮，陈香明显，滋味细腻柔顺醇厚，回甘极佳。

类　别	熟　饼
规　格	357克
生产日期	2007年

黎明普洱

187

❋ 产品介绍

　　中国昆明进出口商品交易会唯一指定用茶，本品用料上乘，均为勐海茶区优质、生态晒青毛茶，采用传统发酵及压制工艺制成，金毫尽显，条索壮实肥硕，汤色红亮剔透，滋味滑爽厚重，回甘悠长，醇香浓郁。

类　　别	熟 饼
规　　格	357克
生产日期	2007年

孔雀之乡七子饼茶

黎明春乔

186

❋ 产品介绍

　　采用勐海大叶种晒青毛茶为原料，经适度发酵，传统工艺压制而成。饼形工整，松紧适度，茶汤红亮，陈香浓郁，口感顺滑厚实，回甘好，叶底红褐柔软，是熟茶中之上品。

类　别	熟饼
规　格	357克
生产日期	2007年

孔雀之乡七子饼茶

黎明之光

❈ **产品介绍**

斑章生态普茶，选用云南大叶种大树春茶为原料，经精心发酵压制而成。饼形端正、松紧适度、条索均匀，金毫显露，汤色红浓透亮，滋味厚实回甘，陈香突出悠长，布朗味十足，叶底红褐均匀。

类　别	熟饼
规　格	357克
生产日期	2007年

云南乔木生态茶

沱王

❋ 产品介绍

    精选云南布朗山百年大树春茶为原料，经传统工艺压制而成。整体松紧适度，白毫显露，其汤色橙黄透亮，口感厚实，滋味醇厚清甜，香气悠长，层次变化明显，浓强度极佳，回甘持久，叶底匀实。是八角亭沱茶中之上品。

类　　别	生沱
规　　格	250克
生产日期	2007年

孔雀青砖

190

❄ 产品介绍

　　选用云南大叶种晒青毛茶为原料，高温蒸压制成。茶汤黄亮透明，香气高扬，口感层次丰富，茶气足，回甘明显悠长，叶底细嫩均匀。

类　别	生　砖
规　格	250克
生产日期	2007年

生态普洱

191

❀ 产品介绍

　　以勐海茶区生态晒青毛茶为原料，精心发酵压制而成。砖形大方规整，条索均匀硕壮，汤色红浓透亮，沉香显著突出，滋味厚实绵长，浓强度好，口感顺滑润喉，回甘明显，叶底红褐细嫩均匀。

类　别	熟 砖
规　格	250克
生产日期	2007年

云南勐海七子饼茶

黎明天韵

192

云南七子饼茶

云南"七子饼茶"亦称圆茶，系选用独名中叶的"普洱茶"作原料，适度发酵，经高温蒸压而成，汤色红黄鲜亮、香气纯高、滋味醇厚，具有回甘之特点。饮之清方解渴、消食解腻、提神解之。

YUNNAN QIZIBING TEA

Yunnan Qizibing Tea—Yuan Tea, is selected from "puer tea" which popular both home and abroad as the raw materials. It's made through a process of optimum fermentation and high-temperature. The tea features a bright red-yellowish colour with a pure aroma and after drinking sweet. Drinking our product is believed to quench thirst, aid digestion, refreshing and dispel fatigue.

云南省黎明农工商联合公司茶厂出品
PROUD PRODUCT OF
LIMING AGRO-INDUSTRIAL-COMMERCIAL COMBINES TEA FACTORY, YUNNAN

❋ 产品介绍

　　饼形尚圆，银毫显露，香气高扬、持久，滋味醇厚回甘，回味绵长，汤色橙黄明亮，叶底嫩匀。

类　别	生饼
规　格	357克
生产日期	2007年

云南勐海七子饼茶

金叶饼

云南七子饼茶

云南"七子饼茶"亦称圆茶，系选用驰名中外的"普洱茶"作原料，适度发酵，经高温蒸压而成，汤色红黄鲜亮，香气纯高，滋味醇厚，并有回甘之特点。饮之清凉解渴、消食解腻、提神解乏。

YUNNAN QIZIBING TEA

Yunnan Qizibing Tea—Yuan Tea,is selected from "puer tea" which popular both home and abroad as the raw materials. It's made through a process of optimum fermentation and high-temperature.The tea features a bright red-yellowish colour with a pure aroma and after drinking sweet.Drinking our product is believed to quench thirst, aid digestion,refreshing and dispel fatigue.

云南省黎明农工商联合公司茶厂出品
PROUD PRODUCT OF
LIMING AGRO-INDUSTRIAL-COMMERCIAL COMBINES TEA FACTORY,YUNNAN

❋ 产品介绍

　　饼形圆正，饼面光滑，香气纯正，滋味醇和甘甜，汤色金黄，叶底黄绿嫩匀。

类　　别	生饼
规　　格	357克
生产日期	2007年

云南勐海七子饼

明日之星乔木青饼

❋ 产品介绍

　　饼形尚圆、条索健硕、白毫肥壮，汤色橙黄明亮，香气浓香馥郁，滋味浓醇厚实、回甘生津，叶底色泽暗黄均匀。

类　别	生饼
规　格	357克
生产日期	2007年

云南勐海七子饼茶

黎明岁月留香

云 南 七 子 饼 茶

云南"七子饼茶"亦称圆茶，系选用驰名中外的"普洱茶"作原料，速度发酵，经高温蒸压而成，汤色红黄鲜亮，香气纯高，滋味醇厚，具有回甘之特点，饮之清凉解渴，消食解腻，提神解乏。

YUNNAN QIZIBING TEA

Yunnan Qizibing Tea—Yuan Tea,is selected from "puer tea" which popular both home aadabroad as the raw materials.It's made through a process of optimum fermentation and high-temperature.The tea features a bright red-yellowish colour with a pure aroma and after drinking sweet.Drinking our product is believed to quench thirst,and digestion,refreshing and dispel fatigue.

云南省黎明农工商联合公司茶厂出品
PROUD PRODUCT OF
LIMING AGRO-INDUSTRIAL-COMMERCIAL COMBINES TEA FACTORY.YUNNAN.

茶品篇／**2007年**

195

❀ 产品介绍

　　饼形尚圆，条索紧实，香气纯正持久，滋味回甘生津，汤色橙黄透亮，叶底嫩匀，有弹性。

类　　别	生饼
规　　格	357克
生产日期	2007年

孔雀之乡七子饼茶

黎明普洱

云南七子饼茶

云南"七子饼茶"亦称圆茶，系选用驰名中外的"普洱茶"作原料，适度发酵，经高温蒸压而成，汤色红黄鲜亮，香气纯高，滋味醇厚，具有回甘之特点。饮之清凉解渴、消食解腻、提神解乏。

YUNNAN QIZIBING TEA

Yunnan Qizibing Tea— Yuan Tea,is selected from "puer tea" which popular both home andabroad as the raw materials.It's made through a process of optimum fermentation and high-temperature.The tea features a bright red-yellowish colour with a pure aroma and after drinking sweet.Drinking our product is believed to quench thirst,aid digestion,refreshing and dispel fatigue.

云南省黎明农工商联合公司茶厂 出品
PROUD PRODUCT OF
LIMING AGRO-INDUSTRIAL-COMMERCIAL COMBINES TEA FACTORY YUNNAN

196

❋ 产品介绍

　　饼形尚圆，茶毫显露，压制偏紧实，香气纯正，滋味顺滑，汤色橙黄尚亮，叶底尚嫩。

类　　别	生饼
规　　格	357克
生产日期	2007年

云南勐海七子饼茶

黎明天境飘香

云南七子饼茶

云南"七子饼茶"以精选云南优质的"普洱茶"作为原料，适度发酵，经高温蒸压而成，汤色红亮鲜亮、香气陈高，滋味醇厚，具有回甘之特点。饮之消滞解渴，消食解腻，提神生津。

YUNNAN QIZIBING TEA

Yunnan Qizibing Tea -- Yuan Tea.is selected from "puer tea" which popular both home andabroad as the raw materials.It's made through a process of optimum fermentation and high temperature.The tea features a bright red-yellowish colour with a pure aroma and after drinking sweet.Drinking our product is believed to quench thirst,aid digestion,refreshing and dispel fatigue.

云海省勐海县二制茶工商联合公司茶厂出品
PROUD PRODUCT OF
LIMING AGRO-INDUSTRIAL COMMERCIAL COMBINES TEA FACTORY YUNNAN

❋ 产品介绍

　　发酵度适中，用料考究，茶饼工整、松紧适度，金毫显露，茶汤红亮透明，陈香悠长，滋味甜口滑顺、口感细腻、醇厚回甘，叶底红褐匀齐。

类　　别	熟饼
规　　格	357克
生产日期	2008年

孔雀之乡七子饼茶
黎明普洱

云南七子饼茶

云南"七子饼茶"市场润茶，系选用驰名中外的"普洱茶"作原料，适度发酵，经高温蒸压而成，汤色红黄鲜亮，香气林高，滋味醇厚，具有回甘之特点，饮之清凉鲜润，消食解腻，提神醒之。

YUNNAN QIZIBING TEA

Yunnan Qizibing Tea—Yuan Tea,is selected from " puer tea" which popular both home andabroad as the raw materials.It's made through a process of optimum fermentation and high-temperature.The tea features a bright red-yellowish colour with a pure aroma and after drinking sweet.Drinking our product is believed to quench thirst,aid digestion,refreshing and diapel fatigue.

云南省黎明农工商联合公司第厂出品

PROUD PRODUCT OF
LIMING AGRO-INDUSTRIAL-COMMERCIAL COMBINES TEA FACTORY.YUNNAN.

198

❋ 产品介绍

　　陈香普洱，采用纯正云南大叶种晒青毛茶为原料，传统工艺精心发酵后压制而成。色泽红浓透亮，陈香浓郁，滋味醇厚、口感润滑细致，叶底红亮均匀柔软。

类　　别	熟 饼
规　　格	357克
生产日期	2008年

孔雀之乡乔木七子饼茶

黎明精品

云南七子饼茶

云南"七子饼茶"又名圆茶，系选用驰名中外的"普洱茶"作原料，适度发酵，经高温蒸压而成。汤色红亮鲜亮、香气纯高、滋味醇厚，其有回甘之特点。饮之清凉解渴、消食解腻、提神解乏。

YUNNAN QIZIBING TEA

Yunnan Qizibing Tea—Yuan Tea,is selected from "puer tea" which popular both home andabroad as the raw materials.It's made through a process of optimum fermentation and high-temperature.The tea features a bright red-yellowish colour with a pure aroma and after drinking sweet.Drinking our product is believed to quench thirst,aid digestion,refreshing and dispel fatigue.

云南省黎明农工商联合公司茶厂出品
PROUD PRODUCT OF
LINING AGRO-INDUSTRIAL-COMMERCIAL COMBINES TEA FACTORY,YUNNAN.

❈ 产品介绍

　　茶如其名，是八角亭普洱熟茶中之精品，勐海茶区早春生态毛茶为原料，精心发酵，传统工艺压制而成。饼形规整、内外一致、芽条壮实肥硕，金毫显露，汤色明亮浓稠，滋味厚重绵长、口感细腻、回甘悠长，叶底细嫩柔软。

类　　别	熟饼
规　　格	357克
生产日期	2008年

云南勐海七子饼茶

宫廷普洱王

云南七子饼茶

云南"七子饼茶"亦称圆茶，系选用驰名中外的"青毛茶"作原料，速度发酵，经高温蒸压而成，汤色红亮鲜艳，香气纯高，回味醇厚，具有回甘之特点，饮之清凉解渴，消食解腻，提神解乏。

YUNNAN QIZIBING TEA

Yunnan Qizibing Tea—Yuan Tea,is selected from "puer tea" which popular both home andabroad as the raw materials.It is made through a process of optimum fermentation and high-temperature.The tea features a bright red-yellowish colour with a pure aroma and after drinking sweet.Drinking our product is believed to quench thirst,aid digestion,refreshing and dispel fatigue.

云南省黎明农工商有限公司茶厂出品

PROUD PRODUCT OF
LIMING AGRO-INDUSTRIAL-COMMERCIAL COMBINE"TEA FACTORY YUNAN

200

❋ 产品介绍

　　精选勐海优质晒青毛茶，精心发酵精制而成。饼形端正、金毫尽显，沉香馥郁，汤色红浓明亮，滋味浓厚甜醇，舌尖尽显润滑，叶底红褐、柔嫩、均匀无论外形亦或品质，皆为普洱上品。

类　　别	熟饼
规　　格	357克
生产日期	2008年

孔雀之乡七子饼茶

越陈越香

云 南 七 子 饼 茶

云南"七子饼茶"市称圆茶，系选用独具中外的"青洱茶"特色料，进度发酵，经高温蒸压而成，清色红黄鲜亮，香气悦为，滋味醇厚，具有四甘之特点，饮之清沫解渴，消食解腻，提神解之

YUNNAN QIZIBING TEA

Yunnan Qizibing Tea-- Yuan Tea,is selected from "puer tea" which popular both home and abroad as the raw materials.It's made through a process of optimum fermentation and high-temperature.The tea features a bright red-yellowish colour with a pure aroma and after drinking sweet.Drinking our product is believed to quench thirst,aid digestion,refreshing and dispel fatigue

(一南多特性(上海每公司)之一)

PROUD PRODUCT OF
LIMING AGRO-INDUSTRIAL COMMERC AL COMPANY'S TEA FACTORY FLOWER

❀ 产品介绍

　　选用勐海茶区五级前晒青毛茶为原料，经适度发酵，高温蒸压而成。饼形外观显毫、里外料一致，茶汤顺滑醇厚、滋味回甘、韵味十足，陈香悠长，对于八角亭这款以轻发酵为主旨的茶品来讲，茶如其名。

类　　别	熟饼
规　　格	357克
生产日期	2008年

黎明普洱散茶

精 品

202

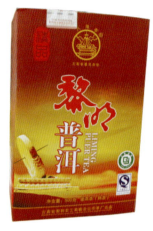

❋ 产品介绍

　　精选，勐海大叶种晒青毛茶为原料，精心发酵。条索褐亮紧实，芽毫肥壮，汤色宝石红亮，滋味醇和鲜爽、水路顺滑回甜，香气醇香，叶底柔嫩。

类　　别	熟 茶
规　　格	500克
生产日期	2008年

云南勐海七子饼茶

7590

云南 七子饼茶

云南"七子饼茶"亦称圆茶，是选用驰名中外的"普洱茶"作原料，适度发酵，经高温蒸压而成，汤色红黄鲜亮、香气纯高、滋味醇厚，具有回甘之特点，饮之清凉解渴、消食解腻、提神解乏。

YUNNAN QIZIBING TEA

Yunnan Qizibing Tea—Yuan Tea, is selected from "puer tea" which popular both home and abroad as the raw materials.It's made through a process of optimum fermentation and high-temperature.The tea features a bright red-yellowish colour with a pure aroma and after drinking sweet.Drinking our product is believed to quench thirst,aid digestion,refreshing and dispel fatigue.

云南老黎明农工商联合公司茶厂出品
PROUD PRODUCT OF
LIMING AGRO-INDUSTRIAL-COMMERCIAL CONGLOMERATE TEA FACTORY YUNNAN

❋ 产品介绍

　　八角亭常规产品，以勐海境内大叶种晒青毛茶为原料，精心拼配而成。发酵程度适中，汤色红浓明亮，香气陈香，滋味入口润滑，茶气足，回甘而韵长，叶底褐红均匀、稍带梗。

类　别	熟饼
规　格	357克
生产日期	2008年

孔雀之乡七子饼茶

御赏贡品

八角亭普洱茶 典籍

云南七子饼茶

云南"七子饼茶"古称圆茶，系选用优良品种的"普洱茶"作原料，适度发酵，经高温蒸压而成，汤色红黄鲜亮、香气纯高、滋味鲜厚，具有回甘之特点。饮之清凉解渴、消食解腻、提神解乏。

YUNNAN QIZIBING TEA

Yunnan Qizibing Tea—Yuan Tea,is selected from "puer tea" which popular both home andabroad as the raw materials.It's made through a process of optimum fermentation and high-temperature.The tea features a bright red-yellowish colour with a pure aroma and after drinking sweet.Drinking our product is believed to quench thirst,aid digestion,refreshing and dispel fatigue.

云南省黎明农工商联合公司茶厂出品
PROUD PRODUCT OF
LIMING AGRO-INDUSTRIAL-COMMERCIAL COMBINES TEA FACTORY,YUNNAN.

204

✳ 产品介绍

　　八角亭高端常规熟饼，勐海茶区大叶种春茶为原料，发酵适度、饼形工整、金毫显露，汤色红浓透亮，陈香纯正，口感顺滑，回甘明显，叶底柔嫩褐红，为普洱熟 茶之经典。

类　别	熟 饼
规　格	357克
生产日期	2008年

云南勐海七子饼茶

金牛献瑞

云南七子饼茶

云南"七子饼茶"古称圆茶，系选用驰名中外的"普洱茶"作原料，适度发酵、经高温蒸压而成，汤色红黄鲜亮、香气纯高、滋味醇厚，具有回甘之特点，饮之清凉解渴，消食解腻、提神醒之。

YUNNAN QIZIBING TEA

Yunnan Qizibing Tea—Yuan Tea,is selected from "puer tea" which popular both home andabroad as the raw materials.It's made through a process of optimum fermentation and high-temperature.The tea features a bright red-yellowish colour with a pure aroma and after drinking sweet.Drinking our product is believed to enrich thirst,aid digration,refreshing and dispel fatigue.

云南省黎明农工商联合公司茶厂/出品
PROUD PRODUCT OF
LIMING AGRO-INDUSTRIAL-COMMERCIAL COMBINES TEA FACTORY,YUNNAN.

205

❉ 产品介绍

　　选用早春生态大叶种晒青毛茶为原料，采用传统手工方式压制而成。饼形大气工整、白毫显露，茶汤明黄透亮，滋味厚重、浓强度极佳、回甘快而绵长，叶底肥壮嫩度好。

类　　别	生饼
规　　格	1000克
生产日期	2008年

西双版纳勐海乔木云雾圆茶

布朗一号

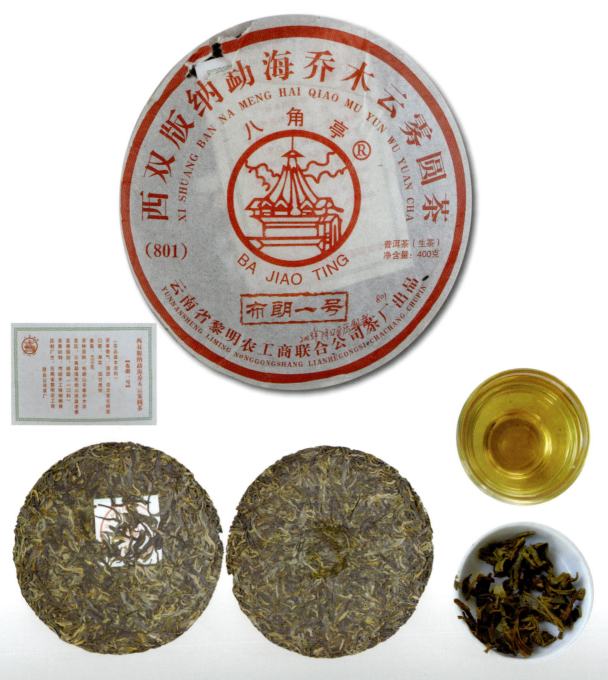

206

❈ 产品介绍

　　801批，采用云南勐海茶区一至三级优质乔木古树毛茶压制而成。有班章特质，条索肥壮紧实，汤色金黄明亮，茶气十足，香气独特，口感醇厚、生津佳、回甘持久悠长，叶底柔嫩匀齐。

类　别	生饼
规　格	400克
生产日期	2008年

西双版纳勐海乔木云雾圆茶
布朗二号

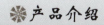

云南七子饼茶

云南"七子饼茶"亦称圆茶，真选用驰名中外的"普洱茶"作原料，适度发酵，经高温蒸压而成，汤色红亮鲜亮，香气纯高、滋味醇厚，具有回甘之特点。饮之清凉解渴，消食解腻、提神解乏。

YUNNAN QIZIBING TEA

Yunnan Qizibing Tea—Yuan Tea,is selected from "puer tea" which popular both home andabroad as the raw materials.It's made through a process of optimum fermentation and high-temperature.The tea features a bright red-yellowish colour with a pure aroma and after drinking sweet.Drinking our product is believed to quench thirst,aid digestion,refreshing and dispel fatigue.

云南省黎明明农工商联合公司茶厂出品
PROUD PRODUCT OF
LIMING AGRO-INDUSTRIAL-COMMERCIAL COMBINES TEA FACTORY,YUNNAN.

✿ 产品介绍

　　801批，选用布朗山大叶种大树春茶，采用布朗族传统手工揉制晒青，精心制作的上等生 饼。滋味浓郁，回甘久生津快、口感浓烈厚实、层次变化丰富，叶底均匀肥壮。

类　别	生 饼
规　格	357克
生产日期	2008年

云南勐海七子饼茶

0840

八角亭普洱茶 典籍

云南七子饼茶

云南"七子饼茶"系饼圆茶，系选用勐海地区中片的"普洱茶"作原料，适度发酵，经高温蒸压而成，汤色红黄鲜亮，香气纯高、滋味醇厚，具有回甘之特点。饮之清凉解渴、消食解腻、提神醒之。

YUNNAN QIZIBING TEA

Yunnan Qizibing Tea—Yuan Tea,is selected from "puer tea" which popular both home andabroad as the raw materials.It's made through a process of optimum fermentation and high-temperature.The tea features a bright red-yellowish colour with a pure aroma and after drinking sweet.Drinking our product is believed to quench thirst,aid digestion,refreshing and dispel fatigue.

云南省黎明农工商联合公司茶厂出品

PROUD PRODUCT OF
LIMING AGRO-INDUSTRIAL-COMMERCIAL COMBINES TEA FACTORY,YUNNAN.

✳ 产品介绍

　　选用勐海县境内大叶种晒青毛茶为原料，经高温蒸压而成条索显毫，汤色黄亮透明，香气纯正，茶水甘柔，滋味浓厚、回味悠长、鲜活生津滑口、回甘快而持久，叶底粗壮、稍带梗。

类　别	生饼
规　格	357克
生产日期	2008年

云南勐海七子饼茶
0830

云南七子饼茶

云南"七子饼茶"示范园茶，系选用优名中的"普洱茶"作原料，适度发酵，经高温蒸压而成，汤色红黄鲜亮、香气纯高、滋味醇厚，真气回甘之特点。饮之清香解渴、消食醒胃、提神解乏。

YUNNAN QIZIBING TEA

Yunnan Qizibing Tea—Yuan Tea,is selected from "puer tea" which popular both home andabroad as the raw materials.It is made through a process of optimum fermentation and high-temperature.The tea features a bright red-yellowish colour with a pure aroma and after drinking sweet.Drinking our product is believed to quench thirst,aid digestion,refreshing and dispel fatigue.

云南省黎明农工商公司茶厂出品
PROUD PRODUCT OF
LIMING AGRO—INDUSTRIAL-COMMERCIAL COMBINES TEA FACTORY,YUNNAN.

✿ 产品介绍

　　选用勐海茶区大叶种晒青毛茶为原料，条索紧实壮硕、芽毫显露、饼形工整，汤色金黄透亮，香气高扬，水路细腻滑爽、生津快回甘持久，滋味厚重，茶气足，叶底柔嫩匀称。

类　别	生饼
规　格	357克
生产日期	2008年

云南勐海七子饼茶

0820

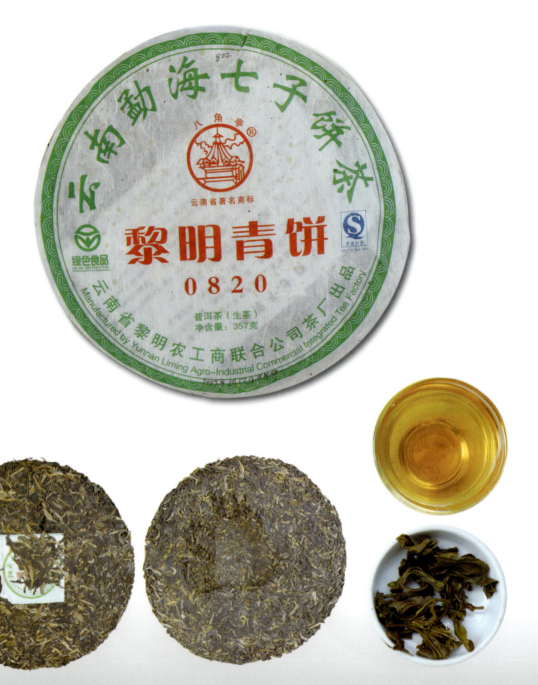

210

❀ 产品介绍

    黎明青饼，选用勐海县境内大叶种晒青毛茶为原料，经高温蒸压而成。条索肥壮、白毫显露，汤色黄亮浓稠，香气纯正持久，滋味浓厚、甘柔、回甘悠长、鲜活生津滑口，叶底均匀细嫩，是普洱生饼的经典之作。

类　别	生　饼
规　格	357克
生产日期	2008年

云南普洱饼茶

❋ 产品介绍

　　2008中国（广州）国际茶业博览会唯一指定纪念茶，选用云南大叶种春茶为原料，采用传统工艺加工而成。饼形规整、条索均匀，汤色橙黄明亮，香气高扬，口感茶气十足、浓强度佳、快速回甘生津，滋味厚实悠长，叶底柔嫩均匀。

类　　别	生饼
规　　格	500克
生产日期	2008年

黎明普洱

特制珍品

❈ 产品介绍

　　特制珍品，选用勐海高海拔茶区晒青毛茶为原料，精心压制而成。条索肥壮紧实、白毫显露，汤色金黄透亮，滋味浓厚、生津快、回甘持久，香气浓郁，叶底细嫩匀齐，携带冲泡方便。

类　　别	生 砖
规　　格	80克×10盒
生产日期	2008年

黎明普洱
特 制 珍 品

❋ 产品介绍

　　特制珍品，选用勐海高海拔茶区晒青毛茶为原料，经适度发酵精心压制而成，条索细嫩，金毫显露，汤色红亮透明，滋味顺滑爽口，生津回甘，陈香悠长，叶底红褐明亮，携带冲泡方便。

类　　别	熟 砖
规　　格	80克×10盒
生产日期	2008年

213

孔雀之乡七子饼

雅 韵

八角亭普洱茶 典籍

214

❋ 产品介绍

　　饼形工整、条索均匀、白毫显露，压制松紧适度，汤色黄亮，香气纯正持久，茶汤甘柔，滋味浓厚，回味悠长，鲜活生津，叶底粗壮微黄。

类　别	生饼
规　格	357克
生产日期	2008年

易武山老树茶

珍藏版

※ 产品介绍

　　用料全部来自易武正山。茶饼松紧适度，汤色橙黄明亮，滋味绵柔甘爽，香气纯正，叶肥芽嫩，滋味持久性好、茶味十足、回甘快而浓，叶底微黄稍长带梗，品饮时色香味俱佳。

类　　别	生饼
规　　格	357克
生产日期	2008年

云南勐海七子饼茶
黎明青饼

云南 七子饼茶

云南"七子饼茶"示标图茶,系选用独名中外的"普洱茶"作原料,速度发酵,经高温蒸压而成,汤色红黄鲜亮,香气纯高,滋味醇厚,具有回甘之特点,饮之清凉解渴,消食解腻,提神醒之。

YUNNAN QIZIBING TEA

Yunnan Qizibing Tea—Yuan Tea,is selected from "puer tea" which popular both home andabroad as the raw materials.It's made through a process of optimum fermentation and high-temperature.The tea features a bright red-yellowish colour with a pure aroma and after drinking sweet.Drinking our product is believed to quench thirst,aid digestion,refreshing and dispel fatigue.

云南省黎明农工商联合公司茶厂出品

PROUD PRODUCT OF
LIMING AGRO-INDUSTRIAL-COMMERCIAL COMBINES TEA FACTORY,YUNNAN.

❋ 产品介绍

选用勐海布朗山茶区早春晒青毛茶为原料,精心蒸压而成。条索均匀肥壮、白毫显露,汤色金黄透亮,香气高扬,滋味厚重、生津好、回甘快而绵长,叶底匀齐,微黄明亮。

类　　别	生饼
规　　格	100克
生产日期	2008年

云南七子饼茶

孔雀献瑞

217

❄ 产品介绍

　　饼形圆整美观、条索紧实肥壮，滋味厚醇、杯底留香、汤色明亮，叶底干净。

类　　别	生饼
规　　格	357克
生产日期	2008年

易武正山早春乔木圆茶

特制珍藏版

❈ 产品介绍

　　饼形规整匀称、松紧适度，开汤后果蜜香味浓郁、汤色橙黄、内质丰富、入口甜美、厚滑细软，喉润舒爽，条索肥壮显毫、匀整，叶底微黄柔嫩。

类　　别	生　饼
规　　格	357克
生产日期	2008年

中华国谊盛世普洱

国 谊

219

❄ 产品介绍

　　国谊特供，饼形圆整、白毫显露，茶汤逐渐黄亮、清澈透亮、茶气较足、生津迅速、回甘持续时间长，叶底柔嫩匀称。

类　　别	生饼
规　　格	357克
生产日期	2008年

2008年首届中国天然橡胶产业
发展大会纪念茶

❋ 产品介绍

　　饼形圆整大气、条索清晰，汤色清澈透亮 滋味厚滑细软，香气足，叶底均匀。

类　别	生　饼
规　格	500克
生产日期	2008年

全国农垦宣传文化工作会纪念

221

❀ 产品介绍

　　饼形周正、松紧度好、条索紧结，开汤香气清甜，滋味层次变化明显、口感醇厚，叶底均匀柔嫩。

类　别	生饼
规　格	357克
生产日期	2008年

云南勐海七子饼茶

嫦娥奔月

八
角
亭
普
洱
茶
典
籍

222

❋ 产品介绍

　　乔木精品，限量珍藏。外形美观、色泽润绿、白毫显露，汤色橙黄明亮，滋味茶气独特、醇香蜜甜、味甘香醇，叶底呈淡黄色，洁净。

类　别	生饼
规　格	357克
生产日期	2008年

云南勐海七子饼茶

金丝青饼

❋ 产品介绍

　　珍藏品，外形圆整、芽毫显露，汤色红黄清亮，香气纯高，滋味醇厚，叶底柔软、嫩度高。

类　别	生饼
规　格	357克
生产日期	2008年

孔雀之乡大树生饼

黎明天香

224

❈ 产品介绍

　　经典08，饼形圆润、条索紧、芽毫显，汤色黄亮茶气足，滋味柔和厚润，茶香纯正、香气飘扬，叶底干净、柔软有弹性。

类　别	生饼
规　格	357克
生产日期	2008年

云南七子饼茶

乔木茶王

❋ 产品介绍

　　饼形端正有美感、芽肥叶壮、白毫显露，汤色金黄明亮，清香高纯，滋味醇厚鲜爽，回甘生津、持久，叶底肥壮柔嫩、微黄。

类　　别	生　饼
规　　格	357克
生产日期	2008年

云南勐海七子饼茶

布朗大树

226

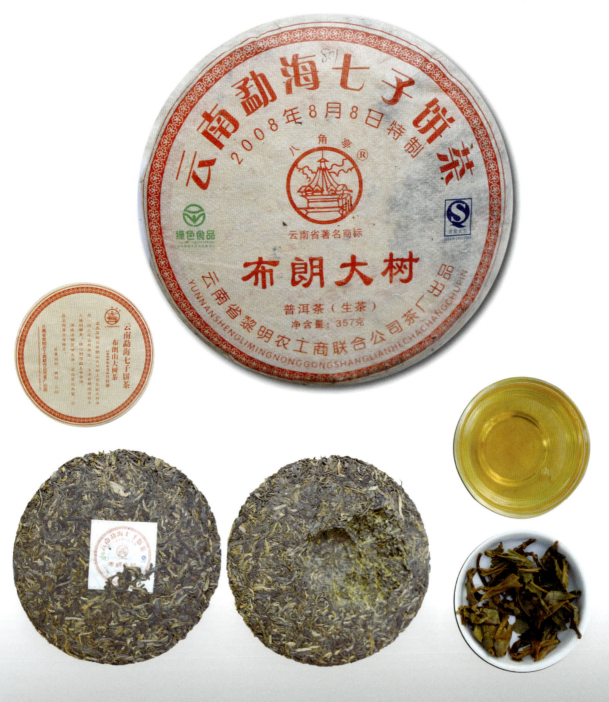

❀ 产品介绍

2008年8月8日特制，外形圆整美观、条索肥壮、芽头肥硕，茶汤红黄透亮、清香高淳，滋味厚滑稠细软、生津回甘快，叶底柔嫩微黄、匀整。

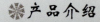

类　别	生饼
规　格	357克
生产日期	2008年

云南乔木生态茶

沱 王

227

❀ 产品介绍

　　乔木精品，沱形美观大气、芽毫肥大、条索肥硕粗壮、色泽油润，香气纯正悠远、滋味醇厚饱满、口感回味丰富、有霸气、回甘悠长，叶底均匀、柔嫩、整齐。

类　　别	生沱
规　　格	250克
生产日期	2008年

云南勐海七子饼茶

嫦娥奔月

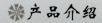 产品介绍

　　饼形圆整，条索匀整紧实、金毫显露，汤色呈酒红色，口感顺滑、纯正地道、回味悠长，叶底柔嫩褐红。

类　别	熟饼
规　格	357克
生产日期	2008年

云南勐海七子饼茶

黎明典藏

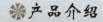

229

❋ 产品介绍

　　饼形完整、芽毫尽显，汤色红亮，滋味醇厚、清甜、层次变化明显，陈香馥郁，叶底柔嫩明亮齐整。

类　　别	熟 饼
规　　格	357克
生产日期	2008年

全国农垦宣传文化工作会纪念

230

❋ 产品介绍

　　外形规整大方、金芽满密、条索肥壮，汤色红浓透亮，樟香厚重、余味绵绵，叶底匀齐柔嫩。

类　　别	熟饼
规　　格	357克
生产日期	2008年

勐海七子饼茶

黎明金象

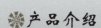

234

❋ 产品介绍

　　饼形工整、条索均匀，汤色红浓，陈香悠悠，余味绵绵，滋味香甜厚滑、茶性温和，叶底柔嫩齐整。

类　　别	熟饼
规　　格	357克
生产日期	2008年

勐海大叶种云雾圆茶
黎明红印

云南七子饼茶

云南"七子饼茶"市称圆茶，系选用驰名中外的"云南茶"作原料，适度发酵，经高温蒸及而成，汤色红黄鲜亮，香气纯高、滋味醇厚，具有回甘之特点。饮之清凉解暑、消食解腻、提神解充。

YUNNAN QIZIBING TEA

Yunnan Qizibing Tea—Yuan Tea,is selected from "puer tea" which popular both home andabroad as the raw materials.It's made through a process of optimum fermentation and high-temperature.The tea features a bright red-yellowish colour with a pure aroma and after drinking sweet.Drinking our product is believed to quench thirst,aid digestion,refreshing and dispel fatigue.

PROUD PRODUCT OF
LIMING AGRO-INDUSTRIAL-COMMERCIAL COMBINES TEA FACTORY,YUNNAN.

233

❄ 产品介绍

　　特制精品典藏版，外形工整美观、尽显芽毫，汤色红艳透亮，滋味饱满、层次丰富、回甘生津绵长，陈香纯正显著，叶底褐红匀齐。

类　　别	熟饼
规　　格	357克
生产日期	2008年

云南勐海七子饼

陈香普饼

232

❋ 产品介绍

　　饼形周正、条索肥壮紧实，汤色红浓，陈香馥郁，滋味厚重、余味绵绵，叶底红褐、柔嫩齐整。

类　别	熟饼
规　格	357克
生产日期	2008年

云南勐海七子饼茶

孔雀之春

❋ 产品介绍

　　饼形完整、条索紧实、芽毫毕现，汤色红浓明亮，香气纯高，滋味纯厚、回甘度极佳，叶底褐红齐整。

类　　别	熟饼
规　　格	357克
生产日期	2008年

孔雀之乡七子饼

醇 韵

235

❀ 产品介绍

　　外形圆整、条索匀整美观，汤色红润透亮，滋味回甘度佳、水绵,陈香气足，叶底粗壮柔软。

类　　别	熟饼
规　　格	357克
生产日期	2008年

布朗大树
沱茶

236

❋**产品介绍**

　　沱形工整美观、芽毫肥硕、嫩度高、条索粗壮，茶汤红黄清亮，滋味浓郁回甘生津、层次变化丰富、口感厚实，叶底微黄柔嫩。

类　别	生沱
规　格	250克
生产日期	2008年

云南七子饼茶

孔雀献瑞

云南 七子饼茶

云南"七子饼茶"亦称圆茶，系选用驰名中外的"普洱茶"作原料，适度发酵，经高温蒸压而成，汤色红贵鲜亮、香气纯高、滋味醇厚，具有回甘之特点，饮之清凉解渴、消食解腻、提神解乏。

YUNNAN QIZIBING TEA

Yunnan Qizibing Tea–Yuan Tea,is selected from "puer tea" which popular both home sandabroad as the raw materials.It's made through a process of optjmum fermentation and high-temperature.The tea features a bright red-yellowish colour with a pure aroma and after drinking sweet.Drinking our product is believed to quench thirst,aid digestion,refreshing and dispel fatigue.

云南省黎明农工商联合公司茶厂出品
PROUD PRODUCT OF
LIMING AGRO-INDUSTRIAL-COMMERCIAL COMBINES TEA FACTORY,YUNNAN

237

❈ 产品介绍

　　包装构图美观、立体感强，饼形工整、金芽满密、条索肥壮，汤色红浓，樟香厚重，滋味厚实滑润、余味绵绵，叶底匀齐柔嫩。

类　别	熟饼
规　格	357克
生产日期	2008年

云南勐海七子饼茶

甲级早春

八角亭普洱茶 **典籍**

云南七子饼茶

云南"七子饼茶"市格圆茶，系选用驰名中外的"普洱茶"作原料，适度发酵，经高温蒸压而成，汤色红黄鲜亮，香气纯高、滋味醇厚，具有饮可甘之特点，饮之清涩解渴，清食解腻，提神解乏。

YUNNAN QIZIBING TEA

Yunnan Qizibing Tea—Yuan Tea,is selected from "puer tea" which popular both home andabroad as the raw materials. It's made through a process of optimum fermentation and high-temperature.The tea features a bright red-yellowish colour with a pure aroma and after drinking sweet.Drinking our product is believed to quench thirst,aid digestion,refreshing and dispel fatigue.

云南省黎明农工商联合公司茶厂出品
PROUD PRODUCT OF
LIMING AGRO-INDUSTRIAL.-COMMERCIAL COMBINES TEA FACTORY,YUNNAN.

238

❋ 产品介绍

　　外形圆整、条索肥壮，汤色清澈透亮，滋味口感滑爽、茶韵回甘持久，叶底匀整微黄。

类　　别	生饼
规　　格	357克
生产日期	2008年

勐海孔雀之乡七子饼茶
布朗乔木

云南七子饼茶

云南"七子饼茶"系的圆茶，系选用比之中外的"普洱茶"作原料，适度发酵，经高温蒸压而成，汤色红黄利亮、香气纯和、滋味醇厚，具有回甘之特点，饮之清凉解渴，有益解渴，提神解之。

YUNNAN QIZIBING TEA

Yunnan Qizibing Tea—Yuan Tea,is selected from "puer tea" which popular both home andabroad as the raw materials.It's made through a process of optimum fermentation and high-temperature.The tea features a bright red-yellowish colour with a pure aroma and after drinking sweet.Drinking our product is believed to quench thirst,aid digestion,refreshing and dispel fatigue.

云南省黎明农工商联合公司茶厂出品

PROUD PRODUCT OF
LIMING AGRO-INDUSTRIAL-COMMERCIAL COMBINES TEA FACTORY,YUNNAN

❉ 产品介绍

　　饼形完整美观、芽毫显露，汤色金黄通透，滋味细腻滋润、味陈香而自然、浓郁回甘生津，叶底柔软洁净。

类　　别	生饼
规　　格	357克
生产日期	2008年

勐海大叶种云雾圆茶

黎明红印

240

八角亭普洱茶 典籍

云 南 七 子 饼 茶

云南"七子饼茶"古称圆茶，是选用驰名中外的"普洱茶"作原料，适度发酵，经蒸压而成，本色红黄鲜亮，香气味正，醇厚，具有回甘之特点，饮之清心解渴，清金解腻，提小解乏。

YUNNAN QIZIBING TEA

Yunnan Qizibing Tea - Yuan Tea, is selected from " puer tea " which popular both home and abroad as the raw materials.It's made through a process of optimum fermentation and high-temperature.The tea features a bright red-yellowish colour with a pure aroma and after drinking sweet.Drinking our product is believed to quench thirst,aid digestion,refreshing and dispel fatigue.

PROUD PRODUCT OF

LIMING AGRO-INDUSTRIAL-COMMERCIAL COMBINES TEA FACTORY YUNNAN

❋ 产品介绍

　　特制精品典藏版，外形工整、条索细嫩显毫，陈香纯正，汤水细腻顺滑，口感饱满醇润，回味极佳，叶底柔嫩微黄。

类　　别	生 饼
规　　格	357克
生产日期	2008年

云南勐海七子饼茶

福华号

241

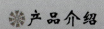

❄ **产品介绍**

　　外形圆整、包装美观、银毫显露、条索紧结，汤色金黄，香气饱满，口感滑、纯、正、陈香厚实、回甘持久、茶韵悠长，叶底匀净。

类　别	生饼
规　格	357克
生产日期	2008年

云南勐海乔木圆茶

特制限量版

242

❀ 产品介绍

　　801批，饼形工整、体形肥壮、银毫尽显、汤色栗黄明亮，滋味醇厚、茶气浓烈、陈香十足、温润滑嫩、回甘好，叶底匀齐微黄。

类　　别	生饼
规　　格	357克
生产日期	2008年

勐海七子饼茶

黎明金象

云南七子饼茶

云南"七子饼茶"茶精圆茶，系选用驰名中外的"普洱茶"作原料，适度发酵，经高温蒸压而成，汤色红黄秕类、香气纯高、滋味醇厚，具有回甘之特点，饮之生津解渴，消食解腻，提神醒之

YUNNAN QIZIBING TEA

Yunnan Qizibing Tea—Yuan Tea,is selected from "puer tea" which popular both home andabroad as the raw materials.It's made through a process of optimum fermentation and high-temperature.The tea features a bright red-yellowish colour with a pure aroma and after drinking sweet.Drinking our product is believed to quench thirst,aid digestion,refreshing and dispel fatigue.

云南省黎明农工商联合公司荣誉产品荣产品

PROUD PRODUCT OF
LIMING AGRO-INQUSTRIAL-COMMERCIAL COMBINES TEA FACTORY,YUNNAN

❋ 产品介绍

　　饼形圆整、芽毫肥壮，汤色蜜黄剔透，香气纯正悠远、滋味醇厚饱满、口感丰富霸气、回甘悠长，叶底洁净匀齐。

类　　别	生 饼
规　　格	357克
生产日期	2008年

云南七子饼茶

244

❋ 产品介绍

　　选用勐海大树茶，传统手工揉制晒青，精心制作的生饼。饼面匀整、芽毫显露、汤色黄橙明亮、滋味浓郁回甘生津快、层次变化丰富、口感浓强厚实、越久越醇，香气梅香蜜香，叶底柔嫩洁净。

类　　别	生　饼
规　　格	400克
生产日期	2008年

云南普洱饼茶

云南七子饼茶

云南"七子饼茶"亦称圆茶，系选同驰名中外的"普洱茶"作原料，适度发酵，经高温蒸压而成，汤色红亮鲜美、香气纯高、滋味醇厚，具有回甘之特点。饮之清凉解渴、消食解腻、提神解乏。

YUNNAN QIZIBING TEA

Yunnan Qizibing Tea—Yuan Tea,is selected from " puer tea " which popular both home andabroad as the raw materials.It's made through a process of optimum fermentation and high-temperature.The tea features a bright red-yellowish colour with a pure aroma and after drinking sweet.Drinking our product is believed to quench thirst,aid digestion,refreshing and dispel fatigue.

云南省黎明农工商联合公司茶厂出品
PROUD PRODUCT OF
LIMING AGRO-INDUSTRIAL-COMMERCIAL COMBINES TEA FACTORY,YUNNAN

245

✿ 产品介绍

　　2008中国（广州）国际茶业博览会唯一指定纪念茶，精选云南大叶种晒青毛茶经适度发酵后原料精制而成，饼面圆润匀整、金毫显露，汤色红浓明亮，陈香显著，滋味甜醇，厚润感明显，叶底为均匀褐色。

类　　别	熟　饼
规　　格	500克
生产日期	2008年

云南勐海乔木古树圆茶
2008限量版

八角亭普洱茶 典籍

❋ 产品介绍

　　选料精良、配方独特，饼形圆润饱满、紧实大气、条索匀整、芽叶肥硕，香气自然纯正，滋味甘甜醇厚，耐泡度、回甘度上佳、层次变化较明显，散发着的"黎明味"，叶底：棕褐匀整，其优异品质赢得了广大资深茶友的青睐和厚爱。

类　别	生饼
规　格	357克
生产日期	2008年

孔雀之乡黎明七子饼

祥云号

247

✵ 产品介绍

　　精选云南大叶种晒青毛茶为原料，饼面匀整，饼形饱满，汤色橙黄明亮，果香馥郁，滋味醇厚香甜，回甘生津快，叶底黄褐匀整。

类　别	生饼
规　格	1000克
生产日期	2008年

云南勐海七子饼茶

八角亭普洱茶 典籍

248

云南七子饼茶

云南"七子饼茶"茶饼圆茶，系选用驰名中外的"普洱茶"作原料，适度发酵，经高温蒸压而成，汤色红黄鲜亮、香气纯高，油味醇厚，具有回甘之特点。饮之清凉解渴、消食解腻、提神解乏。

YUNNAN QIZIBING TEA

Yunnan Qizibing Tea—Yuan Tea, is selected from "puer tea" which popular both home and abroad as the raw materials. It's made through a process of optimum fermentation and high-temperature. The tea features a bright red-yellowish colour with a pure aroma and after drinking sweet. Drinking our product is believed to quench thirst, aid digestion, refreshing and dispel fatigue.

云南省黎明农工商联合公司第二茶厂产品

PROUD PRODUCT OF
LIMING AGRO-INDUSTRIAL-COMMERCIAL COMBINES TEA FACTORY YUNNAN

❋ 产品介绍

　　限量发行2008饼，精选勐海茶区晒青毛茶原料，饼面匀整大气、芽毫显露，汤色黄橙明亮，香气醇香馥郁，滋味浓厚香醇，叶底黄褐匀整。

类　　别	生　饼
规　　格	1000克
生产日期	2008年

兜兜影协成立六十周年典藏品

249

❋产品介绍

　　纯手工大树茶，饼面匀整大气、芽毫显露，汤色黄橙明亮，香气醇香馥郁，滋味浓强厚润，叶底黄褐匀整。

类　别	生饼
规　格	1000克
生产日期	2008年

孔雀之乡七子饼茶

金毫贡饼

❀ 产品介绍

　　松紧适度、洒面条索细嫩、金豪显露，汤色晶莹剔透，滋味醇爽、醇厚顺滑、且持久性好回甘快而浓，香气纯正，叶底褐红肥嫩。

类　别	熟饼
规　格	357克
生产日期	2008年

云南勐海七子饼茶

福华号

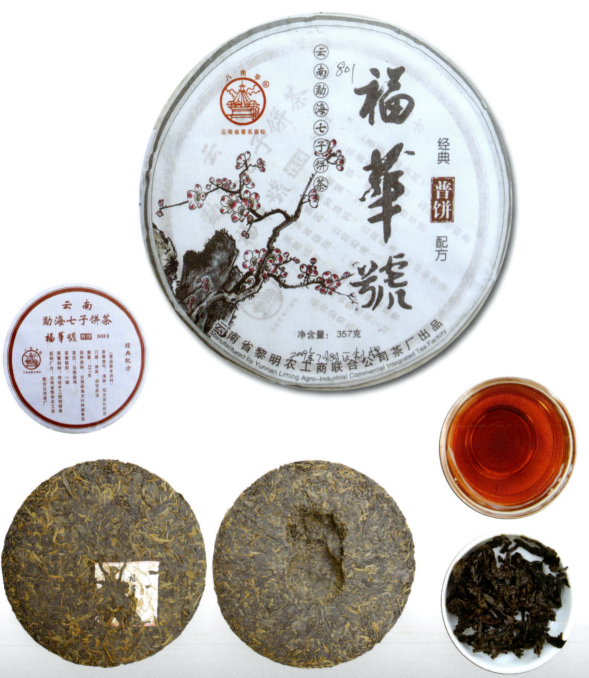

❋ 产品介绍

　　经典普饼配方，选用云南优质晒青毛茶经过精工压制，松紧适度，洒面条索细嫩，金毫显露，汤色红浓明亮、滋味甜醇，香气陈香显著，叶底匀整细嫩。

类　　别	熟饼
规　　格	357克
生产日期	2008年

孔雀之乡黎明七子饼

祥云号

云南七子饼茶

云南"七子饼茶"必须细选名，系选风貌名中叶的"普洱茶"作原料，适度发酵，经高温蒸压而成，汤色红亮鲜亮，香气纯高，滋味醇厚，具有回甘之特点。饮之清凉解渴，消食解腻，提神醒元。

YUNNAN QIZIBING TEA

Yunnan Qizibing Tea—Yuan Tea,is selected from "puer tea" which popular both home andabroad as the raw materials.It is made through a process of optimum fermentation and high-temperature.The tea features a bright red-yellowish colour with a pure aroma and after drinking sweet.Drinking our product is believed to quench thirst,aid digestion,refreshing and dispel fatigue.

云南省黎明农工商联合公司茶厂出品
PROUD PRODUCT OF
LIMING AGRO-INDUSTRIAL-COMMERCIAL COMBINES TEA FACTORY YUNNAN

252

❋产品介绍

　　上乘品质、传统工艺，精选云南大叶种晒青毛茶经适度发酵后原料精制而成，饼形匀整，金毫显露，汤色红浓明亮，陈香显著，滋味甜醇厚润，叶底红褐匀整。

类　　别	熟饼
规　　格	357克
生产日期	2008年

云南七子饼茶

乔木茶王

云南七子饼茶

云南"七子饼茶"亦称圆茶，系选用驰名中外的"普洱茶"作原料，适度发酵，经高温蒸压而成，汤色红黄鲜亮、香气纯高、滋味醇厚，具有回甘之特点。饮之清凉解渴、消食解腻、提神解之。

YUNNAN QIZIBING TEA

Yunnan Qizibing Tea—Yuan Tea,is selected from "puer tea" which popular both home and abroad as the raw materials.It's made through a process of optimum fermentation and high-temperature.The tea features a bright red-yellowish colour with a pure aroma and after drinking sweet.Drinking our product is believed to quench thirst,aid digestion,refreshing and dispel fatigue.

云南省黎明农工商联合公司茶厂出品
PROUD PRODUCT OF
LIMING AGRO-INDUSTRIAL-COMMERCIAL COMBINES TEA FACTORY,YUNNAN.

✿ 产品介绍

精选云南大叶种晒青毛茶经适度发酵后原料精制而成，饼面金毫肥壮、饼形匀整，汤色红浓透亮，陈香中略带樟香，滋味甜醇厚润、饱满滑润，叶底红褐匀整。

类　别	熟饼
规　格	357克
生产日期	2008年

云南勐海七子饼茶

0880

254

八角亭普洱茶典籍

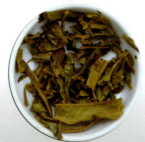

❋ 产品介绍

　　选用云南优质晒青毛茶经过精工压制,松紧适度、洒面条索细嫩,汤色橙黄明亮,香气纯正,滋味强烈甘爽、且持久性好、茶味十足、回甘快而浓,叶底肥嫩匀整。

类　　别	生饼
规　　格	357克
生产日期	2008年

云南勐海七子饼茶

0880

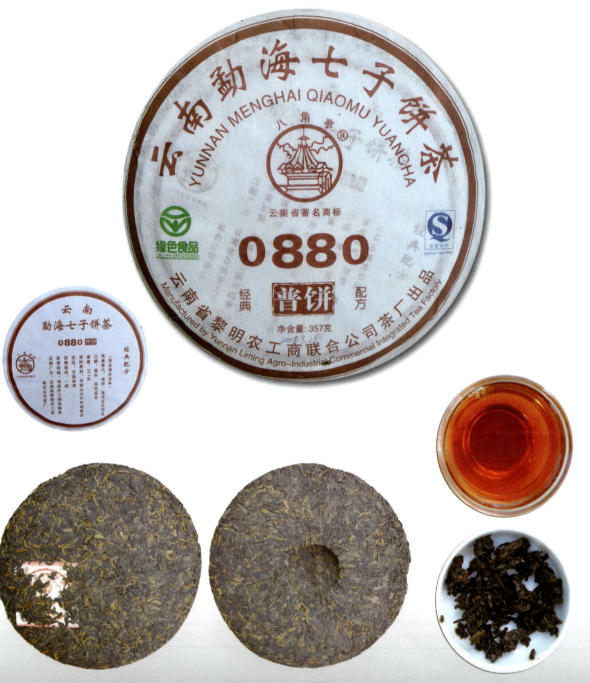

255

❀ 产品介绍

　　精选云南大叶种晒青毛茶经适度发酵后原料精制而成，饼面金毫肥壮、饼面匀整，汤色红浓明亮，陈香显著，滋味甜醇厚润，叶底红褐匀整。

类　　别	熟饼
规　　格	357克
生产日期	2008年

云南乔木古树茶
黎明经典

八角亭普洱茶 典籍

256

云南七子饼茶

云南"七子饼茶"系精圆茶，系选用驰名中外的班章、易武、布朗山"古树普洱茶"作原料，所经多年陈化，经高温蒸压而成，汤色鲜亮，香气纯高，滋味醇厚，具有香扬水润、春水秋香的特点。饮之清凉解满，帮助消化，祛除疲劳。

YUNNAN CHI TSE BEENG CHA

Yunnan Chitse bingcha(also called Yuancha) is manufactured from puerhcha, a tea of world-wide fame (BanZhang、YiWu、BuLongShan) After many years of aging, Through a process of high-temperature steaming and pressing. It affords a bright liquid with pure aroma and fine taste,and is characterised by a sweet after-taste all its own. Drink a cup of this, and you will find it very refreshing and thirst-quenching. It also aids your digestion and quickens your recovery from fatigue.

云南省黎明农工商联合公司茶厂出品
Manufactured by Yunnan Liming Agro-Industrial Commercial Integrated Tea Factory

❀ 产品介绍

　　802批，饼形圆正、松紧适度、条索肥大显毫，汤色橙黄明亮，滋味醇和、茶韵纯正，叶底微黄均匀。

类　别	生饼
规　格	357克
生产日期	2008年

云南乔木古树茶
黎明经典

云南七子饼茶

云南"七子饼茶"亦称圆茶，系选用驰名中外的"古树普洱茶"作原料，经高温蒸压而成，汤色鲜亮，香气纯高，滋味醇厚，具有香扬水润，春水秋香的特点。饮之清凉解渴，帮助消化，祛除疲劳。

YUNNAN CHI TSE BEENG CHA

Yunnan Chitse bingcha(also called Yuancha) is manufactured from puerhcha, a tea of world-wide fame. Through a process of high-temperature steaming and pressing. It affords a bright liquid with pure aroma and fine taste,and is characterised by a sweet after-taste all its own. Drink a cup of this, and you will find it very refreshing and thirst-quenching. It also aids your digestion and quickens your recovery from fatigue.

云南省黎明农工商联合公司茶厂出品
Manufactured by Yunnan Liming Agro-Industrial Commercial Integrated Tea Factory

❋ 产品介绍

　　801批，饼型圆正、松紧适度、条索肥大显毫，汤色橙黄明亮，滋味醇和茶韵纯正 叶底微黄均匀。

类　别	生饼
规　格	357克
生产日期	2008年

班章生态茶

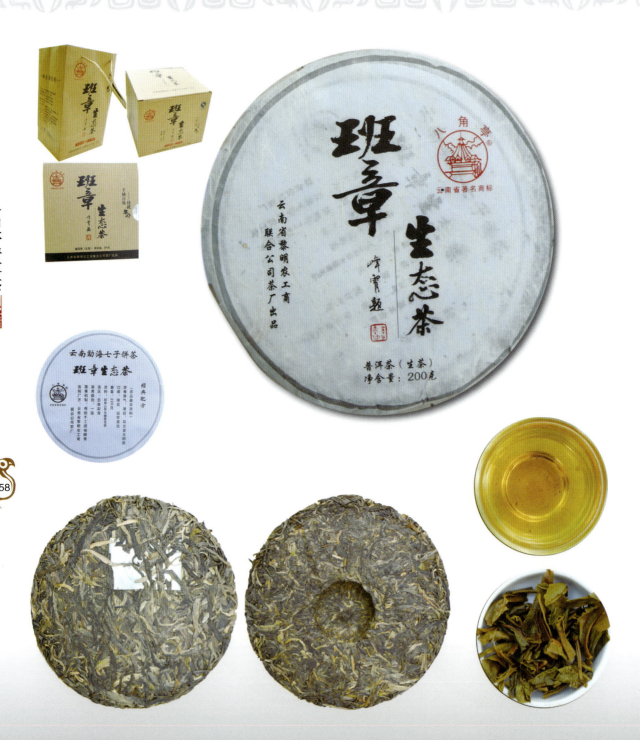

258

❋产品介绍

　　精选布朗山茶区班章山茶叶为原料，饼形匀整小巧，汤色橙黄明亮，果香中带甜香，滋味浓强、厚润、甜醇，叶底肥壮匀整。

类　别	生　饼
规　格	200克
生产日期	2009年

黎明普洱

259

❋ 产品介绍

　　散茶，精选云南大叶种晒青毛茶为原料，挑选肥壮茶青为主，精心发酵，条索乌亮肥硕，汤色红亮，滋味醇和鲜爽、水路顺滑回甜，香气醇香，叶底条索匀整红褐。

类　　别	熟 茶
规　　格	400克
生产日期	2009年

竹筒茶

260

❈ 产品介绍

　　选用云南优质晒青毛茶经过适度发酵后原料精制而成，精工细作，500克熟茶经过高温蒸制后一点点送入竹筒，它有着茶叶的陈香又有竹筒的清香，汤色红浓透亮，滋味醇滑，叶底棕褐匀整。

类　别	熟茶
规　格	500克
生产日期	2009年

早春生态茶砖

越陈越香

261

❋ 产品介绍

　　选用云南布朗山优质乔木晒青毛茶，经特殊工艺秘方发酵精制而成。外形条索肥壮紧实，汤色红浓剔透、樟香纯正，品饮时滑而润，且持久性好、茶味香甜、稠感顺滑，叶底褐红肥嫩。

类　　别	熟砖
规　　格	1000克
生产日期	2009年

云南勐海七子饼茶

早春银毫

262

云南七子饼茶

云南"七子饼茶"亦称圆茶，系选用驰名中外的"普洱茶"作原料，适度发酵，经高温蒸压而成，汤色红黄鲜亮，香气纯高，滋味醇厚，具有回甘之特点，饮之清凉醇爽，消食解腻，提神解乏。

YUNNAN QIZIBING TEA

Yunnan Qizibing Tea—Yuan Tea, is selected from "puer tea" which popular both home andabroad as the raw materials. It's made through a process of optimum fermentation and high-temperature. The tea features a bright red-yellowish colour with a pure aroma and after drinking sweet. Drinking our product is believed to quench thirst, aid digestion, refreshing and dispel fatigue.

云南省黎明农工商联合公司茶厂出品
PROUD PRODUCT OF
LIMING—INDUSTRIAL-COMMERCIAL COMBINES TEA FACTORY, YUNNAN.

❊ 产品介绍

　　精选布朗山原料，饼面匀整、芽毫显露、松紧适度、汤色橙黄明亮、滋味强烈甘爽、香气醇香馥郁、纯正，滋味强烈甘爽、醇厚香甜、蜜香厚重、持久性好、回甘快而浓，叶底肥壮匀整，屡获金奖，一款性价比优良的普洱茶。

类　　别	生饼
规　　格	200克
生产日期	2009年

云南勐海七子饼茶

宫廷普洱王

云南七子饼茶

云南"七子饼茶"茶称圆茶，系选用驰名中外的"普洱茶"作原料，适度发酵，经高温蒸压而成，汤色红黄鲜亮、香气纯高、滋味醇厚，具有回甘之特点，饮之清凉解渴、消食醒胃、提神解乏。

YUNNAN QIZIBING TEA

Yunnan Qizibing Tea—Yuan Tea,is selected from " puer tea " which popular both home andabroad as the raw materials.It is made through a process of optimum fermentation and high-temperature.The tea features a bright red-yellowish colour with a pure aroma and after drinking sweet.Drinking our product is believed to quench thirst,aid digestion,refreshing and dispel fatigue.

云南省黎明农工商联合公司茶厂出品
PRBUS PRBBUET DF
LIMING AGRO-INDUSTRIAL-COMMERCIAL COMBINES TEA FACTORY,YUNNAN.

263

❋ 产品介绍

　　选用云南大叶种晒青毛茶经适度发酵后精制而成，饼面匀整、金毫显露、芽条紧细，汤色红艳明亮，陈香显著，滋味甜醇滑润，叶底红棕紧细匀整。

类　　别	熟饼
规　　格	357克
生产日期	2009年

孔雀之乡七子饼茶

黎明精品

云南 七子饼茶

云南"七子饼茶"亦称圆茶，系选用驰名中外的"普洱茶"作原
料，适度发酵，经高温蒸压而成，汤色红黄鲜亮、香气纯高、滋味
醇厚，具有回甘之特点。饮之清凉解渴、消食解腻、提神解乏。

YUNNAN QIZIBING TEA

Yunnan Qizibing Tea—Yuan Tea,is selected from "puer tea" which popular both
home andabroad as the raw materials.It is made through a process of optimum
fermentation and high-temperature.The tea features a bright red-yellowish colour
with a pure aroma and after drinking sweet.Drinking our product is believed to
quench thirst,aid digestion,refreshing and dispel fatigue.

云南省黎明农工商联合公司茶厂出品
PROUD PRODUCT OF
LIMING AGRO-INDUSTRIAL-COMMERCIAL COMBINES TEA FACTORY,YUNNAN.

264

❈ 产品介绍

　　采用最高级别晒青毛茶为原料（宫廷级），分筛提
毫，经适度发酵而成，紧秀匀整、金毫突显，其汤色红浓
透亮，滋味顺滑，香气馥郁，口感丰满，叶底棕褐匀整。

类　　别	熟饼
规　　格	357克
生产日期	2009年

云南勐海七子饼茶

7540

云南 七子饼茶

云南"七子饼茶"亦称圆茶，系选用驰名中外的"普洱茶"作原料，适度发酵，经高温蒸压而成，汤色红黄鲜亮，香气纯高，滋味醇厚，具有回甘之特点。饮之清渴解渴、消食解腻、提神醒之。

YUNNAN QIZIBING TEA

Yunnan Qizibing Tea—Yuan Tea,is selected from "puer tea" which popular both home andabroad as the raw materials.It's made through a process of optimum fermentation and high-temperature.The tea features a bright red-yellowish colour with a pure aroma and after drinking sweet.Drinking our product is believed to quench thirst,aid digestion,refreshing and dispel fatigue.

云南省黎明农工商联合公司茶厂出品
PROUD PRODUCT OF

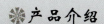

❈ 产品介绍

　　选用勐海县境内毛茶为原料，八角亭常规品之一。条索显毫，汤色橙黄透亮，香气纯正、持久、茶水甘柔，滋味浓厚、回味悠长、鲜活生津滑口，叶底黄褐匀整，是普洱青饼的经典力作。

类　别	生 饼
规　格	357克
生产日期	2009年

孔雀之乡七子饼茶
越陈越香

八角亭普洱茶 典籍

云 南 七 子 饼 茶

云南"七子饼茶"示称圆茶，系选用驰名中外的"普洱茶"作原料，适度发酵，经高温蒸压而成，汤色红黄鲜亮、香气纯高、滋味鲜厚，具有回甘之特点，饮之清凉解渴、消食解腻、提神解之。

YUNNAN QIZIBING TEA

Yunnan Qizibing Tea—Yuan Tea,is selected from "puer tea" which popular both home andabroad as the raw materials.It's made through a process of optimum fermentation and high-temperature.The tea features a bright red-yellowish colour with a pure aroma and after drinking sweet.Drinking our product is believed to quench thirst,aid digestion,refreshing and dispel fatigue.

云南省黎明农工商联合公司茶厂出品
PROUD PRODUCT OF
LIMING AGRO-INDUSTRIAL-COMMERCIAL COMBINES TEA FACTORY,YUNNAN.

❋ 产品介绍

选用勐海县境内毛茶为原料适度发酵而成，八角亭常规品之一。饼形匀整、金毫显露，汤色红浓透亮，陈香显著，甘甜厚润、醇滑，叶底棕褐匀整。

类　　别	熟饼
规　　格	357克
生产日期	2009年

云南勐海七子饼茶

0432

云南七子饼茶

云南"七子饼茶"市称圆茶，系选用驰名中外的"普洱茶"作原料，适度发酵，经高温蒸压而成，汤色红黄鲜亮，香气纯高，滋味醇厚，具有回甘之特点。饮之清心解渴、消食解腻、提神解乏。

YUNNAN QIZIBING TEA

Yunnan Qizibing Tea—Yuan Tea,is selected from "puer tea" which popular both home andabroad as the raw materials.It's made through a process of optimum fermentation and high-temperature.The tea features a bright red-yellowish colour with a pure aroma and after drinking sweet.Drinking our product is believed to quench thirst,aid digestion,refreshing and dispel fatigue.

云南省黎明农工商联合公司茶厂出品
PROUD PRODUCT OF
LIMING AGRO-INDUSTRIAL -COMMERCIAL COMBINES TEA FACTORY,YUNNAN.

❉ 产品介绍

　　精选勐海茶区纯正晒青毛茶，八角亭常规品之一。外形饼面匀整、芽毫显露，汤色橙黄鲜亮，香气纯高，滋味浓香厚韵、具有回甘之特点，叶底褐黄匀整。

类　　别	生饼
规　　格	357克
生产日期	2009年

2009年云南勐海七子饼茶
7590

八角亭普洱茶
典籍

268

云南七子饼茶

云南"七子饼茶"亦称圆茶，系选用驰名中外的"普洱茶"作原料，适度发酵，经高温蒸压而成，汤色红黄鲜亮、香气纯高，滋味醇厚，具有回甘之特点。饮之清凉解渴、消食解腻、提神解之。

YUNNAN QIZIBING TEA

Yunnan Qizibing Tea—Yuan Tea,is selected from "puer tea" which popular both home andabroad as the raw materials.It is made through a process of optimum fermentation and high-temperature.The tea features a hright red-yellowsh colour with a pure aroma and after drinking sweet.Drinking our product is believed to quench thirst,aid digestion,refreshing and dispel fatigue.

云南省黎明农工商联合公司茶厂出品
PROUD PRODUCT OF
LIMING AGRO-INDUSTRIAL-COMMERCIAL COMBINES TEA FACTORY, YUNNAN

❋ 产品介绍

　　选用勐海县境内毛茶为原料适度发酵而成，八角亭常规品之一。饼形匀整、金毫显露，汤色红浓透亮，陈香显著，滋味甘甜厚润、醇滑，叶底棕褐匀整。

类　别	熟饼
规　格	357克
生产日期	2009年

云南勐海七子饼茶

金针白莲

云南七子饼茶

云南"七子饼茶"亦称圆茶，系选用驰名中外的"普洱茶"作原料，适度发酵，经高温蒸压而成，汤色红黄鲜亮，香气纯高，滋味醇厚，具有回甘之特点，饮之清凉解暑，消食解腻，提神解之。

YUNNAN QIZIBING TEA

Yunnan Qizibing Tea~Yuan Tea,is selected from " puer tea " which popular both home andabroad as the raw materials.It's made through a process of optimum fermentation and high-temperature.The tea features a bright red-yellowish colour with a pure aroma and after drinking sweet.Drinking our product is believed to quench thirst,aid digestion,refreshing a: dispel fatigue.

云南省黎明农工商联合公司茶厂出品

PROUD PRODUCT OF

LIMING AGRO-INDUSTRIAL-COMMERCIAL COMBINES TEA FACTORY,YUNNAN.

269

❄ 产品介绍

　　选用勐海茶区的优质晒青毛茶，经特殊工艺秘方发酵精制而成。外形条索肥壮紧实、饼形工整，汤色红浓，醇香厚重，余味绵绵，体现了普洱熟茶特有的气息、香气独特，叶底棕褐匀整。

类　别	熟饼
规　格	200克
生产日期	2009年

云南勐海高山乔木古树

献礼

八角亭普洱茶 **典籍**

270

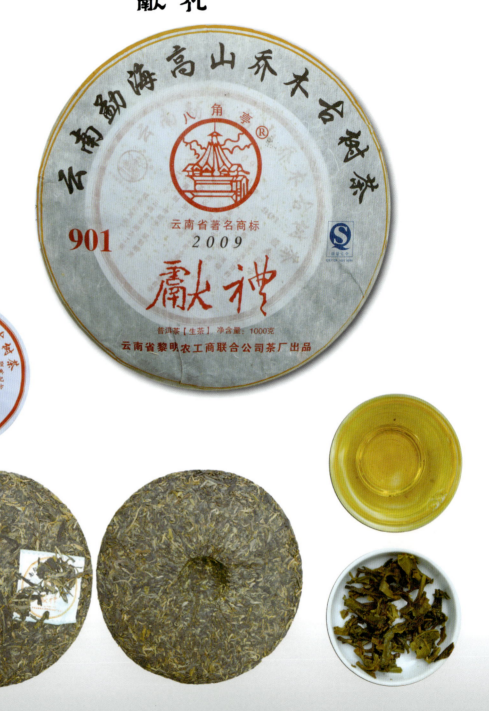

❀ 产品介绍

　　901批，精选勐海茶区纯正晒青毛茶精致筛分认真压制而成，保留了浓香厚韵，饼形匀整、完整大气，汤色橙黄明亮，香气纯高，滋味醇厚，回甘生津快，叶底褐黄匀整。

类　别	生饼
规　格	1000克
生产日期	2009年

云南勐海七子饼茶
早春银毫

云南七子饼茶

云南"七子饼茶"亦称圆茶，系选用驰名中外的"普洱茶"作原料，适度发酵，经高温蒸压而成，汤色红黄鲜亮、香气纯高，滋味醇厚，具有回甘之特点。饮之清凉解渴、消食解腻、提神解乏。

YUNNAN QIZIBING TEA

Yunnan Qizibing Tea—Yuan Tea,is selected from "puer tea" which popular both home andabroad as the raw materials.It's made through a process of optimum fermentation and high-temperature.The tea features a bright red-yellowish colour with a pure aroma and after drinking sweet.Drinking our product is believed to quench thirst,aid digestion,refreshing and dispel fatigue.

云南省黎明农工商联合公司茶厂出品
PRODUCT OF
LIMING AGRO-INDUSTRIAL-COMMERCIAL COMBINES TEA FACTORY,YUNNAN

271

✿ 产品介绍

　　2006中国广州茶博会特等金奖，精选勐海布朗山茶区纯正晒青毛茶，八角亭常规品之一。饼面匀整、芽头肥壮，汤色黄橙明亮，滋味浓强厚润饱满、蜜香厚重、茶味十足、回甘快而强，叶底肥壮匀整，屡获金奖。

类　别	生饼
规　格	357克
生产日期	2009年

云南勐海七子饼茶

布朗早春

云南七子饼茶

云南"七子饼茶"亦称圆茶，系选同驰名中外的"普洱茶"作原料，适度发酵，经高温蒸压而成，汤色红黄鲜亮、香气纯高、滋味醇厚，具有回甘之特点。饮之清凉解渴、消食解腻、提神醒之。

YUNNAN QIZIBING TEA

Yunnan Qizibing Tea—Yuan Tea,is selected from "puer tea" which popular both home andabroad as the raw materials.It's made through a process of optimum fermentation and high-temperature.The tea features a bright red-yellowish colour with a pure aroma and after drinking sweet.Drinking our product is believed to quench thirst,aid digestion,refreshing and dispel fatigue.

云南省黎明农工商联合公司茶厂出品
PROUD PRODUCT OF
LIMING AGRO-INDUSTRIAL-COMMERCIAL COMBINES TEA FACTORY,YUNNAN.

❋ 产品介绍

　　精选勐海布朗山茶区纯正晒青毛茶，八角亭常规品之饼面匀整、芽头显露，汤色黄橙明亮，香气纯正，滋味浓强饱满、回甘生津快，叶底黄褐匀整。

类　　别	生饼
规　　格	357克
生产日期	2009年

云南勐海七子饼茶

0880

273

❋ 产品介绍

　　精选勐海茶区优质晒青毛茶为原料，饼面匀整、芽毫显露，汤色橙黄明亮，滋味浓强鲜爽、回甘生津明显、茶香浓郁、叶底褐黄匀整。

类　　别	生　饼
规　　格	357克
生产日期	2009年

中华人民共和国60周年志庆饼

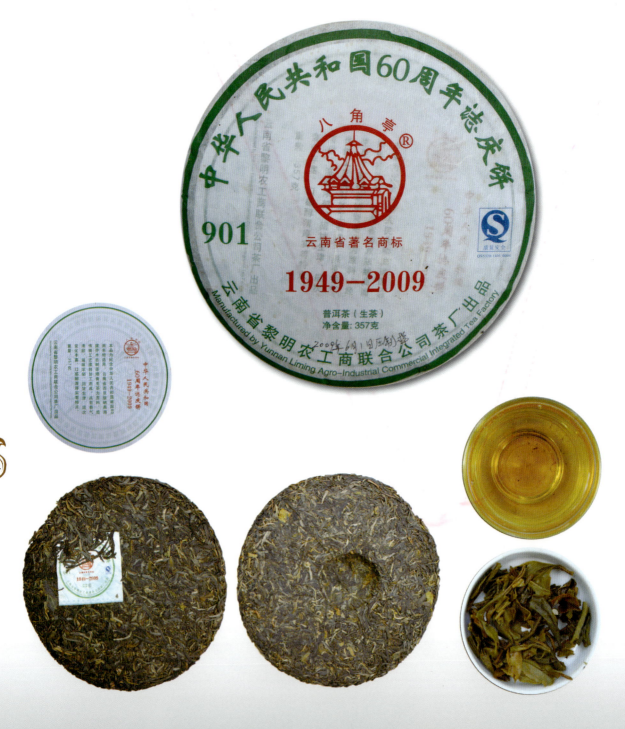

❋ 产品介绍

　　1949~2009年，901批，选用云南优质晒青毛茶压制,松紧适度、条索完整，汤色橙黄明亮，香气纯正，滋味强烈甘爽，叶底叶肥芽嫩。

类　　别	生饼
规　　格	357克
生产日期	2009年

黎明茶砖

275

❈ **产品介绍**

　　选用勐海县境内毛茶为原料适度发酵而成，茶砖松紧适度、金毫显露，汤色红浓明亮，陈香显著，滋味甘甜厚润，叶底棕褐匀整。

类　别	熟砖
规　格	250克
生产日期	2009年

光辉历程

276

❀ 产品介绍

1949ˉ2009年，热烈庆祝中华人民共和国成立60周年纪念茶。

精选云南勐海乔木晒青茶，外形条索肥硕、银毫显露、砖形规整均匀，汤色金黄明亮，味酽香高、水性厚滑、回甘明显，经久耐泡，叶底叶底均匀、柔韧光泽。

类　别	生　砖
规　格	1000克
生产日期	2009年

光辉历程

277

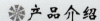

✿ 产品介绍

　　1949ˉ2009年，热烈庆祝中华人民共和国成立60周年纪念茶。

　　精选云南勐海乔木晒青茶，外形饼形圆整，条索肥硕完整，银毫显露，汤色金黄明亮、味酽香高、水性厚滑、回甘明显、经久耐泡，叶底叶底均匀、柔韧光泽。

类　　别	生饼
规　　格	357克
生产日期	2009年

班章生态茶

黎明之光

八角亭普洱茶 典籍

278

❀ 产品介绍

　　外形条索紧结、芽叶粗壮显白毫、条索丰满，汤色橙黄明亮，香气陈香，滋味醇厚饱满，口感丰富饱满、层次分明，经久耐泡，叶底均匀完整。

类　别	生　砖
规　格	1000克
生产日期	2009年

云南乔木生态茶
沱王

❋ 产品介绍

  传统工艺，精选云南勐海茶区布朗山大叶种晒青毛茶，经传统手工石磨压制，外形整体松紧度适中、白毫显露，汤色黄绿明亮，滋味醇厚、口感厚重、层次变化明显、回甘极佳，香气悠长清甜，叶底舒展度好，条索均匀肥壮，自然完整。

类　别	生沱
规　格	250克
生产日期	2009年

傣乡沱茶

❋ 产品介绍

　　精选勐海高山茶区大叶种毛茶，传统工艺压制，外形松紧度适中、沱形规整、显毫，汤色橙黄，滋味醇厚、生津回甘强、够霸气，叶底条索壮实、叶片完整。

类　　别	生沱
规　　格	250克
生产日期	2009年

七彩孔雀

❄ 产品介绍

　　七个颜色，精选布朗山早春乔木晒青毛茶，饼形圆整、条索紧实、整体松紧度适中，汤色橙黄透亮，香气陈香，味醇香高、经久耐泡，叶底均匀完整、柔韧度好、光泽感强。

类 别	生 饼
规 格	357克
生产日期	2009年

七彩孔雀

❋ 产品介绍

　　七个颜色，精选布朗山早春乔木晒青毛茶，经传统特殊工艺发酵，外形整体松紧度适中、饼面均匀显毫，汤色红浓透亮，滋味醇厚、口感润滑、甘爽、经久耐泡，叶底程红褐色、油润有光泽、柔韧度好。

类　别	熟饼
规　格	357克
生产日期	2009年

五福临门

厚砖

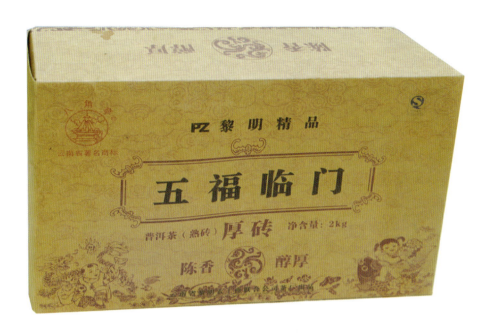

❀ 产品介绍

选用纯正晒青原料，精心发酵而成，外形条索紧实、砖面规整均匀、整体松紧适度、汤色褐红、韵味绵长、回甘回甜留口持久、茶底油亮富有光泽、茶的活化性较强。

类　　别	熟砖
规　　格	2000克
生产日期	2009年

九九归一
澳门回归10周年纪念

285

❀ 产品介绍

　　外形松紧适度、沱面均匀显毫，汤色橙黄透亮，滋味强烈、喉韵甘甜，茶气纯正饱满，经久耐泡，叶底叶片均匀柔软、油润有光泽。

类　　别	生沱
规　　格	100克
生产日期	2009年

早春生态沱茶

八
角
亭
普
洱
茶

典
籍

早春生态沱茶

　　"云南早春生态沱茶"系选用云南乔木大叶种上等晒青春茶作原料，通过高温蒸压而成。造型优美，芽肥叶壮，白毫显露，汤色澄黄明亮，香气清香高纯，滋味醇厚鲜爽，具有饮后回甘之特点。

云南省黎明农工商联合公司茶厂出品

❋产品介绍

　　精选云南勐海茶区优质晒青毛茶，手工压制，外形松紧度适中、条索自然紧结，汤色橙黄透亮，陈香浓郁，回甘生津快而持久，叶底柔软、叶片肥嫩、光泽度强。

类　　别	生沱
规　　格	100克
生产日期	2009年

樟香金砖

283

❋ 产品介绍

　　精选云南勐海茶区优质晒青毛茶，经传统工艺精工发酵，外形压制松紧适度、条索均匀，汤色红浓明亮，滋味口感顺滑、喉韵悠长，香气纯正，茶底油亮富有光泽、叶底呈红褐色。

类　别	熟 砖
规　格	250克
生产日期	2009年

樟香厚砖

287

❋ 产品介绍

　　纯大树茶，外形条索肥壮紧实、砖形工整、松紧度适中，汤色红浓透亮、茶性温和，陈香浓郁，滋味回甘生津快而持久、口感丰满，叶底泛油光、红褐透亮、叶片肥壮均匀。

类　　别	熟砖
规　　格	3000克
生产日期	2009年

百福贡茶

福

八角亭普洱茶 **典籍**

❋ 产品介绍

　　精选云南勐海茶区优质晒青毛茶，外形规整、条索紧实、饼面银毫尽显，汤色橙黄透亮、滋味醇厚、味酽香高、口感润滑、经久耐泡，叶底均匀柔软、、条索肥壮。

类　别	生饼
规　格	1888克
生产日期	2009年

云南勐海七子饼茶

勐宋熟饼

289

❋ 产品介绍

　　饼形圆整、条索均匀紧实，汤色红润透亮，滋味醇香厚重、余味绵绵，香气纯正，叶底油光泛出、富有光泽、叶片肥壮。

类　　别	熟　饼
规　　格	357克
生产日期	2009年

云南勐海七子饼茶

珍藏品

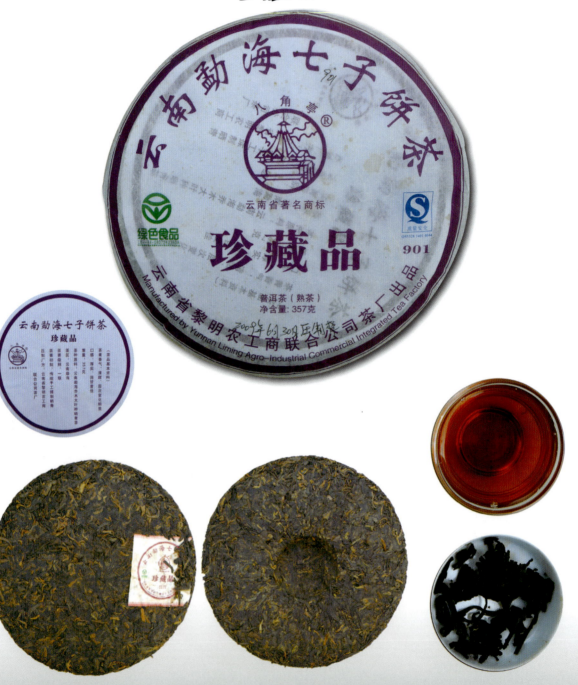

八角亭普洱茶 典籍

❈ **产品介绍**

　　优选高级勐海晒青毛茶，饼形规整、松紧度适宜，香气馥郁，滋味醇厚、口感丰满、回甘快而持久，汤色红浓明亮，叶底柔软、肥嫩、红褐有光泽、匀齐一致。

类　　别	熟饼
规　　格	357克
生产日期	2009年

班盘老茶

早春乔木

291

❋ 产品介绍

　　精选云南布朗山优质早春乔木晒青毛茶，精心压制，外形条索肥壮紧实、饼形规整、松紧度适宜，汤色红亮剔透，樟香纯正，滋味口感滑而润、稠、持久性好，叶底褐红肥嫩、富有光泽、油润感强。

类　别	熟饼
规　格	357克
生产日期	2009年

云南勐海七子饼茶

孔雀之春

云南七子饼茶

云南"七子饼茶"水粉圆茶，系选用地名中叶的"普洱茶"作原料，适度发酵，经高温蒸压而成，汤色红黄鲜亮、香气纯高、滋味醇厚，具有回甘之特点，饮之清凉解渴、消食解腻、提神解之。

YUNNAN QIZIBING TEA

Yunnan Qizibing Tea—Yuan Teais is selected from "puer tea" which popular both home andabroad as the raw materials.It's made through a process of optimum fermentation and high-temperature.The tea features a bright red-yellowish colour with a pure aroma and after drinking sweet.Drinking our product is believed to quench thirst,aid digestion,refreshing and dispel fatigue.

云南省黎明农工商联合公司茶厂出品
PROUD PRODUCT OF
LIMING AGRO-INDUSTRIAL-COMMERCIAL COMBINES TEA FACTORY,YUNNAN.

❋ 产品介绍

　　饼形规整、条索均匀，汤色红浓透亮，香气馥郁，滋味口感润滑、水性绵柔，叶底油亮富有光泽、叶片匀整、褐红肥嫩。

类　　别	熟饼
规　　格	357克
生产日期	2009年

云南勐海七子饼茶

黎明晨韵

❀ 产品介绍

　　外形松紧适宜、银毫显露，汤色红亮，滋味纯正、味酽香高、余味绵绵。叶底呈红褐色、油润有光泽、柔韧度好。

类　别	熟饼
规　格	357克
生产日期	2009年

云南勐海七子饼茶

黎明极品

八角亭普洱茶 典籍

❋ 产品介绍

　　饼形规整、条索自然紧实、整体松紧度适中、饼面均匀显毫，滋味醇厚、水性绵柔、入口滑喉、生津持久，香气浓郁，叶底活化性较强、叶底程红褐色、油润有光泽。

类　　别	熟　饼
规　　格	357克
生产日期	2009年

云南勐海七子饼茶

陈韵普饼

295

❋ 产品介绍

　　饼面匀称、茶色褐红纯正、整体松紧度适中，汤色红润透亮，陈香浓郁，滋味水性厚滑、回甘持久、经久耐泡，叶底油光泛出、富有光泽、叶片肥壮。

类　别	熟饼
规　格	357克
生产日期	2009年

云南勐海七子饼茶

金枝玉叶

云南七子饼茶

云南"七子饼茶"茶饼图茶，系选用驰名中外的"普洱茶"作原料，适度发酵，经高温蒸压而成，汤色红黄鲜亮、香气纯高、滋味醇厚，具有回甘之特点，饮之清凉解渴，清食解腻，提神解之。

YUNNAN QIZIBING TEA

Yunnan Qizibing Tea—Yuan Tea,is selected from "puer tea" which popular both home andabroad as the raw materials.It's made through a process of optimum fermentation and high-temperature.The tea features a bright red-yellowish colour with a pure aroma and after drinking sweet.Drinking our product is believed to quench thirst,aid digestion,refreshing and dispel fatigue.

云南省黎明农工商联合公司茶厂出品
PROUD PRODUCT OF
LIMING AGRO-INDUSTRIAL-COMMERCIAL COMBINES TEA FACTORY,YUNNAN.

296

❀产品介绍

　　外形紧秀匀整，汤色如红酒红而透、透而亮，滋味顺滑、口感丰满，香气馥郁，叶底油亮、富有光泽、叶片匀称。

类　别	熟饼
规　格	357克
生产日期	2009年

云南勐海早春乔木圆茶

生态珍藏品

云南七子饼茶

云南"七子饼茶"茶称圆茶，系选用驰名中外的"普洱茶"作原料，速度发酵，经高温蒸压而成，汤色红黄鲜亮、香气纯高、滋味醇厚，具有回甘之特点。饮之清凉解渴、消食解腻、提神解乏。

YUNNAN QIZIBING TEA

Yunnan Qizibing Tea—Yuan Tea,is selected from "puer tea" which popular both home andabroad as the raw materials.It's made through a process of optimum fermentation and high-temperature.The tea features a bright red-yellowish colour with a pure aroma and after drinking sweet.Drinking our product is believed to quench thirst,aid digestion,refreshing and dispel fatigue.

云南省黎明农工商联合公司茶厂出品
PROUD PRODUCT OF
LIMING AGRO-INDUSTRIAL-COMMERCIAL COMBINES TEA FACTORY,YUNNAN.

297

❀ 产品介绍

　　精选云南勐海茶区早春晒青毛茶，外形松紧适度、条索细嫩、银毫显露、芽肥叶嫩，汤色金黄透亮，滋味强烈甘爽，香气纯正，叶底匀称、条索肥壮、柔韧度强。

类　　别	生　饼
规　　格	1000克
生产日期	2009年

巴达青饼

298

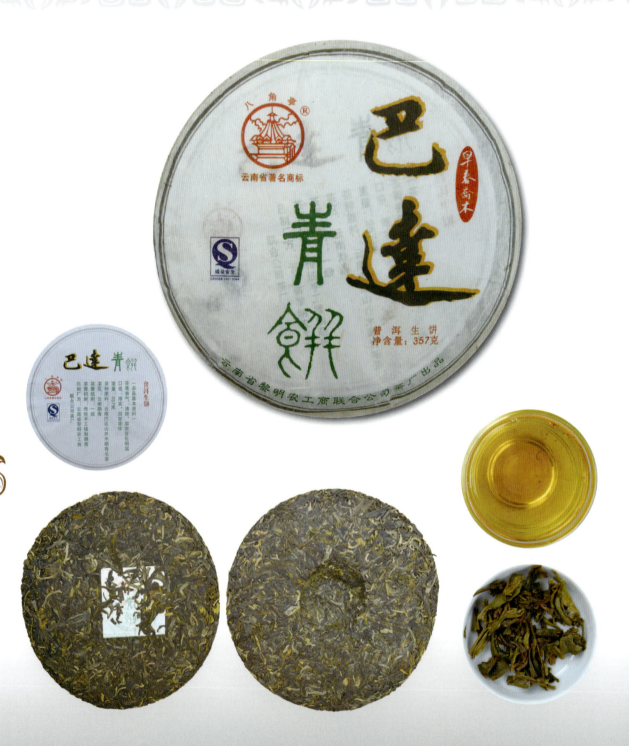

❈ 产品介绍

早春乔木，选用云南优质晒青毛茶，传统工艺压制，饼形圆整、松紧适度、银毫显露，汤色橙黄透亮，味酽香高、水性厚滑、喉韵悠长、经久耐泡、叶底肥厚、柔韧度强、光泽度好。

类 别	生饼
规 格	357克
生产日期	2009年

云南勐海七子饼

嫦娥奔月

❋ 产品介绍

    选用云南优质晒青毛茶精心制作，饼形圆整、松紧适度、条索肥壮均匀，汤色橙黄明亮，香气浓郁，滋味喉韵润滑、且持久性好、茶味十足，叶底柔软、强韧、叶片肥嫩壮硕、光泽度强。

类 别	生饼
规 格	357克
生产日期	2009年

至醇

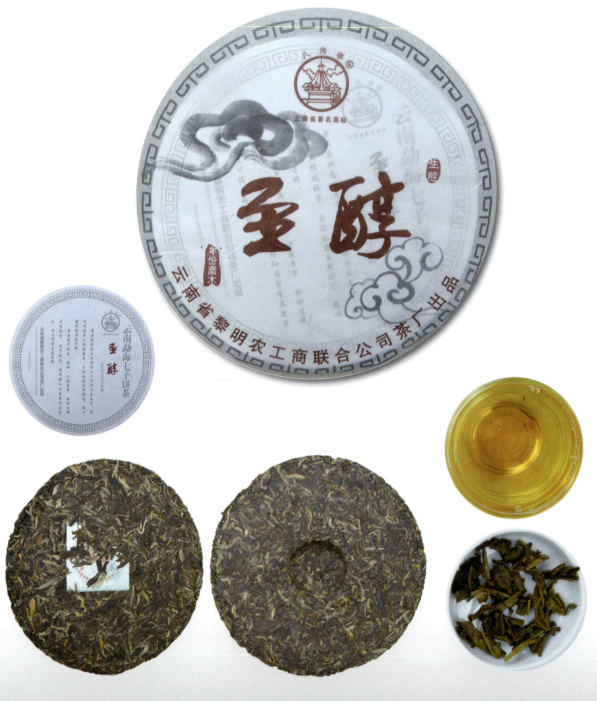

❄ **产品介绍**

　　年份乔木（生态），饼形规整、松紧适度、条索细嫩、银毫尽显、汤色绿黄、香气十足、滋味入口柔和、回甘快而浓、经久耐泡，叶底油光泛出、富有光泽、叶片肥壮。

类　别	生饼
规　格	357克
生产日期	2009年

班章贡饼

301

✿ 产品介绍

　　精选云南勐海茶区布朗山班章乔木晒青毛茶，饼形圆整、条索肥硕完整、银毫显露，汤色橙黄明亮，香气纯正，滋味强烈甘爽、品饮时涩香味具全、蜜香厚重，叶底柔软、强韧、油光泛出、富有光泽。

类 别	生饼
规 格	400克
生产日期	2009年

双 陈

八角亭普洱茶典籍

❄ 产品介绍

　　精选云南勐海茶,区优质晒青毛茶精制而成,外形条索细嫩、整体松紧度适中,香气青樟香混合着纯和的蜜香,清雅上扬、入口甘甜明显、醇和、快速的生津回甘展现出此茶良好的活跃度、口腔滋润甘甜,叶底叶质厚软、芽叶完整、叶底泛油光。

类　别	生　砖
规　格	200克
生产日期	2009年

布朗山生态圆茶

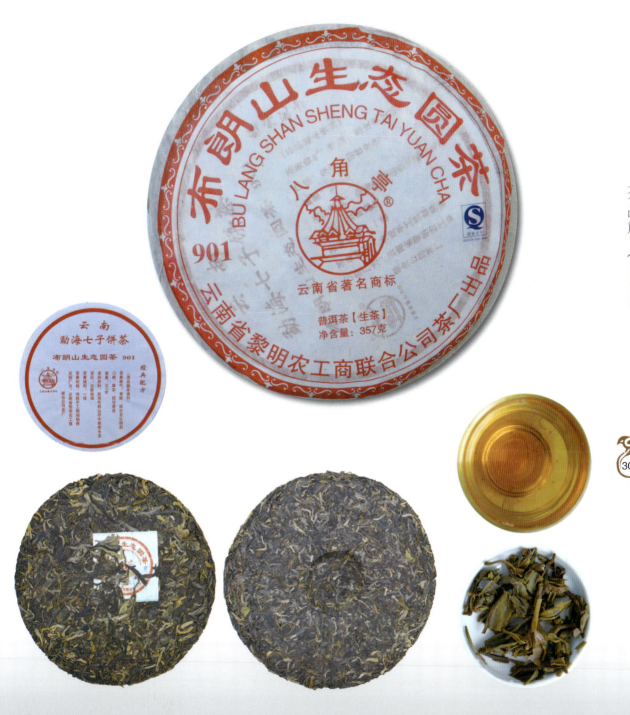

❋产品介绍

　　901批，勐海布朗山优质晒青毛茶精制而成，外形条索肥壮紧实、饼形工整，汤色碧绿，蜜香厚重，滋味清甜爽口、回甘快而持久，叶底均匀，柔韧有光泽，条索肥硕。

类　别	生饼
规　格	357克
生产日期	2009年

勐宋那卡大树茶

早春乔木

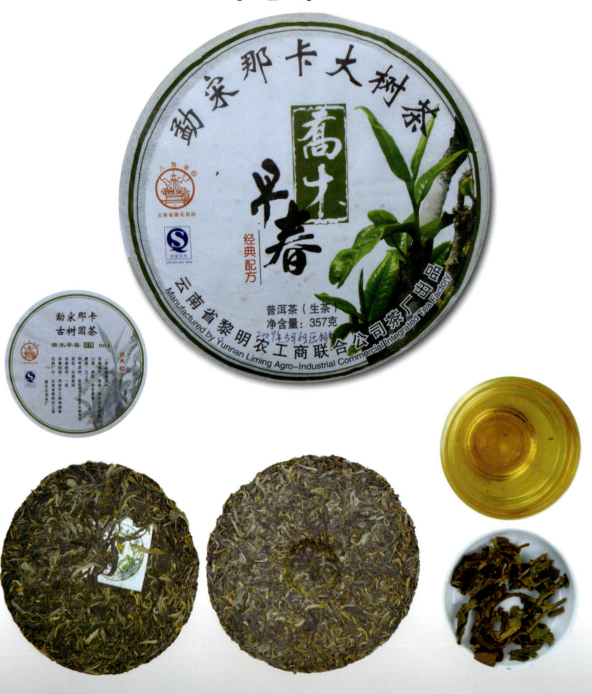

❋ 产品介绍

    精选云南勐海茶区勐宋山乔木晒青毛茶，外形芽叶肥硕、嫩芽黄绿色、茸毛特多、有光泽，滋味甘醇、鲜爽性好，香气清纯、高而持久、有独特韵味，叶底厚软、芽叶完整、泛油光。

类　别	生饼
规　格	357克
生产日期	2009年

云南勐海七子饼茶

金御赏

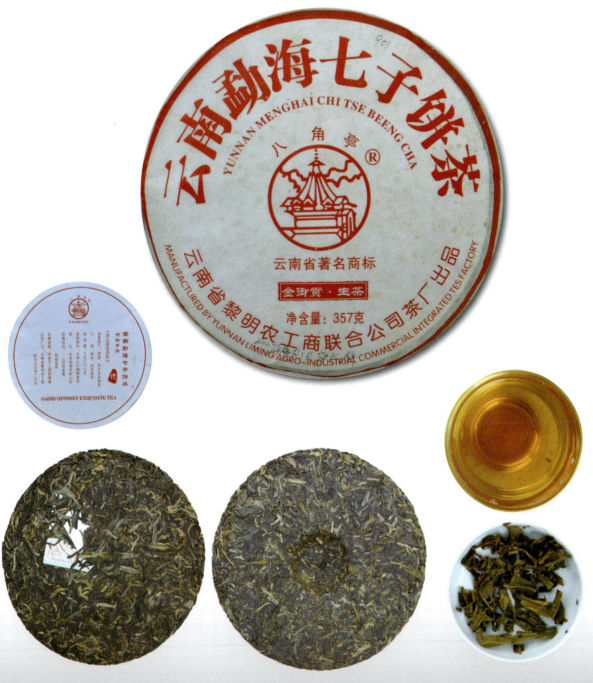

❉ 产品介绍

　　精选云南勐海茶区优质大叶种晒青毛茶为原料，饼形圆整、芽头肥壮、条索完整，冲泡时汤色清亮，香气高扬，回甘生津持久、经久耐泡，叶底匀齐、有弹性。解渴、消食解腻、提神解乏。

类　　别	生饼
规　　格	357克
生产日期	2009年

高山青饼

早春乔木

308

❀ 产品介绍

选用云南勐海境内海拔1700米以上的高山乔木茶为原料，条索匀整，汤色黄亮通透，樟香浓郁，回甘生津持久，叶底肥壮，充分体现了高山乔木茶的韵味。

类　　别	生 饼
规　　格	357克
生产日期	2009年

云南勐海七子饼茶

7530

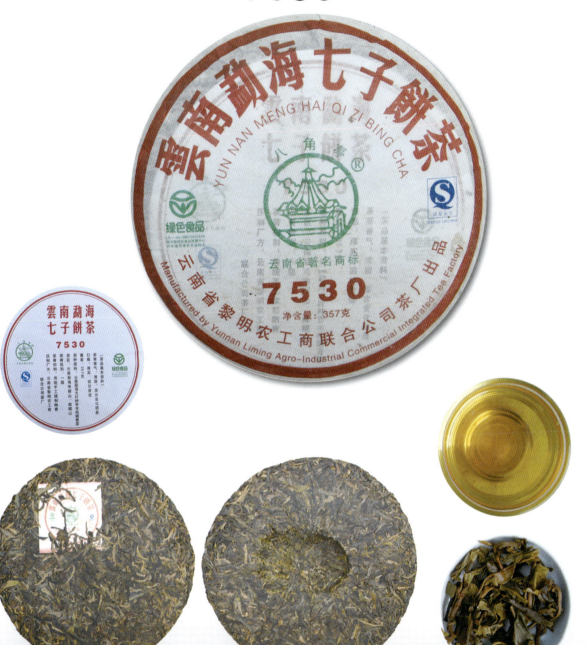

309

❋ 产品介绍

云南 "七子饼茶" 亦称为圆茶，系选用云南勐海茶
区优质大叶种晒青毛茶为原料，经高温蒸压而成，饼形圆
整，茶汤清亮，茶香四溢，回甘持久，清甜并带有醇厚
感，叶底厚软均匀。

类　　别	生饼
规　　格	357克
生产日期	2009年

云南勐海高山乔木古树茶
献礼

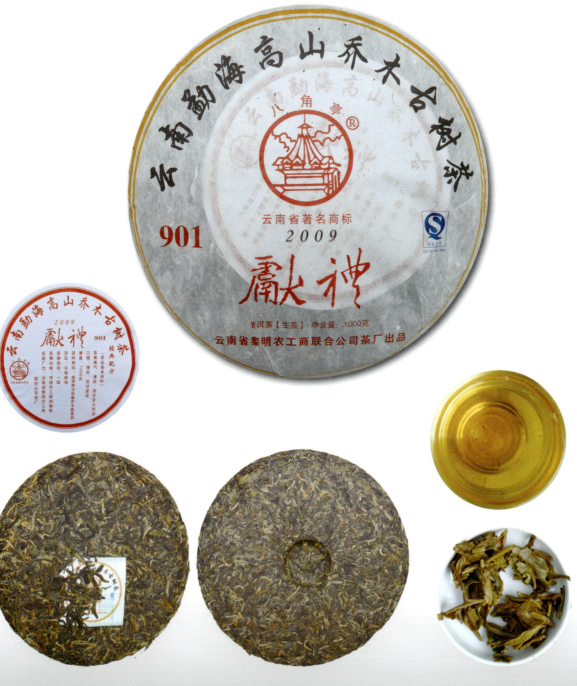

310

❀ **产品介绍**

    901批，精选云南勐海境内海拔1700米以上的高山乔木古茶为原料，肥壮的条索，油润的色泽在石磨压制后依然清晰，汤色黄亮通透，香气四溢，回甘生津持久，充分体现了野生乔木古茶韵味。

类　别	生饼
规　格	1000克
生产日期	2009年

云南勐海七子饼茶
勐宋青饼

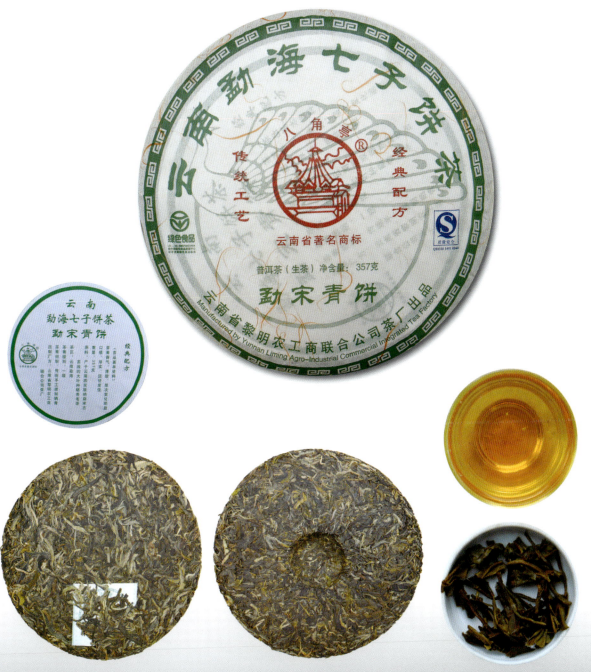

311

❋产品介绍

　　茶条形肥壮厚实、紧结显毫，汤色橘黄透亮，揉捻较紧结，入口苦味稍重，但化得快，香气高扬而沉实，口感饱满丰富，经久耐泡，清香型普洱是家居待客的很好的茶品，收藏也颇有价值。

类　　别	生饼
规　　格	357克
生产日期	2009年

云南勐海七子饼茶

金虎贺岁饼

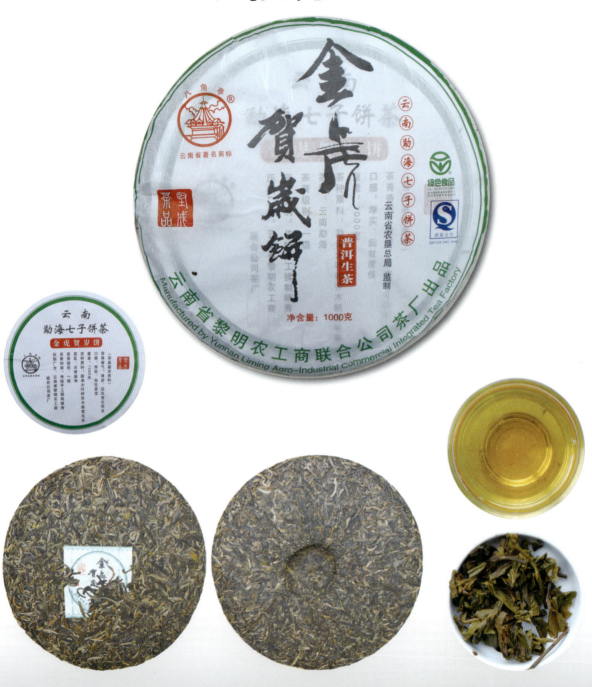

八角亭普洱茶 典籍

312

❈ 产品介绍

　　选用云南勐海茶区优质大叶种晒青毛茶为原料，经高温蒸压而成，饼形圆整，条索紧实均整，冲泡时汤色清亮、香气高扬，回甘生津持久，经久耐泡，叶底匀整、弹性好。

类　　别	生饼
规　　格	1000克
生产日期	2009年

上海市行知中学建校70周年纪念

云南七子饼茶

云南"七子饼茶"亦称圆茶，系选用驰名中外的"普洱茶"作原料，适度发酵，经高温蒸压而成，汤色红黄鲜亮，香气纯高，滋味醇厚，具有回甘之特点。饮之清凉解渴、消食解腻、提神解乏。

YUNNAN QIZIBING TEA

Yunnan Qizibing Tea—Yuan Tea,is selected from "puer tea" which popular both home andabroad as the raw materials.It's made through a process of optimum fermentation and high-temperature.The tea features a bright red-yellowish colour with a pure aroma and after drinking sweet.Drinking our product is believed to quench thirst,aid digestion,refreshing and dispel fatigue.

云南省黎明农工商联合公司茶厂出品

PROUD PRODUCT OF
LIMING AGRO-INDUSTRIAL-COMMERCIAL COMBINES TEA FACTORY,YUNNAN.

313

❋ 产品介绍

1939‾2009年，行知中学监制。精选云南勐海茶区优质大叶种晒青毛茶为原料，经适度发酵压制而成，饼形圆润，松紧适度，汤色成琥珀红，口感饱满顺滑，回甘生津持久，经久耐泡。

类 别	熟 饼
规 格	1000克
生产日期	2009年

2009年澳门国际环保合作发展论坛及展览纪念

❋ 产品介绍

　　2009MIECF，精选云南勐海茶区优质大叶种晒青毛茶为原料，经适度发酵精制而成，饼形圆整、条索紧实、金毫显露，汤色如红酒般透亮见底，回甘生津持久，口感饱满顺滑，滋味醇厚，叶底褐红有弹性。

类　　别	熟饼
规　　格	100克
生产日期	2009年

云南勐海七子饼茶

福华号

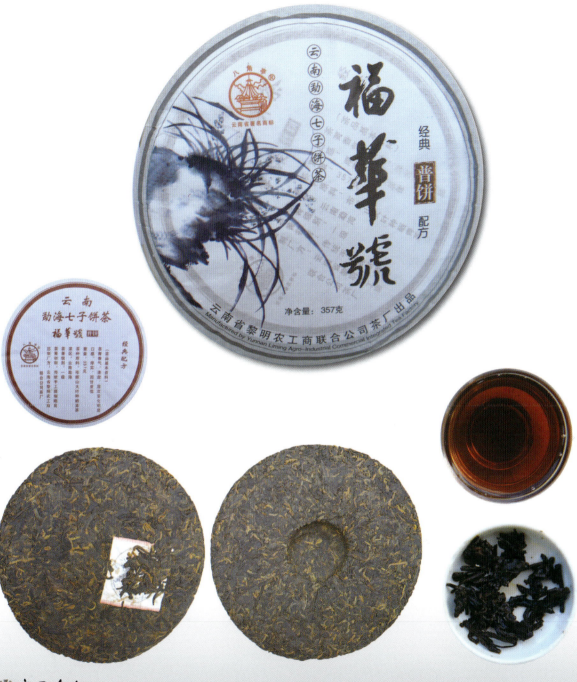

八角亭普洱茶 典籍

经典 普饼 配方

净含量: 357克

❋ 产品介绍

　　选用云南勐海茶区优质大叶种晒青毛茶为原料，经适度发酵压制而成。饼形圆整、松紧适度，汤色成琥珀红，樟香明显，滋味甘醇、韵味十足、经久耐泡，叶底褐红匀整。

类　别	熟饼
规　格	357克
生产日期	2009年

云南七子饼茶

宫廷普洱王

319

❀ 产品介绍

　　乔木老树，精选云南勐海境内海拔1700米以上的高山乔木茶为原料，经过渥堆发酵等工艺加工而成。饼形圆整、条索紧实、金毫显露，汤色如红酒般透亮见底，滋味回甘生津持久、口感饱满顺滑醇厚，充分体现了野生乔木茶的韵味。

类　别	熟饼
规　格	357克
生产日期	2009年

茶为国饮黎明普洱
金芽金毫

金芽金毫普洱茶

《金芽金毫》普洱茶，以云南勐海驰名古茶区布朗山高海拔大叶种，细嫩芽尖晒青上等毛茶为原料，采用传统普洱茶发酵工艺，精心制造，绿色天然饮品，是馈送礼亲上佳品。

品质特点：条索肥嫩，金芽特显；色泽浓红，甘鲜细腻，陈香醇厚，特显韵味。

好茶水品，喝出健康！

云南省黎明农工商联合公司茶厂出品
Manufactured by Yunnan Liming Agri-Industrial Commercial Integrated Tea Factory

318

❈ 产品介绍

精选云南勐海茶区优质大叶种晒青毛茶为原料，经过渥堆发酵等工艺加工而成。饼形圆整、条索紧实、金毫显露、色泽褐红，滋味纯和具有独特的陈香，叶底匀整有弹性。由于普洱熟茶茶性温和，保健功能较好，所以很受大众喜爱。

类　　别	熟饼
规　　格	357克
生产日期	2009年

云南勐海七子饼茶

金虎贺岁饼

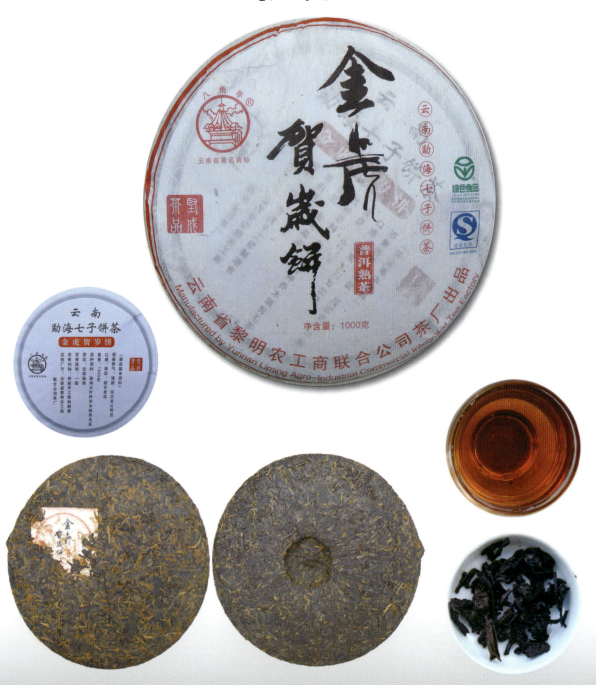

317

❋ 产品介绍

　　选用云南勐海茶区优质大叶种晒青毛茶为原料，经适度发酵压制而成，饼形圆整、条索紧实、金毫显露，汤色如红酒般透亮见底，回甘生津持久、口感饱满顺滑、滋味醇厚，叶底匀整弹性好。

类　别	熟饼
规　格	1000克
生产日期	2009年

中华人民共和国60周年志庆饼

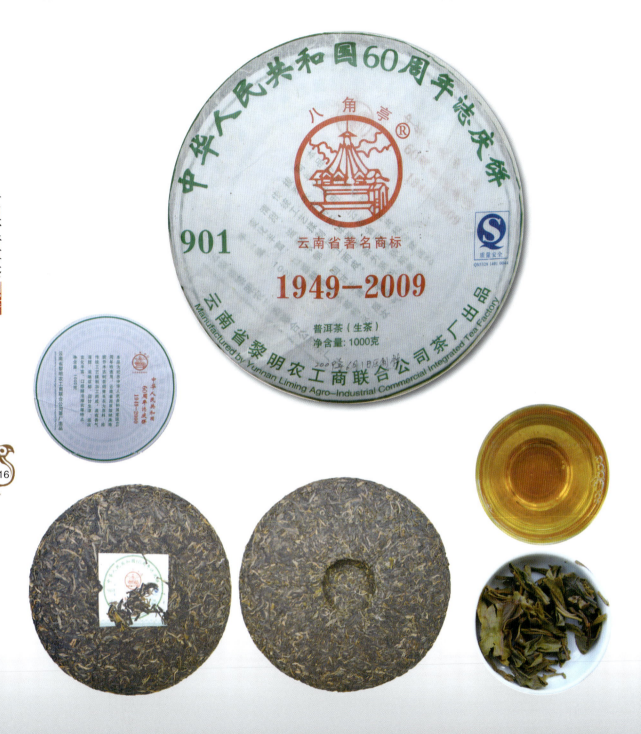

❋产品介绍

　　1949～2009年，饼形圆整、芽头肥壮、条索完整，冲泡时汤色清亮，香气四溢，回甘生津持久，经久耐泡，叶底柔嫩匀整。

类　别	生饼
规　格	1000克
生产日期	2009年

百福贡茶

福

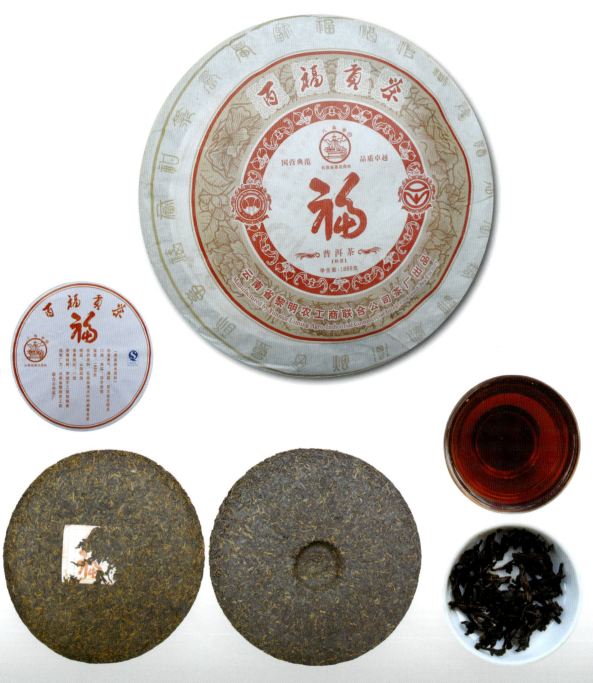

❋ 产品介绍

    选用云南勐海茶区优质大叶种晒青毛茶为原料，经适度发酵压制而成，饼形圆整、松紧适度，汤色成琥珀红，樟香明显，滋味甘醇、韵味十足、经久耐泡，叶底褐红弹性好。

类　别	熟饼
规　格	1888克
生产日期	2009年

孔雀之乡七子饼茶
金 饼

321

❋ 产品介绍

　　选自勐海布朗山原生态茶，熟饼，饼形圆整、松紧适度，汤色成琥珀红，樟香明显，滋味甘醇、韵味十足、经久耐泡，叶底匀整有弹性。

类　别	熟饼
规　格	357克
生产日期	2009年

布朗金毫

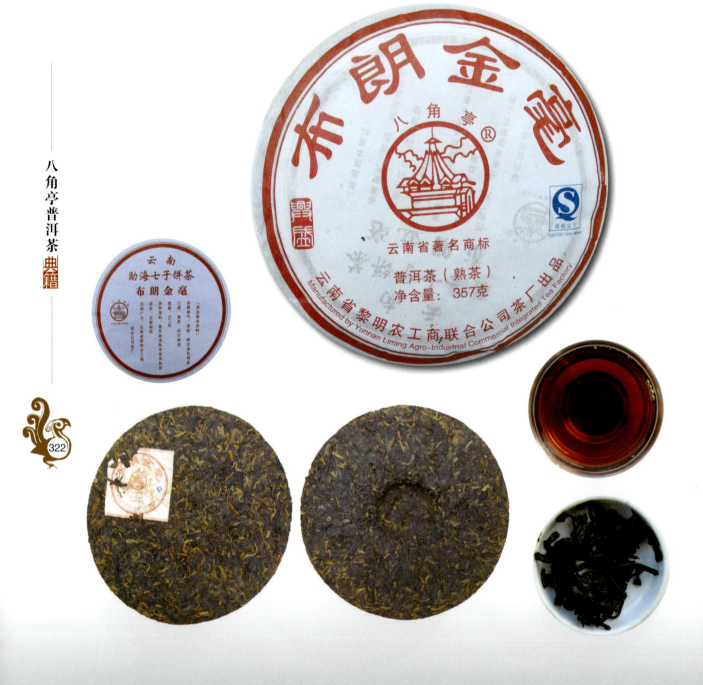

八角亭普洱茶 典籍

❀ 产品介绍

选自布朗山乔木大叶种毛茶，经适度发酵压制而成。饼形圆整、松紧适度、金毫显露、色泽褐红、汤色成琥珀红，入口饱满度、润度好、回甘快、生津强，香气独特，尽显其厚润特色、叶底柔嫩匀称、色泽红褐。

类　　别	熟　饼
规　　格	357克
生产日期	2009年

云南七子饼茶
樟香贡饼

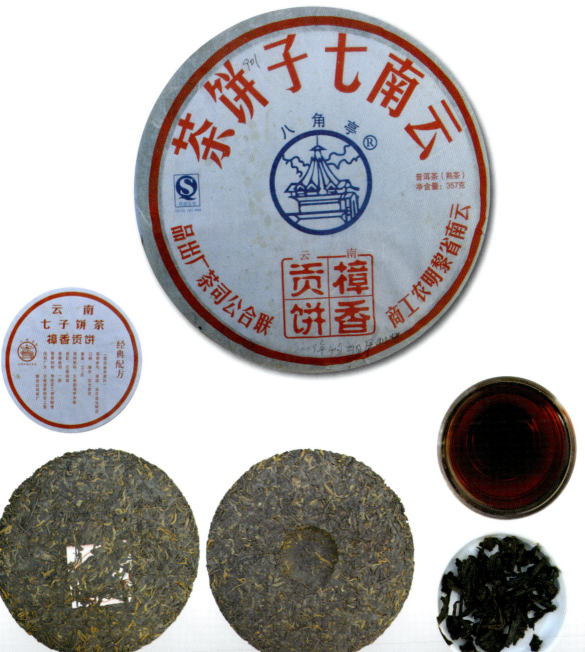

❋ 产品介绍

　　选用云南勐海茶区优质大叶种晒青毛茶为原料，经过渥堆发酵等工艺加工而成。饼形圆整、条索紧实、金毫显露、色泽褐红，汤色成琥珀红，滋味纯和、樟香明显、韵味十足、经久耐泡，叶底匀齐柔软、有弹性。

类　别	熟饼
规　格	357克
生产日期	2009年

皇家贡饼

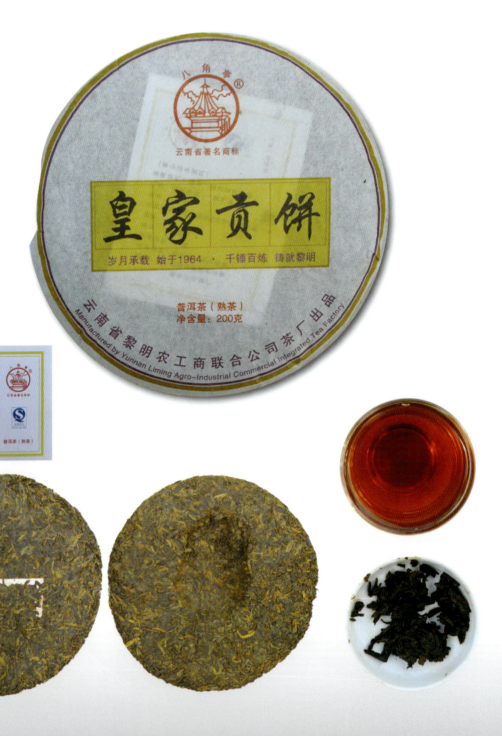

❋ 产品介绍

选用云南勐海茶区优质大叶种晒青毛茶为原料，经适度发酵压制而成、饼形圆整、松紧适度，汤色成琥珀红，樟香明显，滋味甘醇、韵味十足、经久耐泡叶底肥嫩紧细、匀称褐红。

类　别	熟饼
规　格	200克
生产日期	2009年

红韵圆饼

❋ 产品介绍

　　饼形圆整、松紧适度，汤色成琥珀红，樟香明显，滋味甘醇、韵味十足、经久耐泡，叶底均匀褐红、柔软。

类　　别	熟饼
规　　格	100克
生产日期	2009年

陈年老茶头

326

❀ 产品介绍

　　选用云南省勐海县乔木茶料，在勐海本地进行渥堆发酵，经人工精心挑选，金毫显现，冲泡后，香气浓郁，汤色红亮，滋味醇厚，香气纯高、具有回甘之特点。老茶头，也叫自然沱，是晒青毛茶中比较肥嫩的芽叶，由于嫩度高，果胶含量高，在熟茶的渥堆发酵过程中，自然卷曲或纠结成块，形成了茶头。

类　别	熟茶
规　格	600克
生产日期	2009年

金玉满堂

八角亭普洱茶 **典籍**

云南七子饼茶

云南"七子饼茶"宗格图茶,系选用驰名中外的"普洱茶"作原料,适度发酵,经高温蒸压而成。汤色红黄鲜亮,香气纯高,滋味醇厚,具有回甘之特点,饮之清凉解渴,消食解腻,提神解之。

YUNNAN QIZIBING TEA

Yunnan Qizibing Tea—Yuan Tea,is selected from "puer tea" which popular both home andabroad as the raw materials.It's made through a process of optimum fermentation and high-temperature.The tea features a bright red-yellowish colour with a pure aroma and after drinking sweet.Drinking our product is believed to quench thirst,aid digestion,refreshing and dispel fatigue.

云南省黎明农工商联合公司茶厂出品
PROUD PRODUCT OF
LIMING AGRO-INDUSTRIAL-COMMERCIAL COMBINES TEA FACTORY,YUNNAN.

330

❈ 产品介绍

　　精选云南勐海茶区优质大叶种晒青毛茶为原料。饼形圆整、芽头肥壮、条索完整,冲泡时汤色清亮、香气高扬,回甘生津持久,经久耐泡,叶底匀净柔嫩。

类　别	生饼
规　格	200克
生产日期	2009年

云南勐海老树圆茶
南糯银毫

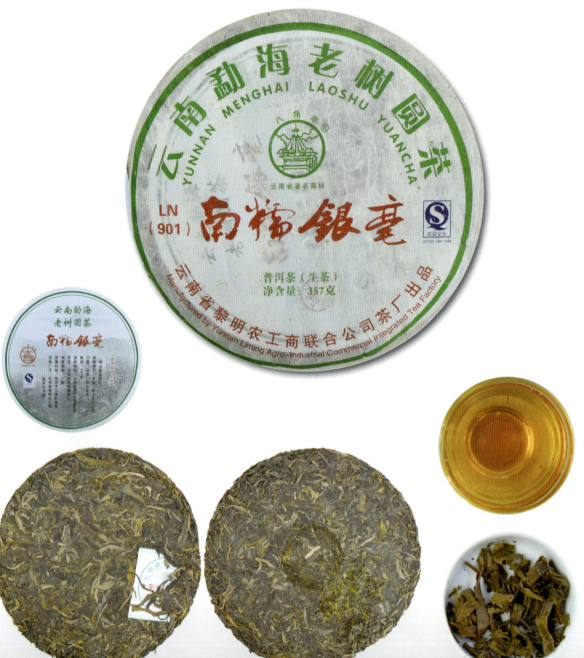

329

❀ 产品介绍

　　LN901，南糯银毫属乔木大叶种，原料选自南糯古茶山。外形条索较长略紧结，汤色橙黄明亮，透着蜜香，茶微苦、回甘生津较快、持久耐泡、汤质饱满，叶底匀整肥壮。

类　别	生 饼
规　格	357克
生产日期	2009年

勐海大叶种云雾圆茶

黎明红印

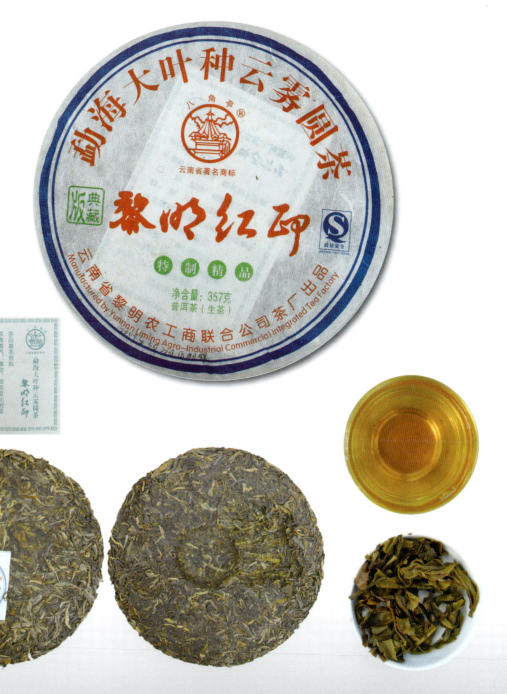

328

八角亭普洱茶 **典籍**

❋ 产品介绍

　　精选云南勐海茶区优质大叶种晒青毛茶为原料。饼形圆整、芽头肥壮、条索完整，冲泡时汤色清亮、香气高扬，色、香、味、韵俱佳，有野生乔木的独特韵味，苦却回甘丰富、持久生津、清甜并带有醇厚感，叶底肥嫩均匀。

类　　别	生饼
规　　格	357克
生产日期	2009年

龙沱

❋ 产品介绍

　　生态茶，选用云南勐海茶区优质大叶种晒青毛茶为原料，经过渥堆发酵等工艺加工而成，色泽褐红，滋味纯和，具有独特的陈香。

类　　别	熟沱
规　　格	100克
生产日期	2009年

金玉满堂
珍藏贡品

云南 七子饼茶

云南"七子饼茶"采作圆茶，专选用驰名中外的"普洱茶"作原料，适度发酵，经高温蒸压而成。汤色红黄鲜亮，香气纯高，滋味醇厚，其有回甘之特点，饮之清凉解渴，消食解腻，提神解之。

YUNNAN QIZIBING TEA

Yunnan Qizibing Tea—Yuan Tea,is selected from "puer tea" which popular both home andabroad as the raw materials.It's made through a process of optimum fermentation and high-temperature.The tea features a bright red-yellowish colour with a pure aroma and after drinking sweet.Drinking our product is believed to quench thirst,aid digestion,refreshing and dispel fatigue.

云南省黎明农工商联合公司茶厂出品
PROUD PRODUCT OF
LIMING AGRO-INDUSTRIAL-COMMERCIAL COMBINES TEA FACTORY,YUNNAN.

331

❋ 产品介绍

　　精选云南勐海茶区优质大叶种晒青毛茶为原料，经适度发酵压制而成，饼形圆整、松紧适度，汤色成琥珀红、如红酒般透亮见底，口感饱满顺滑、生津快、回甘持久、经久耐泡，叶底褐红细嫩、匀称有弹性。

类　别	熟饼
规　格	200克
生产日期	2009年

珍品纯韵

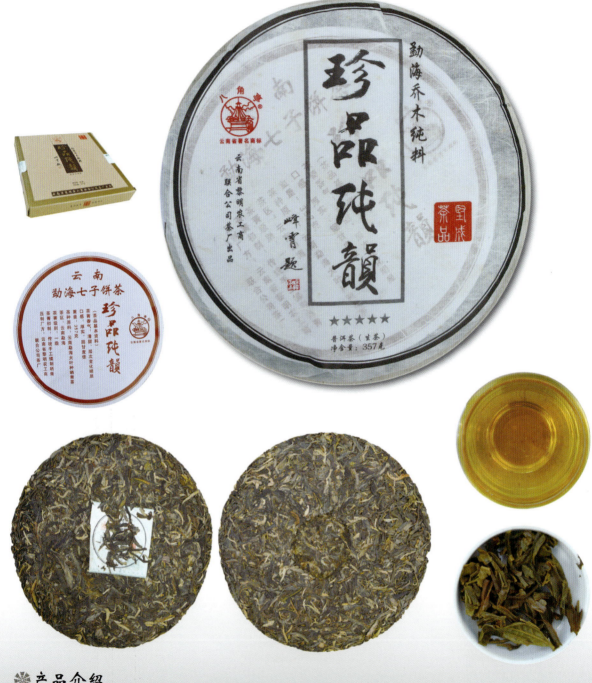

八角亭普洱茶 典籍

❀产品介绍

　　勐海乔木纯料，精选云南勐海茶区优质大叶种晒青毛茶为原料，经高温蒸压而成，饼形圆整、芽头肥壮、条索完整，冲泡时汤色清亮，香气高扬，色、香、味、韵俱佳，有野生乔木的独特韵味，苦却回甘丰富、持久生津、清甜并带有醇厚感、韵味独特，叶底肥壮柔软、洁净。

类　　别	生　饼
规　　格	357克
生产日期	2009年

孔雀之乡七子饼茶

谷花茶

333

❋ 产品介绍

　　特制珍藏版。谷花茶是中秋节前后采摘的茶叶，亦属茶中珍品，值得收藏。外形条索紧实肥壮、芽头粗壮，茶口感纯和、味香如荷，叶底饱满，内容物丰富，和春茶相比，不相仲伯。

类　　别	生饼
规　　格	357克
生产日期	2009年

云南勐海老树茶

螃蟹脚青饼

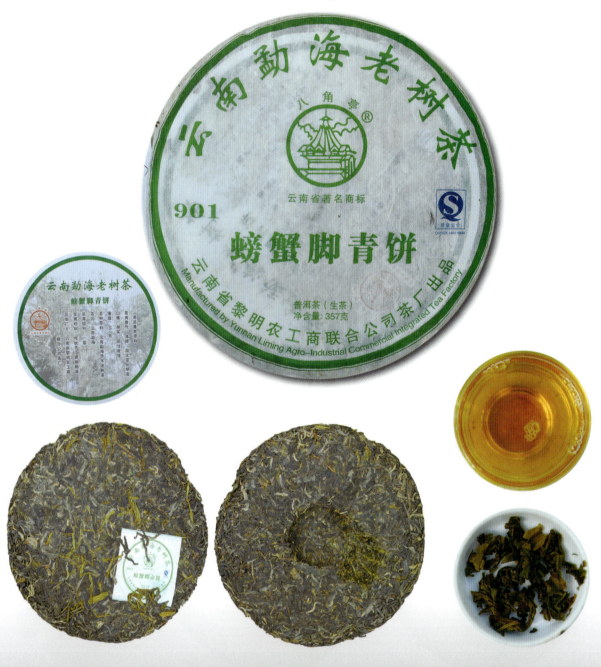

334

❀产品介绍

　　901批，螃蟹脚是景迈山古茶树上生长的一种十分珍贵的茶树寄生植物，螃蟹脚（茶茸）能整合茶的品质，让茶味更饱满，更柔滑，更香甜。螃蟹脚普洱茶茶味更厚，更醇，更香、苦涩味变甘醇，单薄味变圆润。冰面微黄、条索紧结，汤色黄亮通透，香气独特，叶底匀称。

类　别	生　饼
规　格	357克
生产日期	2009年

云南勐海七子饼茶
孔雀之春

云南 七 子 饼 茶

云南"七子饼茶"亦称圆茶，系选用驰名中外的"普洱茶"作原料，适度发酵，经高温蒸压而成，汤色红黄鲜亮、香气纯高、滋味醇厚，具有回甘之特点。饮之清凉解渴、消食解腻、提神解乏。

YUNNAN QIZIBING TEA

Yunnan Qizibing Tea—Yuan Tea,is selected from "puer tea" which popular both home andabroad as the raw materials.It's made through a process of optimum fermentation and high-temperature.The tea features a bright red-yellowish colour with a pure aroma and after drinking sweet.Drinking our product is believed to quench thirst,aid digestion,refreshing and dispel fatigue.

云南省黎明农工商联合公司茶厂出品

PROUD PRODUCT OF
LIMING AGRO-INDUSTRIAL-COMMERCIAL COMBINES TEA FACTORY,YUNNAN.

335

❀ 产品介绍

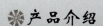

选用云南勐海茶区早春晒青毛茶为原料，经高温蒸压而成，饼形圆整，茶汤清亮，茶香四溢，回甘持久、清甜并带有醇厚感、尽显早春茶之风味，叶底柔嫩均匀。

类　　别	生饼
规　　格	357克
生产日期	2009年

易武正山老树茶

特级品

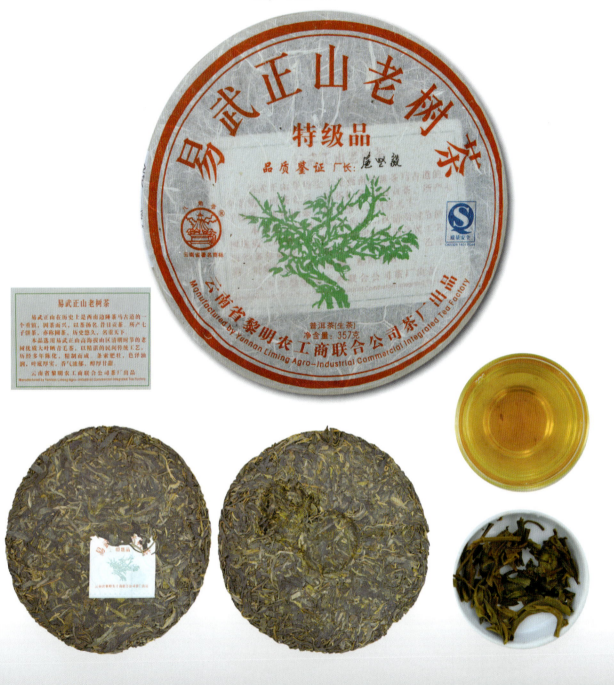

336

❋ 产品介绍

　　选自易武茶山茶料，原生态乔木大叶种，其气韵高扬、纯而不烈、温和宽厚，味甘而不涩，韵味绵长，汤色金黄澄澈，清明透亮，其性独得班章之高扬、醇厚。

类　　别	生饼
规　　格	357克
生产日期	2009年

勐海乔木饼茶

景迈山

337

❋ 产品介绍

　　此款产品是山野气韵最明显的古茶之一，具有浓郁的、持久的独特兰花香；茶汤透亮桔黄，甜味明显而持久；滋味纯和，条索紧结、较细且黑亮，深受茶友喜欢。

类　　别	生饼
规　　格	357克
生产日期	2009年

樟香醇韵

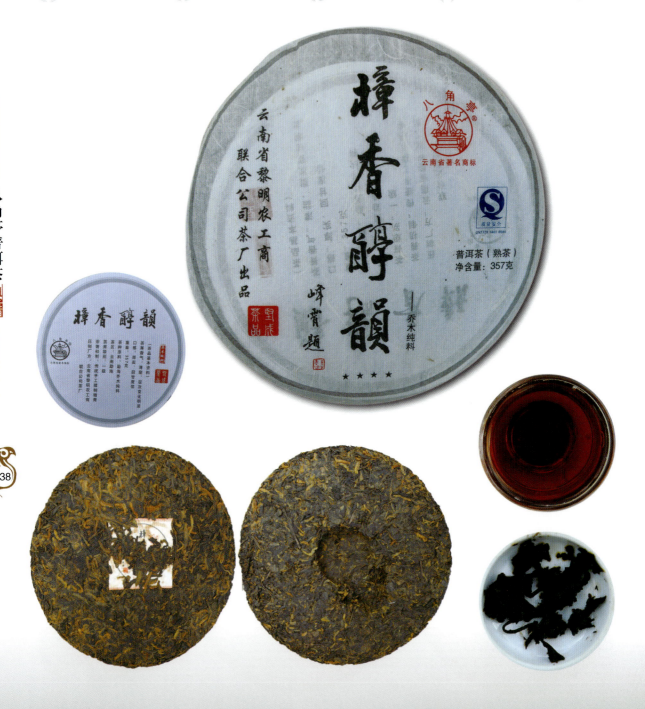

八角亭普洱茶 典籍

338

❋ 产品介绍

    本品精选云南大叶种一级晒青毛茶为原料，经传统手工揉制晒青精心筛选压制而成，条索匀整，金毫显露，汤色黄浓明亮、水性厚滑、口感厚实、回甘度佳，茶气清甜，味醇香高、层次变化明显，叶底肥壮洁净匀称。

类　别	熟饼
规　格	357克
生产日期	2009年

八角亭乔木圆茶
金贡品

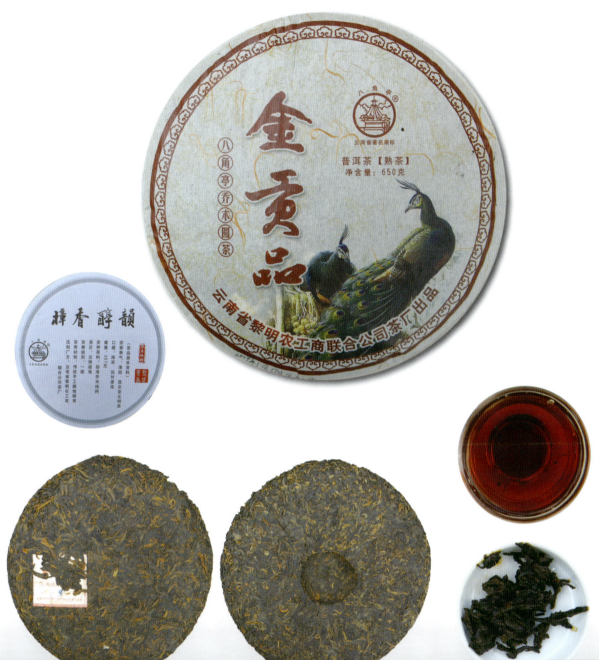

❋ 产品介绍

选云南西双版纳勐海茶区乔木大叶种晒青毛茶为原料。采用独特工艺、精心配制，经传统工艺压制而成。具有条索壮实匀整、汤色红浓明亮，味酽香高、水性厚滑、喉韵悠长、经久耐泡之特点，叶底褐红柔软。

类　　别	熟饼
规　　格	650克
生产日期	2009年

八角亭乔木圆茶

银贡品

八角亭普洱茶 典籍

340

❀ **产品介绍**

精选云南西双版纳勐海茶区乔木大叶种晒青毛茶为原料，造型优美、芽肥叶壮、白毫显露，汤色金黄明亮，清香高纯，滋味醇厚鲜爽，回甘生津，叶底匀称肥嫩。

类　　别	生饼
规　　格	650克
生产日期	2009年

光辉历程纪念饼

341

❊ 产品介绍

　　饼形周正、条索紧实显金毫，汤色红浓明亮，香气甜香，滋味醇厚顺滑，叶底色泽褐红匀嫩。

类　　别	熟饼
规　　格	357克
生产日期	2009年

滇砖普洱茶

342

❋ 产品介绍

　　砖形周正，松紧适度，条索肥壮均匀、银毫显露，汤色橙黄明亮，香气纯正；滋润甘甜、喉韵持久，叶底柔韧有光泽。2009年至2013年均有生产。

类　　别	生　砖
规　　格	1000克、2000克
生产日期	2009年

竹筒茶

343

❋ 产品介绍

    选用云南优质晒青毛茶，经过特殊工艺精工制作，松紧适度、洒面条索细嫩、汤色橙黄明亮、滋味强烈甘爽、香气纯正、叶肥芽嫩。品饮时色、香、味俱全，且持久性好，茶味十足，回甘快而浓。

类　　别	生茶
规　　格	800克
生产日期	2010年

孔雀之乡七子饼茶

越陈越香

八角亭普洱茶 典籍

云南七子饼茶

云南"七子饼茶"亦称圆茶,系选用驰名中外的"普洱茶"作原料,适度发酵,经高温蒸压而成,汤色红浓明亮、香气纯高、滋味醇厚,具有回甘之特点。饮之清凉解渴、消食解腻、提神解乏。

YUNNAN QIZIBING TEA

Yunnan Qizibing Tea—Yuan Tea,is selected from "puer tea" which popular both home andabroad as the raw materials.It's made through a process of optimum fermentation and high-temperature.The tea features a pure aroma and after drinking sweet.Drinking our product is believed to quench thirst,aid digestion,refreshing and dispel fatigue.

云南省黎明农工商联合公司茶厂出品

PROUD PRODUCT OF
LIMING AGRO-INDUSTRIAL-COMMERCIAL COMBINES TEA FACTORY,YUNNAN.

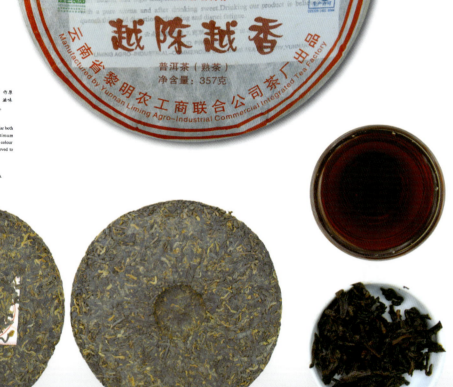

❀ 产品介绍

选用勐海茶区优质晒青毛茶为原料,经适度发酵,高温蒸压而成。茶饼外观显毫、条索均匀,香气纯正,汤色红浓明亮、滋味醇厚、水性厚实,叶底匀整、褐红柔软有弹性。

类 别	熟饼
规 格	357克
生产日期	2010年

云南勐海七子饼茶

7590

云南七子饼茶

云南"七子饼茶"亦称圆茶，系选用驰名中外的"普洱茶"作原料，适度发酵，经高温蒸压而成，汤色红黄鲜亮、香气纯高、滋味醇厚，具有回甘之特点。饮之清凉解渴、消食解腻、提神解乏。

YUNNAN QIZIBING TEA

Yunnan Qizibing Tea——Yuan Tea,is selected from "puer tea" which popular both home andabroad as the raw materials.It's made through a process of optimum fermentation and high-temperature.The tea features a bright red-yellowish colour with a pure aroma and after drinking sweet.Drinking our product is believed to quench thirst,aid digestion,refreshing and dispel fatigue.

云南省黎明农工商联合公司茶厂出品
PROUD PRODUCT OF
LIMING AG/RO—INDUSTRIAL—COMMERCIAL COMBINES TEA FACTORY,YUNNAN.

345

❊ 产品介绍

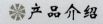

  云南大叶种晒青毛茶为原料，适度发酵，经高温蒸压而成，汤色红浓鲜亮，香气纯高，滋味醇厚、具有回甘持久之特点，叶底红褐稍带梗。

类　别	熟 饼
规　格	357克
生产日期	2010年

第五届中国云南普洱茶国际博览交易会纪念茶

八角亭普洱茶 典籍

❋ 产品介绍

　　选用勐海茶区优质晒青毛茶为原料，高温蒸压而成。条索紧结匀称、金毫显露，香气陈香纯高，滋味醇和、甘甜爽口、较滑、茶气饱满，汤色红浓明亮，叶底均匀，光泽柔韧。

类　别	熟饼
规　格	500克
生产日期	2010年

云南勐海七子饼茶
早春银毫

云南七子饼茶

云南"七子饼茶"亦称圆茶，系选用驰名中外的"普洱茶"作原料，适度发酵，经高温蒸压而成，汤色红黄鲜亮，香气纯高、滋味醇厚，具有回甘之特点，饮之清凉解渴，消食解腻、提神解之。

YUNNAN QIZIBING TEA

Yunnan Qizibing Tea—Yuan Tea,is selected from "puer tea" which popular both home andabroad as the raw materials.It's made through a process of optimum fermentation and high-temperature.The tea features a bright red-yellowish colour with a pure aroma and after drinking sweet.Drinking our product is believed to quench thirst,aid digestion,refreshing and dispel fatigue.

云南省黎明农工商联合公司茶厂出品
PROUD PRODUCT OF
LIMING AGRO-INDUSTRIAL-COMMERCIAL COMBINES TEA FACTORY,YUNNAN.

347

❋ 产品介绍

条索细嫩、芽肥嫩，汤色橙黄明亮，香气纯正、香味俱全，滋味强烈甘爽、蜜香厚重、且持久性好、回甘快，叶底柔嫩匀齐，是一款性价比优良的普洱茶，堪称精品。

类　别	生饼
规　格	357克
生产日期	2010年

八角亭七子饼茶
越陈越香

八角亭普洱茶 典籍

云南七子饼茶

云南七子饼茶存称"圆茶"，是云南普洱茶中的著名产品，系选用云南一定区域内的大叶种晒青毛茶为原料，适度发酵，经高温蒸压而成。具有滋味醇厚、回甘生津、经久耐泡的特点。保存于适宜的环境下越陈越香。

冲泡方法：普洱茶宜高温冲泡，冲泡水温以95℃～100℃为佳；投茶量依容器大小而定，一般1：50的茶水比例为宜，冲泡3-5分钟即可饮。

Yunnan Chi Tse Beeng Cha

Yunnan Chi Tse Beeng Cha is also known as"Round Tea". It is one of the famous products of yunnan Pu Erh Tea,it adopts sulcurized raw tea of broad-leaf type in certain districts of Yunnan as raw material processed by optimum fermentation,steamed and pressed to from its shape.It flavoured with smooth and mellow and has a long lasting finishing.If aged under proper condition, the quality will be constantly upgraded!

Brewing Method:It is ideal to brew Pu Erh Tea with boiling water of about 95℃~100℃.The quantity of tea to be placed for brewing should be decided by the size of the tea pot used,in general,1:50 is most adopted for brewing water into the tea pot and brew for 3-5 minutes then the tea is ready for taste.

云南省黎明农工商联合公司茶厂出品
Manufactured by Yunnan Liming Agro-Industrial Commercial Integrated Tea Factory

❋ 产品介绍

　　外形条索紧秀显毫、饼形优美。汤色橙黄明亮，芳香浓厚饱满丰富，滋味生津回甘，叶底均匀洁净，体现了勐海布朗山普洱茶高山特有的韵味。

类　别	生 饼
规　格	357克
生产日期	2010年

云南勐海七子饼茶

0432

云南七子饼茶

云南"七子饼茶"茶称圆茶，系选用驰名中外的"普洱茶"作原料，适度发酵，经高温蒸压而成，汤色红黄鲜亮、香气纯高、滋味醇厚，具有回甘之特点。饮之清凉解渴、消食解腻、提神解乏。

YUNNAN QIZIBING TEA

Yunnan Qizibing Tea—Yuan Tea, is selected from "puer tea" which popular both home and abroad as the raw materials. It's made through a process of optimum fermentation and high-temperature. The tea features a bright red-yellowish colour with a pure aroma and after drinking sweet. Drinking our product is believed to quench thirst, aid digestion, refreshing and diapel fatigue.

云南省黎明农工商联合公司茶厂出品
PROUD PRODUCT OF
LIMING AGRO-INDUSTRIAL-COMMERCIAL COMBINES TEA FACTORY, YUNNAN.

❋ 产品介绍

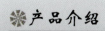

　　常规产品，选用勐海茶区百年以上大树明前春茶为原料，精心古法制作，条索肥润，汤色均匀透亮，滋味醇正悠长、茶气强足、回甘较快，杯香四溢，经久不散，叶底匀净匀称，是品饮、收藏俱佳的云南普洱茶中的精品。

类　　别	生　饼
规　　格	357克
生产日期	2010年

云南勐海七子饼茶

7540

八角亭普洱茶 典籍

云南七子饼茶

云南"七子饼茶"亦称圆茶，系选用驰名中外的"普洱茶"作原料，适度发酵，经高温蒸压而成，汤色红黄鲜亮，香气纯正，滋味醇厚，具有回甘之特点。饮之清凉解渴，消食解腻，提神解之。

YUNNAN QIZIBING TEA

Yunnan Qizibing Tea—Yuan Tea,is selected from "puer tea" which popular both home andabroad as the raw materials.It's made through a process of optimum fermentation and high-temperature.The tea features a bright red-yellowish colour with a pure aroma and after drinking sweet.Drinking our product is believed to quench thirst,aid digestion,refreshing and dispel fatigue.

云南省黎明农工商联合公司茶厂出品
PROUD PRODUCT OF
LIMING AGRO-INDUSTRIAL-COMMERCIAL COMBINES TEA FACTORY,YUNNAN.

❈产品介绍

　　常规产品，精选云南优质大叶种晒青毛茶为原料，饼形优美、松紧适度、做工精致，汤色橙黄透亮，香气纯正馥郁，生津持久，经久耐泡，叶底均匀粗壮，是生态健康的绿色好茶。

类　别	生饼
规　格	357克
生产日期	2010年

云南勐海七子饼茶
宫廷普洱

云南七子饼茶

云南"七子饼茶"系特种圆茶,系选用驰名中外的"普洱茶"作原料,适度发酵,经高温蒸压而成,汤色红黄鲜亮、香气纯高、滋味醇厚,具有回甘之特点。饮之清涼解渴、消食解腻、提神解乏。

YUNNAN QIZIBING TEA

Yunnan Qizibing Tea—Yuan Tea,is selected from "puer tea" which popular both home andabroad as the raw materials.It is made through a process of optimum fermentation and high-temperature.The tea features a bright red-yellowish colour with a pure aroma and after drinking sweet.Drinking our product is believed to quench thirst,aid digestion,refreshing and dispel fatigue.

云南省黎明农工商联合公司茶厂出品
PROUD PRODUCT OF
LIMING AGRO–INDUSTRIAL–COMMERCIAL COMBINES TEA FACTORY,YUNNAN.

351

❋ 产品介绍

　　选用云南优质大叶种晒青毛茶为原料,适度发酵,经高温蒸压而成,汤色红浓鲜亮,香气纯高,滋味醇厚、陈香悠悠、余味绵绵,茶性温和,久藏更佳具有回甘之特点,叶底细嫩匀齐、色泽红褐明亮、弹性好,饮之清涼解渴、消食解腻、提神解乏。

类　　别	熟饼
规　　格	357克
生产日期	2010年

云南乔木生态茶
沱王

八角亭普洱茶 **典籍**

352

❋产品介绍

　　传统工艺，精选云南布朗山百年大树春茶为原料，经传统手工压制而成，整体松紧度适中、白毫显露、汤色橙黄明亮，滋味醇厚、香气悠长清甜、层次变化明显、回甘极佳、浓强度极佳，叶底肥壮匀净。

类　别	生沱
规　格	250克
生产日期	2010年

傣乡沱茶

353

❀ 产品介绍

　　本品采用传统工艺，精选勐海高山茶区大叶种优质茶，压制而成，条索肥壮匀整，汤色橙黄明亮，滋味醇厚，生津回甘强，够霸气，经久耐泡等特点。

类　　别	生沱
规　　格	250克
生产日期	2010年

高枕无忧圆砖

八角亭普洱茶 典籍

354

❀ 产品介绍

　　选用勐海高山地区肥壮茶箐为原料，芽叶肥壮舒展、色泽红褐、金毫尽显、砖形厚重大气，汤色红浓透亮、晶莹剔透，细细品味、口感浓醇爽滑、柔美协调、余味绵绵，香气纯高、陈香悠悠，叶底褐红、粗壮、有弹性。

类　别	熟　砖
规　格	2000克
生产日期	2010年

勐海乔木饼茶

七 大 茶 山

355

❊ 产品介绍

　　分别选用景迈山，班盘山，巴达山，勐宋山，布朗山，易武山，南糯山等七座著名茶山的优质、纯正晒青毛茶，高温蒸压而成，外形工整优美、芽毫肥硕，香气纯正悠远，滋味香醇，口感回甘生津，各具独特风格，叶底整齐洁净、柔嫩舒展。

类　　别	生 饼
规　　格	357克×7
生产日期	2010年

勐海乔木饼茶
七大茶山之易武山

八角亭普洱茶 典籍

356

❋ 产品介绍

　　易武山位于云南西双版纳州勐腊县，古六大茶山的东部。此处茶叶香扬水柔、甘醇顺滑带冰糖香，喉韵甘润持久，苦涩度低，属刺激性较低的茶品，入口后各种味道马上散开使人心旷神怡。

类　　别	生饼
规　　格	357克
生产日期	2010年

勐海乔木饼茶
七大茶山之布朗山

357

❋ 产品介绍

　　布朗山位于西双版纳州勐海县南80公里。布朗山的茶叶质柔软适中，叶色深绿或黄绿，叶底弹性好，汤色橙黄透亮、口感浓烈、回甘快、生津强、香气独特，是众多中外客商和普洱茶爱好者梦寐以求的收藏佳品。

类　别	生　饼
规　格	357克
生产日期	2010年

勐海乔木饼茶

七大茶山之南糯山

358

❀ 产品介绍

　　南糯山具有1700多年植茶悠久历史的著名古茶区南糯山，属勐海县格朗和乡。属乔木大叶种，微苦涩，回甘、生津好，汤色桔黄、透亮。透着蜜香、澜香，谷花茶淡香如荷。历史上是闻名遐迩的古茶山，至今仍存活着一株已逾千年的栽培型的茶王树。

类　别	生饼
规　格	357克
生产日期	2010年

勐海乔木饼茶
七大茶山之巴达山

359

❋ 产品介绍

　　巴达古茶山拥有野生茶树群落和栽培型古茶园，著名的1800年野生型"茶树王"就生长在这个群落里。口感类似布朗山茶区，舌面后段与上颚后段微苦涩，然平均茶质较为薄水，上颚中后段有特殊气味，茶汤香满于喉舌，苦稍长、微涩、轻度收敛，第三泡以后渐显柔顺细滑感，舌面收敛后出现凉感。

类　　别	生饼
规　　格	357克
生产日期	2010年

勐海乔木饼茶
七大茶山之勐宋山

360

❀ 产品介绍

　　勐宋山位于景洪市南部之勐宋属於大勐龙镇。茶条形肥壮厚实，紧结显毫，汤色橘黄透亮，揉捻较紧结，故入口苦涩味稍重，但化得快，香气高扬而沉实，口感饱满丰富，经久耐泡，清香型普洱是家居待客的很好的茶品。

类　　别	生 饼
规　　格	357克
生产日期	2010年

勐海乔木饼茶

七大茶山之景迈山

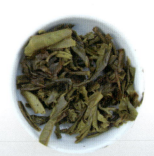

❈ 产品介绍

　　景迈山位于云南省思矛地区澜仓县境内，是普洱茶的原生地之一，这里的茶青颜色青绿，条索较短，汤色透亮橘黄，甜味明显而持久，香气突出，上颚中后段的清甜略带花香为其特色，汤质滑，较薄。

类　　别	生饼
规　　格	357克
生产日期	2010年

勐海乔木饼茶

七大茶山之班盘山

362

❈ 产品介绍

班盘（盆）山位于勐海县布朗山乡，海拔在1600¯1750米之间，拥有两千多亩古树茶和少量几十年树龄的生态茶园，条索粗大，茶气足，滋味甘甜、厚重，非常耐泡，汤色黄亮、油润。

类　别	生饼
规　格	357克
生产日期	2010年

易武正山生态乔木贡砖
限量珍藏版

❄ 产品介绍

    精选易武正山大叶种优质晒青毛茶为原料，蒸压制而成，芽叶肥壮、条索舒展、白毫显露，汤色浅黄透亮；滋味醇和鲜爽、口感协调回甜，香气清纯高扬，叶底完整略带梗。

类　别	生　砖
规　格	1000克
生产日期	2010年

云南七子饼茶
宫廷普洱王

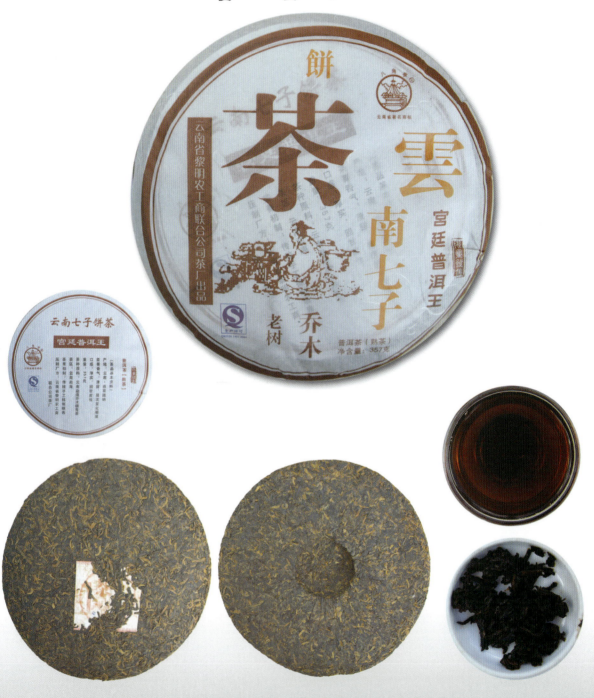

八角亭普洱茶 **典籍**

❋ 产品介绍

　　乔木老树，饼形工整美观、金毫显露，汤色红浓鲜亮、香气纯高、滋味醇厚，陈香悠悠，余味绵绵，叶底柔嫩细致、色泽褐红鲜亮。

类　别	熟 饼
规　格	357克
生产日期	2010年

云南勐海七子饼茶
陈 香

365

❀ 产品介绍

　　乔木珍品，选用云南勐海高海拔地区的乔木晒青毛茶做原料，经适度发酵、高温蒸压而成。饼面匀整、金毫显露、芽条肥硕,汤色红浓明亮，香气独特，滋味醇厚、回甘极佳，叶底匀齐呈红褐色、弹性好。

类　别	熟 饼
规　格	357克
生产日期	2010年

班章古茶七子饼

黎明饼王

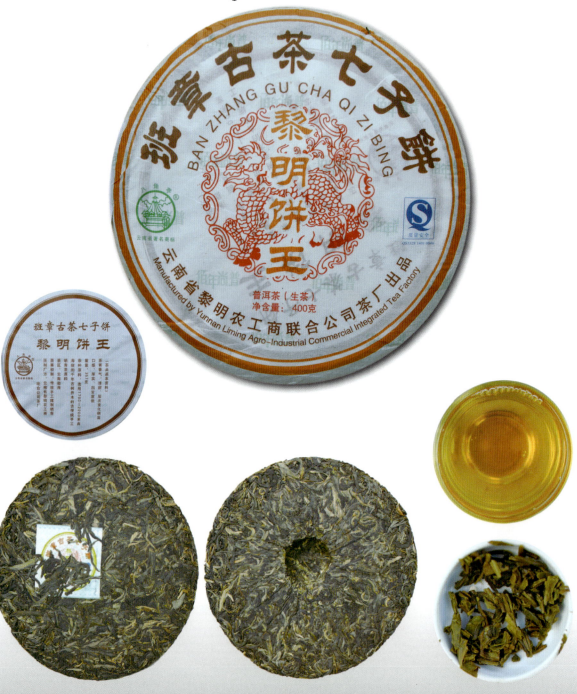

❋ 产品介绍

　　条索粗壮、显毫，色泽油亮，白毫尽显、肥壮，茶汤稠而厚，茶气足、口感饱满、生津快、回甘长，极有有厚度和刚度，叶底完整、色泽油润、柔软。入口即能明显感觉到茶汤的劲度和力度。

类　别	生　饼
规　格	400克
生产日期	2010年

云南勐海高山乔木圆茶

金典888

367

❀ 产品介绍

　　精选勐海优质乔木晒青毛茶为原料，条索粗壮、白毫显露、外形紧结、厚薄适度、均匀、色泽乌润，香气清纯馥郁，汤色橙黄明亮，滋味醇爽回甘，叶底整洁匀整，嫩度佳。饮之明目清心，提神养颜。

类　　别	生饼
规　　格	1000克
生产日期	2010年

云南勐海早春乔木圆茶

生态珍藏品

云南七子饼茶

云南"七子饼茶"本称圆茶，系选用驰名中外的"普洱茶"作原料，适度发酵，经高温蒸压而成，汤色红黄鲜亮、香气纯高、滋味醇厚，具有回甘之特点，饮之清凉解渴、消食解腻、提神解乏。

YUNNAN QIZIBING TEA

Yunnan Qizibing Tea—Yuan Tea, is selected from "puer tea" which popular both home andabroad as the raw materials. It's made through a process of optimum fermentation and high-temperature. The tea features a bright red-yellowish colour with a pure aroma and after drinking sweet. Drinking our product is believed to quench thirst, aid digestion, refreshing and dispel fatigue.

云南省黎明农工商联合公司茶厂出品
PROUD PRODUCT OF
LIMING AGRO-INDUSTRIAL-COMMERCIAL COMBINES TEA FACTORY, YUNNAN.

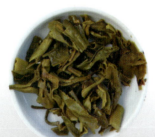

❀ 产品介绍

　　选用云南六大茶山中布朗山早春乔木晒青毛茶为原料，精心制作。饼面圆整，条索粗壮大气，汤色清亮、香气高扬独特、口感醇厚，回味持久，叶底均匀柔软，色泽微黄，是茶品之中的上选。

类　　别	生饼
规　　格	1000克
生产日期	2010年

陈年茶头

369

❋ 产品介绍

本品以云南勐海茶区大叶种晒青茶为原料，经传统工艺精制而成，仅保留自然紧结的茶块，品质优异。汤色红浓透亮，香气纯正香醇、陈香浓郁，滋味鲜醇、口感醇、滑、厚、甜，经久耐泡，叶底褐红、金毫显露。

类　别	熟　砖
规　格	250克
生产日期	2010年

枣香金砖

八角亭普洱茶 典籍

❋ 产品介绍

　　选用陈年晒青毛茶为原料，渥堆发酵，高温蒸压而成。砖面匀整、金毫显露、芽条肥硕、汤色红浓鲜亮、香气独特、滋味醇厚、回甘极佳、叶底柔软褐红、匀整有弹性。

类　别	熟　砖
规　格	250克
生产日期	2010年

易武正山早春乔木圆茶

特制珍藏版

❋ 产品介绍

　　选用易武正山原料，纯正手工石磨压制。具有独特风味、果蜜香味浓郁、内质丰富，入口甜美、茶汤厚滑稠细软，喉润舒爽浓郁，叶底匀净。表现了易武茶的柔和之美。

类　　别	生饼
规　　格	357克
生产日期	2010年

云南七子饼茶

乔木茶王

373

❄ 产品介绍

选用云南勐海古老茶区布朗山乔木上等毛茶为原料，经传统工艺，精心制作而成。饼形工整大方、松紧适度，条索肥壮紧实，汤色橙黄透亮，口感浓烈、回甘快、生津强，香气独特，叶色深绿，叶底弹性好。是众多中外客商和普洱茶爱好者梦寐以求的收藏佳品。

类　别	生　饼
规　格	357克
生产日期	2010年

百年原味

汤色红润剔透 口感顺滑 陈韵十足

百年原味 BAI NIAN YUAN WEI

云南省黎明农工商联合公司茶厂出品
Manufactured by Yunnan Liming Agro-Industrial Commercial Integrated Tea Factory

372

❋ 产品介绍

　　选用勐海茶区优质晒青毛茶为原料，经适度发酵，高温蒸压而成。具有条索壮实匀整、汤色红浓明亮，味酽香高、水性厚滑、喉韵悠长、陈韵十足、经久耐泡，叶底褐红匀整，嫩度好、有弹性。

类　　别	熟砖
规　　格	500克
生产日期	2010年

八八旧砖

陈香醇韵

❋ 产品介绍

　　大树纯料老茶发酵，选用云南勐海县布朗山原生态乔木大树纯原料，自然陈放五年之后精制而成。具有汤色红浓明亮，陈韵醇香，滋味厚实的特点，黎明茶厂制作完成后，由高级品茶师一致认同，并加盖公章鉴证品质，故誉为八八旧砖。

类　　别	熟　砖
规　　格	2000克
生产日期	2010年

枣香金砖

370

❋ 产品介绍

　　选用陈年晒青毛茶为原料，渥堆发酵，高温蒸压而成。砖面匀整、金毫显露、芽条肥硕、汤色红浓鲜亮，香气独特，滋味醇厚、回甘极佳，叶底柔软褐红、匀整有弹性。

类　别	熟砖
规　格	250克
生产日期	2010年

陈年茶头

369

❋ 产品介绍

　　本品以云南勐海茶区大叶种晒青茶为原料，经传统工艺精制而成，仅保留自然紧结的茶块，品质优异。汤色红浓透亮，香气纯正香醇、陈香浓郁，滋味鲜醇、口感醇、滑、厚、甜，经久耐泡、叶底褐红、金毫显露。

类　　别	熟 砖
规　　格	250克
生产日期	2010年

名山系列之布朗山纯大树

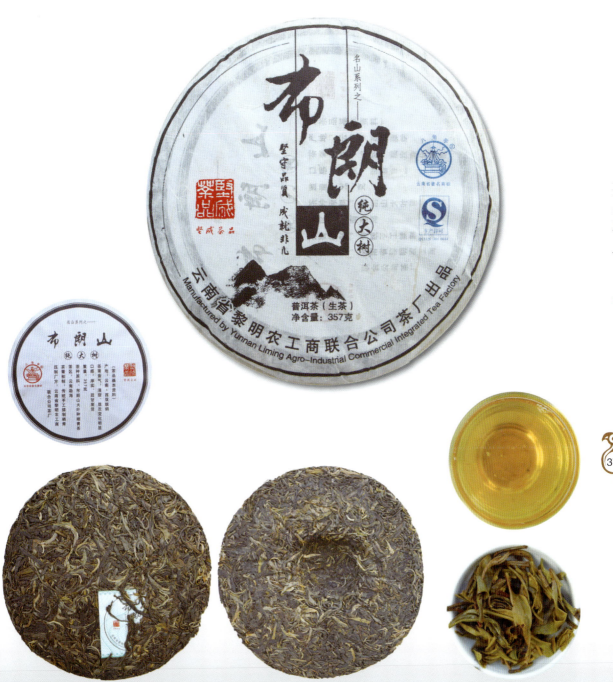

375

❋产品介绍

　　选用布朗山优质毛茶为原料，叶质柔软适中，叶色深绿，汤色橙黄透亮，口感浓烈、回甘快、生津强，香气独特，叶底弹性好。

类　别	生饼
规　格	357克
生产日期	2010年

乔木茶王大砖

❋ 产品介绍

    外形厚薄均匀、工整大气，香气略带樟香，汤色浓黄透明，滋味醇和回甘强，叶底粗壮均匀。

类　别	生　砖
规　格	1000克
生产日期	2010年

经典大树圆茶

云雾尚品

❋ 产品介绍

　　饼形厚薄均匀，香气浓郁，汤色浓黄，滋味醇和，叶底匀整洁净。

类　别	生饼
规　格	400克
生产日期	2010年

云南勐海布朗高山生态茶

黎明韵象

378

❉ 产品介绍

　　珍藏贡品、经典2010，001批次。饼形厚薄均匀，香气高扬，汤色浓黄通透，滋味醇和，叶底均匀。

类　　别	生　饼
规　　格	357克
生产日期	2010年

勐海班章生态茶
老寨班章

379

❋产品介绍

　　饼形厚薄均匀，汤色橙黄明亮，滋味醇厚、回甘持久，香气花香，叶底匀整。

类　别	生饼
规　格	357克
生产日期	2010年

云南勐海七子饼茶

布朗乔木

380

❋ 产品介绍

　　四年陈精品，饼形厚薄均匀、银毫尽显、条索完整，汤色橙黄明亮，滋味醇和、回甘强烈，香气浓郁，叶底均匀不花杂、柔嫩透亮。

类　　别	生饼
规　　格	357克
生产日期	2010年

易武麻黑古茶

381

❀ 产品介绍

饼形厚薄均匀，汤色浓黄明亮，滋味醇正、绵长，清香高扬，叶底均匀柔软，色泽明快。

类　别	生饼
规　格	400克
生产日期	2010年

云南勐海乔木古树圆茶
黎明特制版

云南勐海乔木古树圆茶
黎明特制版

382

八角亭普洱茶
典籍

❀ 产品介绍

饼形厚薄均匀，条索完整紧结，汤色淡橙黄明亮，滋味醇和、回甘生津，香气有淡淡花香、沁人心脾叶底匀齐柔软微黄。

类　　别	生饼
规　　格	357克
生产日期	2010年

云南勐海七子饼茶

早春贡饼

❋ 产品介绍

　　饼形厚薄均匀、条索紧结、白毫显露，汤色橙黄明亮，滋味醇正柔和、回甘明显，清香高扬，叶底墨绿匀称、嫩度高。

类　　别	生饼
规　　格	357克
生产日期	2010年

八角亭七子饼茶

早春生态乔木

384

云南七子饼茶

本品采用云南省勐海县布朗山大叶种乔木古茶为原料, 采
明前茶树上的芽茶, 经当地哈尼族村民用传统制茶方法, 制成
晒青毛茶, 经高温蒸压制成, 本品极具香气纯高、汤色鲜艳明
亮、滋味浓烈厚实、回甘生津、"霸气"突出的特点。

本品从选料到制成, 每个制作工序均以极度严格的标准完
成, 是诚意供给普洱茶爱好者们鉴赏、收藏而难得的精品茶。

云南省黎明农工商联合公司茶厂出品
Manufactured by Yunnan Liming Agro-Industrial Commercial Integrated Tea Factory

❈ 产品介绍

　　饼形厚薄均匀、银毫密布、条索紧结, 汤色浓黄通透, 滋
味厚实回甘, 花香明显, 叶底均匀不花杂、芽头肥硕。

类　　别	生 饼
规　　格	357克
生产日期	2010年

八角亭七子饼茶

早春生态

云南七子饼茶

云南七子饼茶亦称"圆茶"，是云南普洱茶中的著名产品，系选用云南一定区域内的大叶种晒青毛茶为原料，适度发酵，经高温蒸压而成。具有滋味醇厚、回甘生津、经久耐泡的特点。保存于适宜的环境下越陈越香。

冲泡方法：普洱茶宜高温冲泡，冲泡水温以95℃~100℃为佳；投茶量依容器大小而定，一般1：50的茶水比例为宜，冲泡3~5分钟即可品饮。

Yunnan Chi Tse Beeng Cha

Yunnan Chi The Beeng Cha is also known as"Round Tea".It is one of the famous products of yunnan Pu Erh Tea.It adopts solarized raw tea of broad-leaf type in certain districts of Yunnan as raw material processed its optimum fermentation,steamed and pressed to from its shape.It flavoured with smooth and mellow and has a long lasting finishing.If aged under proper condition,the quality will be constantly upgraded.

Brewing Method:It is ideal to brew Pu Erh Tea with boiling water of about 95℃-100℃.The quantity of tea to be placed for brewing should be decided by the size of the tea pot used.In general,1.50 is most adopted for brewing water into the tea pot and brew for 3-3 minutes then the tea is ready for taste

云南省黎明农工商联合公司茶厂出品
Manufactured by Yunnan Liming Agro-Industrial Commercial Integrated Tea Factory

385

❋ 产品介绍

　　勐海早春大树茶，饼形厚薄均匀、条形完整清晰，汤色橙黄透亮，滋味厚实回甘、舌底鸣泉，香气高扬呈荷香，叶底工整洁净、有弹性。

类　别	生　饼
规　格	357克
生产日期	2010年

南糯古茶七子饼

八角亭普洱茶 典籍

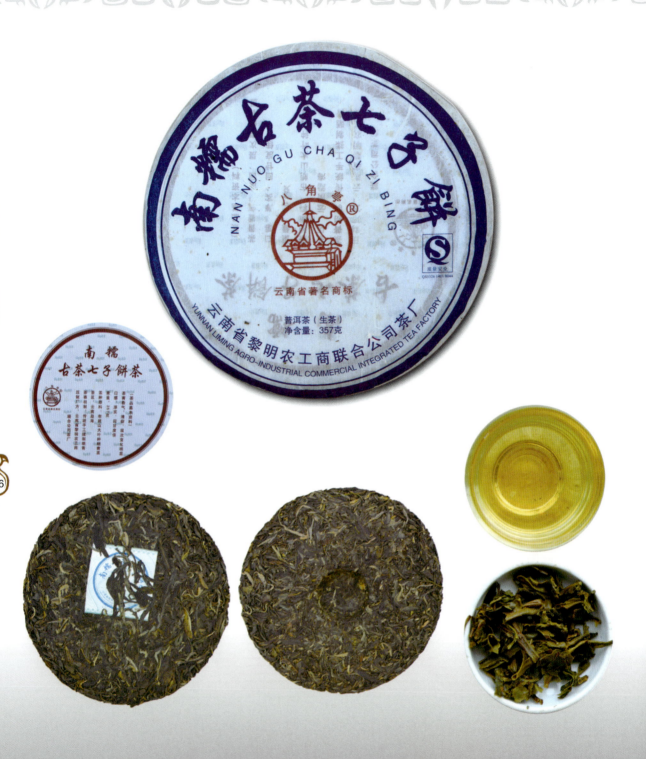

✿ 产品介绍

　　饼形圆整、厚薄均匀，汤色浓黄透亮，滋味醇和回甘、厚润，香气甜香、有花香，叶底完整、匀齐、洁净。

类　别	生饼
规　格	357克
生产日期	2010年

勐海乔木生态茶

味酽香

387

❈ **产品介绍**

　　饼形工整、厚薄均匀、芽毫肥硕，汤色桔黄明亮，滋味厚实甘甜、舌底生津，香气浓郁，叶底齐整均匀。

类　　别	生 饼
规　　格	357克
生产日期	2010年

孔雀之乡七子饼茶

布朗乔木

八角亭普洱茶 典籍

云南七子饼茶

云南"七子饼茶"亦称圆茶，系选用驰名中外的"普洱茶"作原料，适度发酵，经高温蒸压而成，汤色红黄鲜亮，香气纯高，滋味醇厚，具有回甘之特点。饮之清凉解渴、消食解腻、提神解乏。

YUNNAN QIZIBING TEA

Yunnan Qizibing Tea—Yuan Tea,is selected from "puer tea" which popular both home andabroad as the raw materials.It's made through a process of optimum fermentation and high-temperature.The tea features a bright red-yellowish colour with a pure aroma and after drinking sweet.Drinking our product is believed to quench thirst,aid digestion,refreshing and dispel fatigue.

云南省黎明农工商联合公司茶厂出品
PROUD PRODUCT OF
LIMING AGRO-INDUSTRIAL-COMMERCIAL COMBINES TEA FACTORY,YUNNAN.

❄ 产品介绍

　　饼形厚薄均匀、圆整，汤色桔黄通透，滋味醇和生津、口齿留香，香气浓郁甜香，叶底墨绿匀称、软嫩、弹性好。

类　别	生饼
规　格	357克
生产日期	2010年

嫦娥奔月

389

❋ 产品介绍

　　饼形圆整、芽毫显露、肥壮、厚薄均匀，汤色黄红明亮、滋味醇和甘润、回味绵长，香气沉香高扬，叶底软嫩均匀、洁净色正。

类　　别	生饼
规　　格	357克
生产日期	2010年

八角亭七子饼茶

333

390

❄ 产品介绍

　　饼形工整美观、厚薄均匀、银毫尽显，汤色桔黄透亮，滋味厚实醇和、回甘快，香气纯正，叶底匀净无花杂。

类　别	生　饼
规　格	357克
生产日期	2010年

孔雀之乡乔木七子饼茶

精 品

八角亭普洱茶 典籍

400

❀ 产品介绍

　　PZ（001），饼形型厚薄匀称、松紧适度、条索紧实，汤色红褐透亮，滋味醇厚顺滑，陈香馥郁，叶底红褐匀齐有弹性。

类 别	熟 饼
规 格	357克
生产日期	2010年

贡瑞针莲

云南七子饼茶

云南"七子饼茶"亦称圆茶，系选用驰名中外的"普洱茶"作原料，适度发酵，经高温蒸压而成，汤色红黄鲜亮、香气纯高、滋味醇厚，具有回甘之特点，饮之清凉解渴、消食解腻、提神解之。

YUNNAN QIZIBING TEA

Yunnan Qizibing Tea—Yuan Tea, is selected from "puer tea" which popular both home andabroad as the raw materials. It's made through a process of optimum fermentation and high-temperature. The tea features a bright red-yellowish colour with a pure aroma and after drinking sweet. Drinking our product is believed to quench thirst, aid digestion, refreshing and dispel fatigue.

云南省黎明农工商联合公司茶厂出品
PROUD PRODUCT OF
LIMING AGRO-INDUSTRIAL-COMMERCIAL COMBINES TEA FACTORY, YUNNAN.

399

❀ 产品介绍

　　饼形均匀、芽毫尽显、条索紧结，汤色红浓通透，滋味醇正甘甜，香气独特、隐约花香，叶底红褐柔软、匀整。

类　别	熟饼
规　格	200克
生产日期	2010年

嫦娥奔月

398

❀ 产品介绍

外形圆整、金毫显露、厚薄均匀，汤色褐红明亮，滋味醇正香甜，香气馥郁绵长，叶底弹性好、嫩度佳。

类　　别	熟饼
规　　格	357克
生产日期	2010年

云南勐海七子饼茶

古韵留香

397

❀ 产品介绍

　　饼形周正、厚薄均匀，汤色红浓透亮、滋味醇和顺滑，陈香浓郁，叶底褐红均匀、柔软有弹性。

类　别	熟饼
规　格	357克
生产日期	2010年

老树乔木茶

布朗尚品

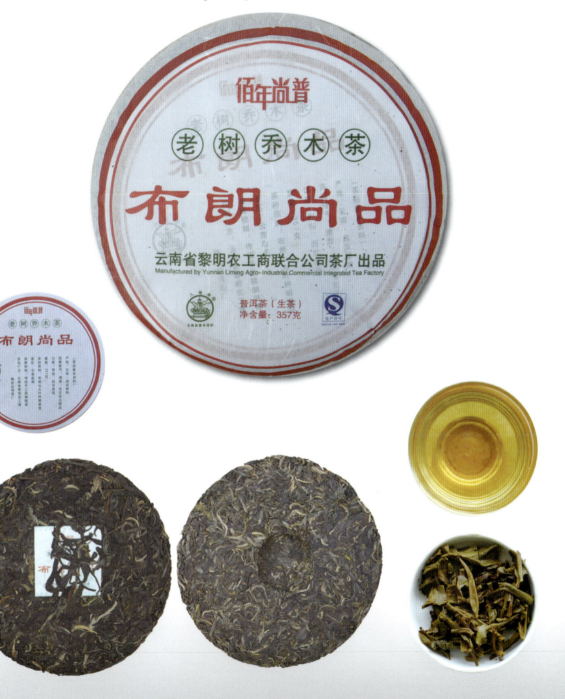

396

产品介绍

外形条索紧实、白毫显露、厚薄均匀，汤色淡黄明亮，滋味醇正，香气甘甜，叶底均匀。

类 别	生饼
规 格	357克
生产日期	2010年

黎明七子饼茶

冰 韵

395

❋ 产品介绍

　　包装设计美观，饼形工整、厚薄均匀，汤色黄浓明亮，滋味醇和回甘，香气甜香，叶底均匀。

类　别	生 饼
规　格	500克
生产日期	2010年

班章老寨生态茶
普洱王

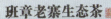

❋ 产品介绍

　　外形圆整、美观大方、条索匀整、芽毫肥硕，汤色黄浓明亮，滋味酽回甘长、醇厚生津，香气独特，叶底完整柔嫩均匀。

类　　别	生饼
规　　格	400克
生产日期	2010年

易武大树圆茶

佰年尚普

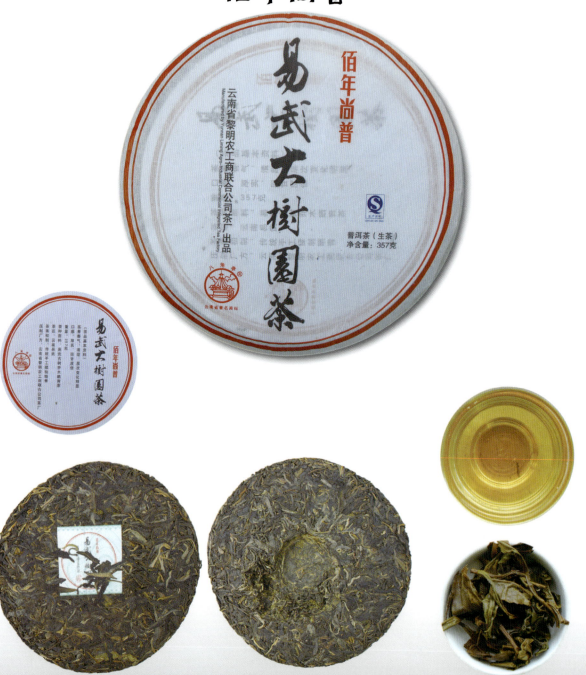

❊ **产品介绍**

　　饼形圆整、厚薄均匀，汤色黄浓明亮，滋味醇和，香气甜香，叶底均匀。

类　　别	生饼
规　　格	357克
生产日期	2010年

景迈山乔木古树茶

景迈香饼

八角亭普洱茶 典籍

❀ 产品介绍

饼形工整、厚薄均匀，汤色橙黄明亮，滋味醇厚回甘，香气花香，叶底均匀。

类　　别	生 饼
规　　格	357克
生产日期	2010年

黎明生态七子饼

✳ 产品介绍

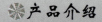

饼形厚薄均匀，汤色黄淡明亮，滋味醇和，香气清香，叶底均匀。

类　别	生饼
规　格	357克
生产日期	2010年

云南勐海生态乔木圆茶
金虎限量版

❋ 产品介绍

　　外形匀称工整、松紧适中、白毫肥壮，汤色橙黄明亮，滋味醇厚回甘，香气浓郁持久，叶底红褐柔嫩匀整。

类　　别	生饼
规　　格	357克
生产日期	2010年

勐海大叶种云雾圆茶

黎明红印

✤ 产品介绍

　　饼形厚薄均匀，条索匀整，汤色黄浓通透，滋味醇正回甘、茶韵绵长，香气高扬，叶底柔嫩齐整。

类　别	生饼
规　格	357克
生产日期	2010年

五年醇韵

五年醇韵

本品是黎明茶厂精心研制的一款新产品，采用珍藏五年以上的布朗山晒青老茶，并用传统石磨压制而成，因毛茶已存放多年，陈化得更快，所以汤色红润，滋味醇厚、香甜，回甘度佳，现在品饮已达到较佳的效果，并如陈年老客的酒，装瓶后也可越放越陈，是一款不可多得的珍品。

云南省黎明农工商联合公司茶厂出品
Manufactured by Yunnan Liming Agro-Industrial Commercial Integrated Tea Factory

403

❀ 产品介绍

　　饼形工整均匀、显毫、茶条肥壮，汤色橙黄微红，滋味醇正甘甜，香气纯高，叶底匀齐、柔嫩。

类　　别	生 饼
规　　格	357克
生产日期	2010年

易武麻黑圆茶

麻黑古茶

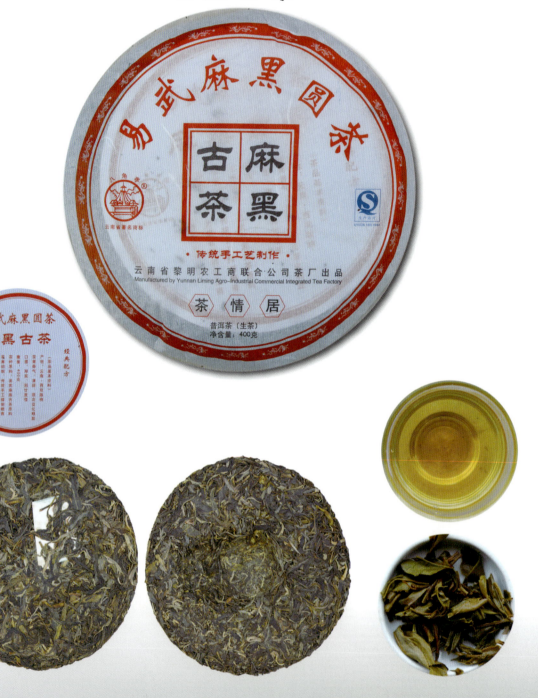

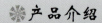

404

🔅 产品介绍

　　饼形周正、松紧适度，茶汤亮泽剔透，口感丰润、气韵浑厚、回甘持久、耐冲泡，叶底匀整。

类　　别	生饼
规　　格	400克
生产日期	2010年

勐宋那卡大树茶

早春乔木

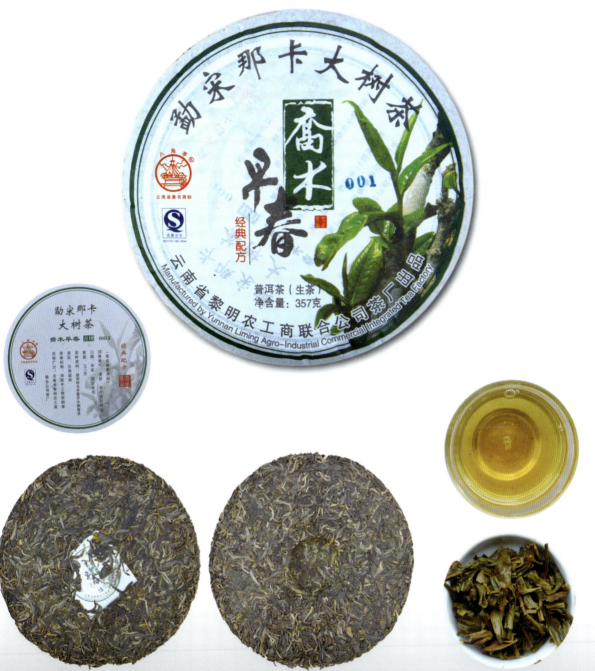

 **产品介绍**

　　饼形周正、松紧适度、做工精致，汤色桔黄透亮，香气高扬、口感饱满而丰富、回甘明显而悠长，叶底柔嫩微黄。

类　　别	生饼
规　　格	357克
生产日期	2010年

深山老树圆茶

普福号

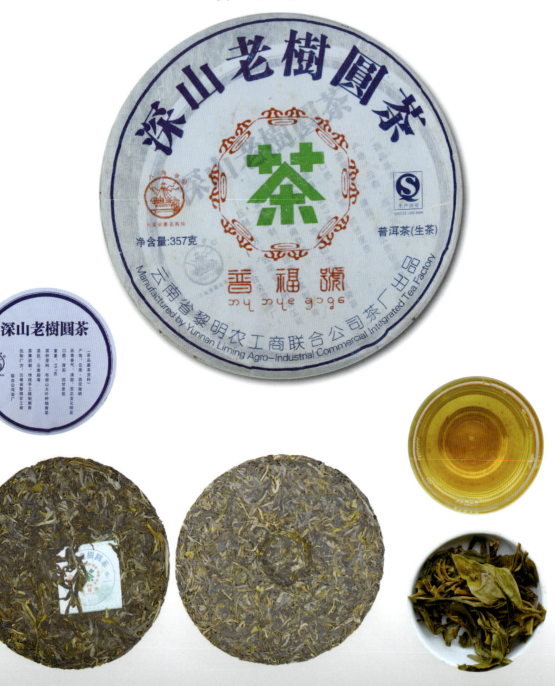

✿ 产品介绍

　　饼形周正而优美、松紧适度、做工精细，汤色亮黄，香气浑厚，回甘快而持久，耐冲泡，叶底肥嫩匀整。

类　别	生饼
规　格	357克
生产日期	2010年

珍品纯韵

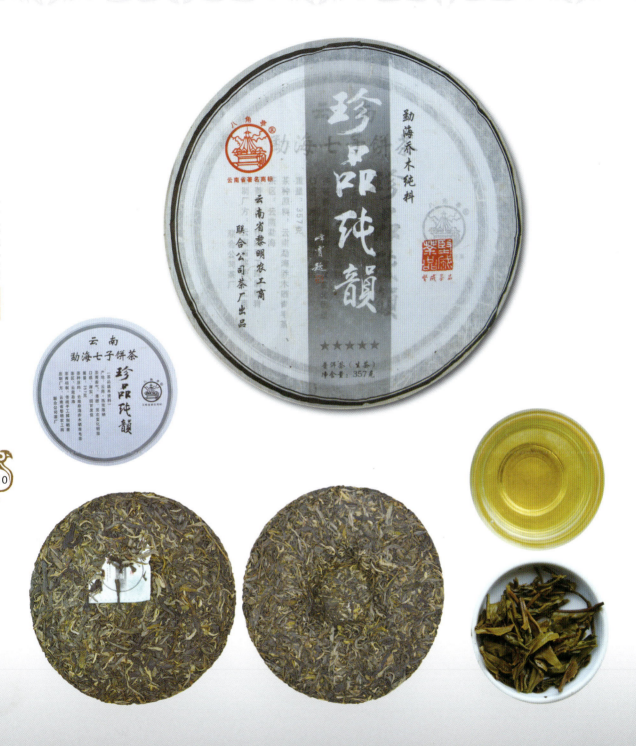

八角亭普洱茶**典籍**

410

❋产品介绍

　　勐海乔木纯料，饼形周正、条形紧结、较油润，汤色橙黄明亮，天香馥郁，滋味醇和、持久耐泡，叶底匀净。

类　　别	生饼
规　　格	357克
生产日期	2010年

无非妙道

409

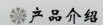 **产品介绍**

　　0801易武生态。饼形周正、条索肥壮、油润度较好，汤色清亮，香气高而持久，滋味柔顺、香甜、经久耐泡，叶底体形较长稍有梗。

类　别	生 饼
规　格	360克
生产日期	2010年

云南勐海七子饼茶

黎明印级圆茶

408

产品介绍

饼形周正，条索紧结完整，汤色黄亮通透，樟香浓郁，滋味醇厚、回甘持久，叶底匀齐柔嫩。

类　　别	生饼
规　　格	357克
生产日期	2010年

易武贡饼

生态古树茶

❀ **产品介绍**

　　饼形周正、松紧适度、条索肥大、油润，汤色橙黄明亮、香高水柔、苦涩度较低、甘润持久，叶底均匀齐整。

类　别	生饼
规　格	250克
生产日期	2010年

云南勐海七子饼茶
黎明甲级

411

✿ 产品介绍

　　饼形周正、条形较大而油润、做工精细，汤色黄亮通透，香气持久而显著，滋味浓强回甘、经久耐泡，叶底匀整洁净。

类　别	生饼
规　格	357克
生产日期	2010年

和 谐

八角亭普洱茶

典籍

云南七子饼茶

云南"七子饼茶"亦称圆茶，系选用驰名中外的"普洱茶"作原料，适度发酵，经高温蒸压而成，汤色红黄鲜亮、香气纯高、滋味醇厚，具有回甘之特点。饮之清凉解渴、消食解腻、提神解之。

YUNNAN QIZIBING TEA

Yunnan Qizibing Tea—Yuan Tea,is selected from " puer tea " which popular both home andabroad as the raw materials.It's made through a process of optimum fermentation and high-temperature.The tea features a bright red-yellowish colour with a pure aroma and after drinking sweet.Drinking our product is believed to quench thirst,aid digestion,refreshing and dispel fatigue.

云南省黎明农工商联合公司茶厂 出品
PROUD PRODUCT OF
LIMING AGRO-INDUSTRIAL-COMMERCIAL COMBINES TEA FACTORY,YUNNAN.

412

❈ 产品介绍

　　饼面匀整、条索紧实、做工精细，汤色红浓明亮，樟香明显，滋味甘醇、口感饱满，叶底柔软褐红。

类　　别	熟饼
规　　格	1000克
生产日期	2010年

勐宋生态大树圆茶

好 茶

413

❋ 产品介绍

　　早春茶，饼面匀整、条索肥大而油润、做工精细，汤色黄亮通透，香气高扬而沉稳，口感饱满而丰润，叶底匀整不花杂。

类 别	生饼
规 格	357克
生产日期	2010年

至 醇

净含量：357克

414

产品介绍

　　饼形周正、条索肥大而油润度高，汤色黄亮通透，香气纯正，喉韵甘润而持久叶底匀整柔嫩。

类　　别	生 饼
规　　格	357克
生产日期	2010年

孔雀之乡乔木七子饼茶

五星饼

415

❊ 产品介绍

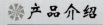

　　星级版、五星，饼形圆正、条索肥大、油润度好、嫩度较高，汤色黄而明亮，口感丰润醇厚，香气浓烈而持久，叶底匀齐洁净，尽显乔木之本色。

类　别	生饼
规　格	357克
生产日期	2010年

孔雀之乡七子饼茶

银饼

八角亭普洱茶 典籍

产品介绍

选自勐海布朗山原生态茶，饼面条索匀整油润，汤色橙黄明亮，陈香显著，滋味醇厚、圆润，叶底色正匀齐。

类　别	生　饼
规　格	357克
生产日期	2010年

第五届中国云南普洱茶国际博览交易会纪念茶

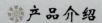 **产品介绍**

　　饼形圆而正，条索紧实油亮，汤色黄亮，香气醇正，入口圆润而回甘悠长。

类　　别	生饼
规　　格	500克
生产日期	2010年

乔木贡瑞

八角亭普洱茶 典籍

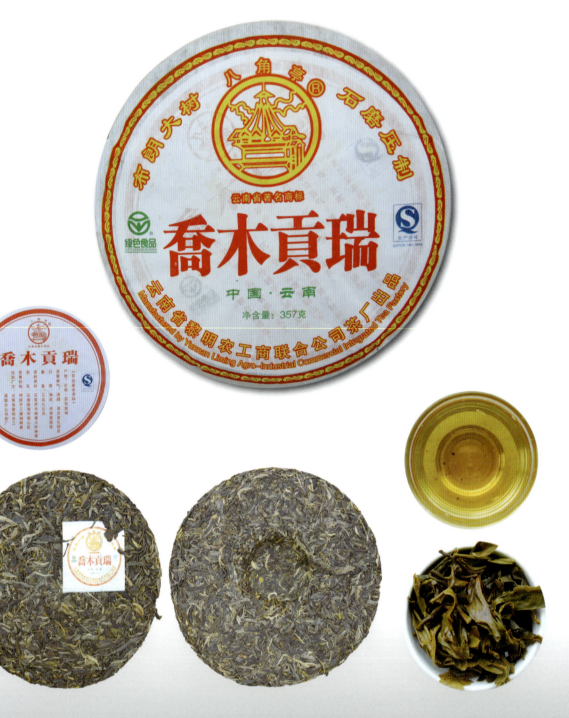

✿产品介绍

　　布朗大树、石磨压制，饼面条形完整，松紧适度、银毫肥硕显露，汤色橙黄明亮，滋味醇厚饱满、尽显香甜润滑之感，叶底肥嫩匀整。

类　别	生 饼
规　格	357克
生产日期	2010年

云南生态饼茶

班章贡瑞

❀ 产品介绍

　　饼面匀整、松紧适度、圆而周正，汤色黄亮，滋味醇厚浓郁、尽显霸气之本色，叶底厚实匀整。

类　别	生饼
规　格	357克
生产日期	2010年

勐海大叶种云雾圆茶

大树古叶陈茶

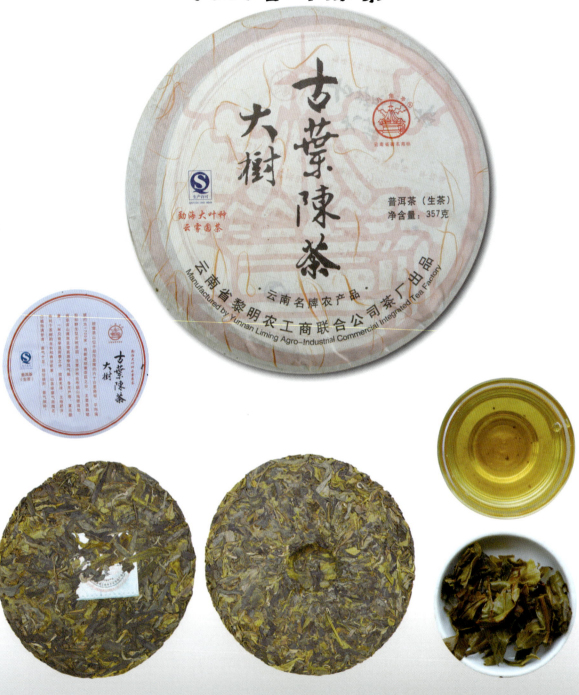

古葉陳茶 大樹

普洱茶（生茶）
净含量：357克

勐海大叶种云雾圆茶

云南省名牌农产品

云南省黎明农工商联合公司茶厂出品
Manufactured by Yunnan Liming Agro-Industrial Commercial Integrated Tea Factory

❉ 产品介绍

　　饼形圆正、条索肥厚、油润度好，茶汤透亮金黄，回甘明显而悠长，香气突显，叶底匀整柔嫩。

类　别	生饼
规　格	357克
生产日期	2010年

云南勐海七子饼茶

云雾圆茶

❋ 产品介绍

　　饼形周正、条形紧结、嫩度高，汤色红褐透亮，滋味纯正甜润，陈香显著，叶底柔软弹性好。

类　别	熟饼
规　格	357克
生产日期	2010年

易武麻黑生态茶
普洱王

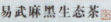

易武麻黑生态茶精选云南勐腊易武热带深山丛林中生长的千年大叶种乔木古茶树上采摘下来的芽叶，以传统制作工艺高温杀青、手工揉捻、日光干燥、高温蒸压而成。因而本品具有香气纯高，汤色鲜艳明亮，滋味浓郁厚实，回甘生津。

易武麻黑生态茶从选料到每个制作工序均以极度严格的标准完成，本品是诚意供给普洱茶爱好者们鉴赏、收藏而进得的精品。

德合信

云南省黎明农工商联合公司茶厂

422

❄ 产品介绍

　　饼形周正、条索肥大油润，汤色明亮通透，香扬水柔，甘醇顺滑，叶底匀整。

类　别	生　饼
规　格	400克
生产日期	2010年

孔雀之乡乔木七子饼茶

六星饼

❋ 产品介绍

　　星级版、六星。饼形周正、条索肥大油润度较好，汤色黄亮，香气清甜持久，口感饱满而丰富，叶底均匀柔嫩。

类　　别	生饼
规　　格	357克
生产日期	2010年

5年陈老班章

424

❋产品介绍

　　精选老班章古树毛茶，历经五年陈化压制而成。品质纯正，饼形匀称大气、包装设计精美、松紧适度、条索肥大显毫，汤色红黄透亮、稠润，滋味醇厚、茶气浓烈、舌底鸣泉，香气纯正浓郁，叶底黄红均匀。

类　别	生饼
规　格	400克
生产日期	2010年

名山系列之班章山纯料茶

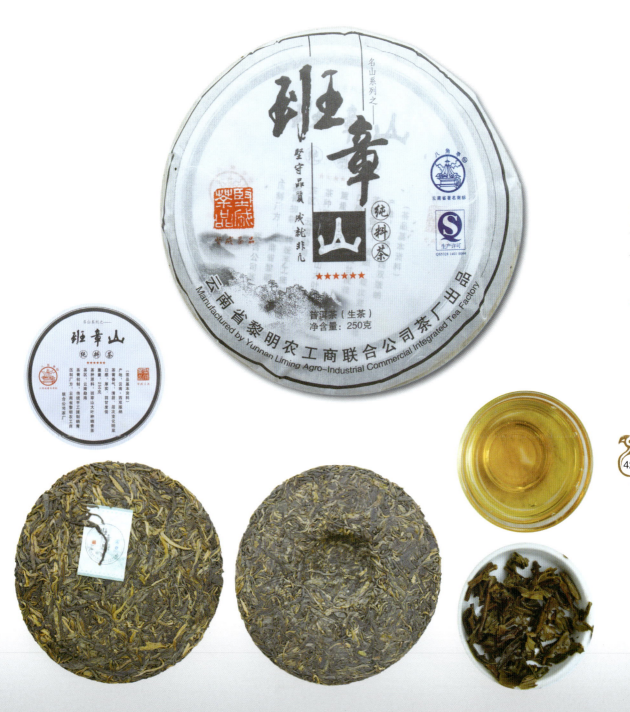

425

❀ 产品介绍

　　饼形圆整、条索肥硕、色泽油亮，汤色橙黄透亮，香气纯正，滋味浓烈厚实、回甘生津、叶底色泽微黄、均匀肥硕。

类　　别	生饼
规　　格	250克
生产日期	2010年

名山系列之易武山纯料茶

426

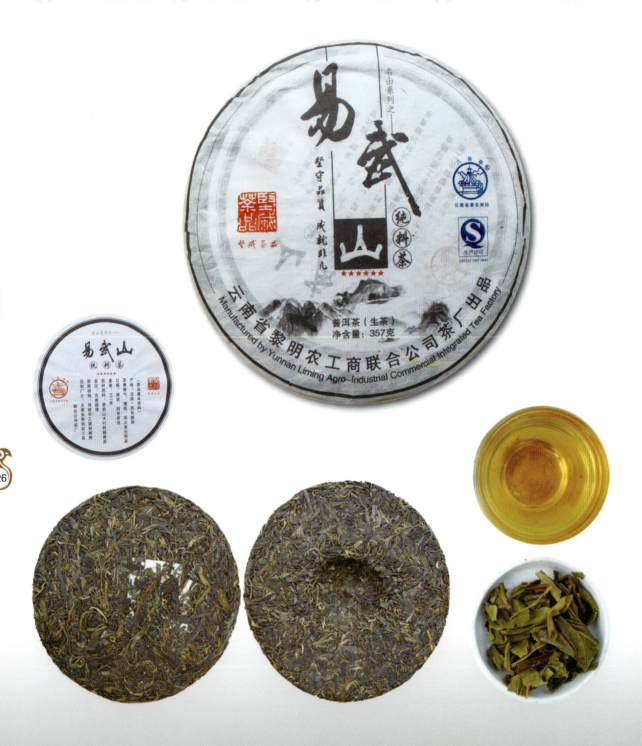

❋ 产品介绍

　　饼形圆整、条索肥壮，汤色橙黄透亮，香气青香悠长，滋味醇实、回甘生津，叶底粗壮均匀。

类　　别	生饼
规　　格	357克
生产日期	2010年

易武正山老树茶

430

易武正山老树茶

　　易武正山在历史上是西南边陲茶马古道的一个重镇，因茶而兴，以茶扬名，昔日贡茶。所产七子饼茶，亦称圆茶，历史悠久，名重天下。

　　本品选用易武正山高海拔山区清明时节的老树优质大叶晒青毛茶，以精湛的民间传统工艺，历经多年陈化，精制而成。条索肥壮，色泽油润，叶底厚实，香气浓郁，醇厚甘甜。

　　云南省黎明农工商联合公司茶厂出品
　　Manufactured by Yunnan Liming Agro-Industrial Commercial Integrated Tea Factory

❀ 产品介绍

　　选自古六大茶山中的易武山茶料，汤色金黄澄澈，清明透亮，味甘而不涩，韵味绵长。

类　　别	生饼
规　　格	357克
生产日期	2010年

🏵 产品介绍

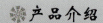

　　饼形圆整、条索紧实显毫，汤色橙黄明亮，香气清香，滋味甘醇生津、回韵悠长，叶底色泽黄绿匀嫩。

类　别	生饼
规　格	357克
生产日期	2010年

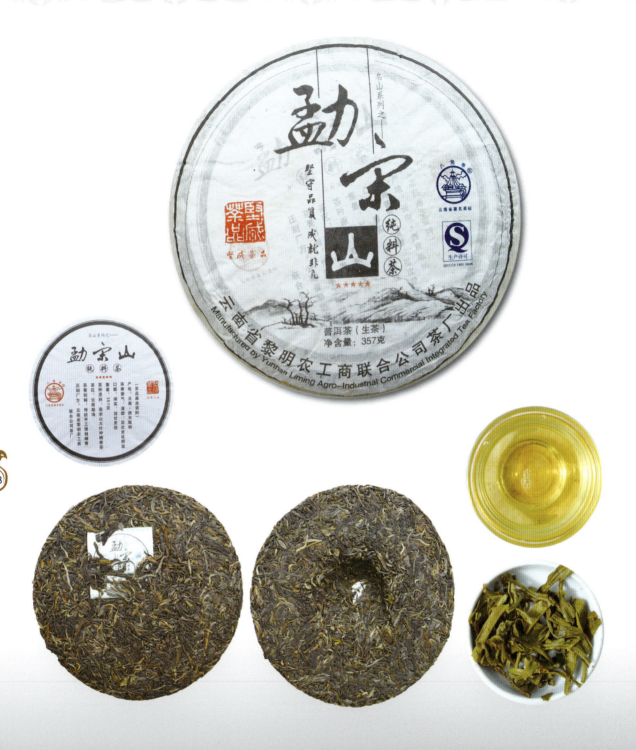

428

❄ 产品介绍

　　饼形圆整、条索紧实、白毫显露，汤色橙黄透亮，香气纯正，滋味醇厚、甘甜生津，叶底色泽黄绿均匀。

类　　别	生　饼
规　　格	357克
生产日期	2010年

名山系列之南糯山纯料茶

普洱茶（生茶）
净含量：357克

❋产品介绍

　　饼形圆整、条索紧实，汤色橙黄透亮，香气纯正清香，滋味醇实甘甜、生津解渴，叶底色泽黄绿均匀。

类　别	生饼
规　格	357克
生产日期	2010年

八角亭普洱散茶

❋ 产品介绍

　　条索紧细、色泽金黄、芽毫金红，汤色红浓明亮，香气纯正，滋味厚实柔滑、甘醇生津，叶底红褐匀嫩。

类　　别	熟饼
规　　格	500克
生产日期	2010年

陈年醇韵

八角亭普洱茶 典籍

432

产品介绍

　　砖面匀整、金毫显露、芽条肥硕，汤色红浓明亮，香气独特；滋味醇厚、回甘极佳，叶底匀齐呈红褐色、弹性好。

类　别	熟　砖
规　格	250克
生产日期	2010年

普洱熟砖

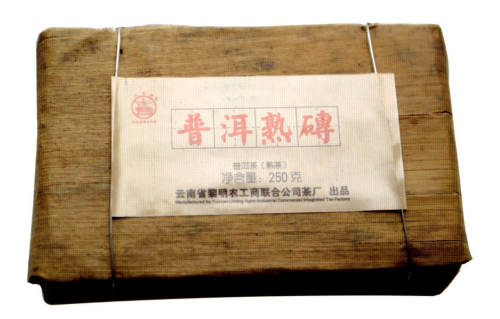

❋ 产品介绍

　　砖形方面周正，条形简洁、油润度好，汤色红浓明亮，香气持久，滋味醇厚、回甘悠长，叶底匀齐

类　　别	熟　砖
规　　格	250克
生产日期	2010年

千家寨古乔木茶

原野香

434

❋ 产品介绍

　　饼形圆正、条索肥大而油润、嫩度高，茶汤透亮桔黄，回甘明显而持久，香气突显，山野之风浓烈，叶底肥壮匀整。

类　别	生饼
规　格	357克
生产日期	2011年

班章古茶

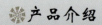

435

❀ 产品介绍

　　饼形圆而优美、松紧适度、做工精致，汤色橙黄透亮，香气纯正浓郁，滋味醇厚、回甘持久、经久耐泡叶底肥嫩完整。

类　　别	生　饼
规　　格	357克
生产日期	2011年

黄金号2011

八角亭普洱茶 典籍

436

❋ 产品介绍

砖形方而周正，条形简洁、油润度好，汤色橙黄明亮，香气持久，滋味醇和、回甘悠长，叶底紧细匀称。

类　别	生 砖
规　格	100克
生产日期	2011年

勐海生态乔木沱茶

圆　润

437

❊ 产品介绍

　　沱形条索匀整油润、周正，汤色橙黄明亮，香气显著醇厚，滋味柔润、回甘持久悠长。

类　　别	生沱
规　　格	500克
生产日期	2011年

御赏乔木

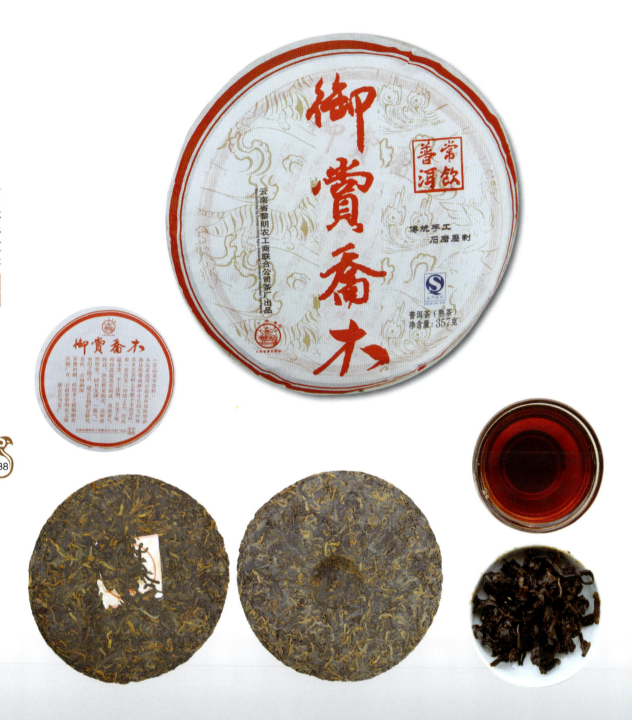

❋ 产品介绍

饼形周正、色泽红褐油润、条索紧实，茶汤透亮见底、呈琥珀红、回甘十足、香甜醇厚，陈香浓郁，叶底褐红柔软有弹性。

类　别	熟　饼
规　格	357克
生产日期	2011年

勐海金玉天七子饼茶

黄 金 嫩

❈ 产品介绍

　　饼面紧实油润、色泽丰富饱满，汤色红浓、陈香显著，滋味香甜醇厚、韵味十足，叶底色正褐红、芽嫩叶肥匀整。

类　别	熟饼
规　格	357克
生产日期	2011年

云南勐海七子饼茶
0880普饼

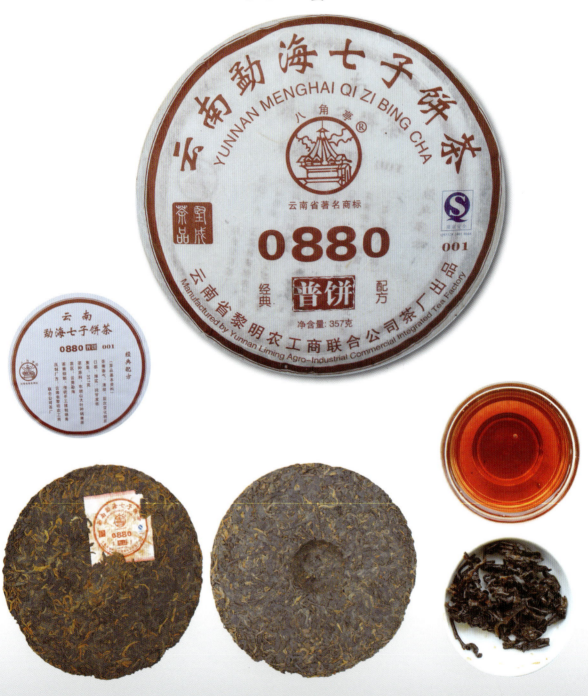

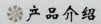

八角亭普洱茶 **典籍**

440

❄ **产品介绍**

　　饼形周正优美、松紧适度、做工精致，汤色红浓，滋味醇厚，尽显陈香，叶底匀齐，充分体现普洱茶传统工艺之特点。

类　　别	熟饼
规　　格	357克
生产日期	2011年

樟香尚品
黎明醇韵

❋ 产品介绍

　　大树茶，饼形周正而优美、松紧适度、做工精细，汤色红浓明亮，滋味醇厚，樟香显著，叶底柔嫩褐红，极具韵味十足之特色。

类　　别	熟饼
规　　格	357克
生产日期	2011年

龙团凤饼系列
凤饼圆茶

442

❋ 产品介绍

　　饼形周正、条形紧实、松紧适度、做工精致，汤色红浓明亮、通透见底，陈香显著，滋味醇和、回甘持久、韵味十足，叶底褐红明亮。

类　　别	熟　饼
规　　格	357克
生产日期	2011年

易武正山早春乔木圆茶

特制珍藏版

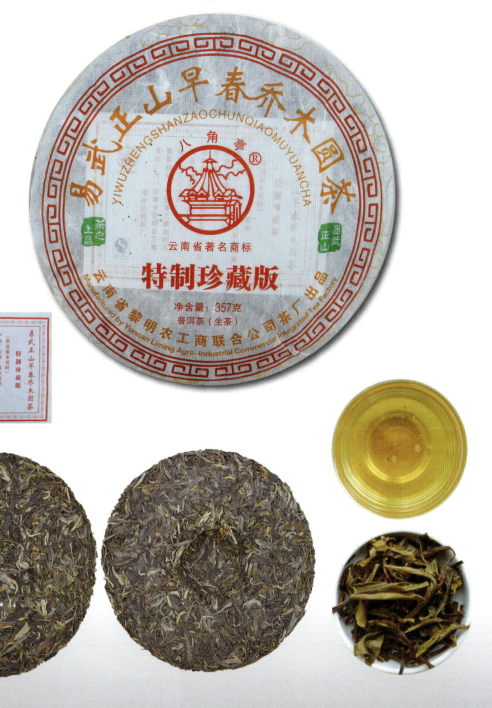

八角亭普洱茶 **典籍**

❋ 产品介绍

　　饼形圆整、饱满有芽头、光润带幽香，汤色黄绿明亮，口感清爽、醇厚甘甜，略带花香，有活性及穿透力，叶底完整舒展。

类　别	生 饼
规　格	357克
生产日期	2011年

布朗臻品

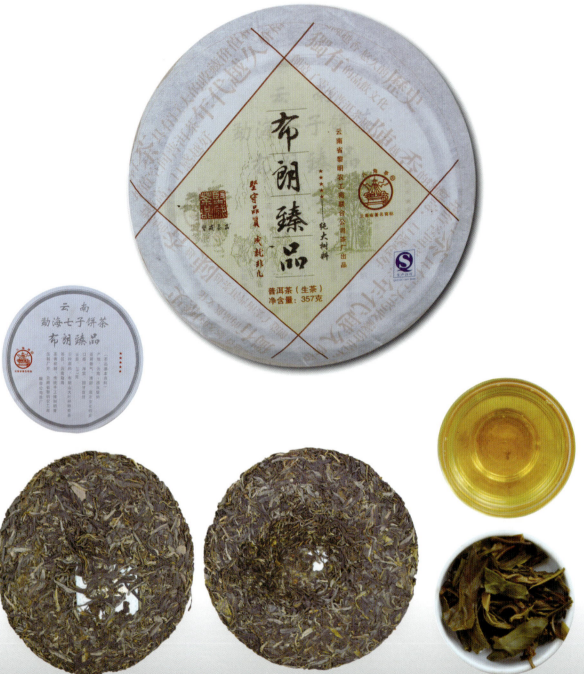

❋产品介绍

　　纯大树料，饼形周正、茶条粗壮、完整，干嗅有甜蜜香味，汤色深黄，滋味厚实、入口顺滑、回甘甜厚，叶底完整厚实。

类　　别	生饼
规　　格	357克
生产日期	2011年

云南七子饼茶

恒兴建材

八角亭普洱茶 典籍

云南七子饼茶

云南"七子饼茶"亦称圆茶，系选用驰名中外的"普洱茶"作原料，适度发酵，经高温茶压而成，其色红黄鲜亮、香气纯高、滋味醇厚，具有回甘之特点。饮之清凉解渴、消食解腻、提神解乏。

YUNNAN QIZIBING TEA

Yunnan Qizibing Tea—Yuan Tea,is selected from "puer tea" which popular both home andabroad as the raw materials.It's made through a process of optimum fermentation and high-temperature.The tea features a bright red-yellowish colour with a pure aroma and after drinking sweet.Drinking our product is believed to quench thirst,aid digestion,refreshing and dispel fatigue.

云南省昆明农工商联合公司茶厂出品之
PROUD PRODUCT OF
LIMING AGRO-INDUSTRIAL-COMMERCIAL COMBINES TEA FACTORY,YUNNAN.

448

❋ 产品介绍

饼形圆正，条索壮实、光滑乌黑、有茶芽，汤色黄绿明亮，香气优雅，平顺幽柔带甜、具相当活性、口感韵润度均衡、具吸引力。

类　　别	生饼
规　　格	357克
生产日期	2011年

勐宋那卡大树茶

早春乔木

❋ 产品介绍

　　饼形端正、松紧适度、表里一致，汤色黄绿透亮，香气细腻，入口顺畅柔滑、润甜、回甘快、唇齿留香，叶底均匀明亮。

类　　别	生 饼
规　　格	357克
生产日期	2011年

黎明岁月留香

446

❉ 产品介绍

外形周正，条索一致、光滑油润，汤色黄亮，略带密香，入口凝结渗透、甘甜度适中，叶底舒展完整。

类　别	生饼
规　格	357克
生产日期	2011年

云南勐海生态乔木圆茶
乌金号

445

❈ 产品介绍

　　饼形周正、条索肥大油润、芽头完整，汤色橙黄明亮，香气浓郁，回甘丰满、持久生津、耐冲耐泡，叶底柔嫩齐整。

类　　别	生饼
规　　格	380克
生产日期	2011年

勐海金玉天七子饼茶

白雪香

444

❋ 产品介绍

　　饼面周正、条形肥嫩油润、银毫显露，汤色清亮，香高悠长，滋味醇厚，回甘持久、耐泡，叶底柔嫩匀整。

类　别	生饼
规　格	357克
生产日期	2011年

嫦娥奔月

443

❋ 产品介绍

　　饼形周正、茶条肥大而油润、银毫尽显，汤色黄亮通透，香气浓郁，茶汤入口润甜，饱满，叶底匀净。

类　　别	生饼
规　　格	200克
生产日期	2011年

大班章

451

❋ 产品介绍

　　石磨压制，饼形端正、饱满、光滑油润、松紧适度，汤色黄亮透彻，滋味浓烈、鲜爽厚重、回甘强烈，带有果香味，叶底厚实明亮、韧性好。

类　　别	生　饼
规　　格	357克
生产日期	2011年

御赏乔木

八角亭普洱茶 **典籍**

452

❀ 产品介绍

饼形周正、条索肥壮、紧实，汤色明亮，滋味醇厚、回甘迅速、苦涩均衡，略带密香型，叶底均匀柔软。

类　别	生饼
规　格	357克
生产日期	2011年

孔雀之乡乔木七子饼茶
四星饼

453

❋ 产品介绍

　　星级版、四星。饼形端正、圆润均匀，汤色黄绿透明，滋味醇和、饱满、回甘较好、有生津的快感，香气优雅，叶底柔软均匀。

类　　别	生饼
规　　格	357克
生产日期	2011年

生态班章

454

❋ 产品介绍

　　饼形端正、茶条肥硕、光滑油润，汤色黄绿透亮，滋味浓烈、有收敛性、回甘迅速、生津快、回味悠长，叶底鲜活，厚实柔软。

类　　别	生饼
规　　格	357克
生产日期	2011年

皓韵

455

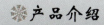 **产品介绍**

　　布朗山纯大树料，饼形端正、饼面均匀、松紧适度，汤色黄绿明亮，香气纯正，滋味醇正饱满，叶底均匀、柔软。

类　　别	生饼
规　　格	357克
生产日期	2011年

龙团凤饼系列
龙团圆茶

八角亭普洱茶 典籍

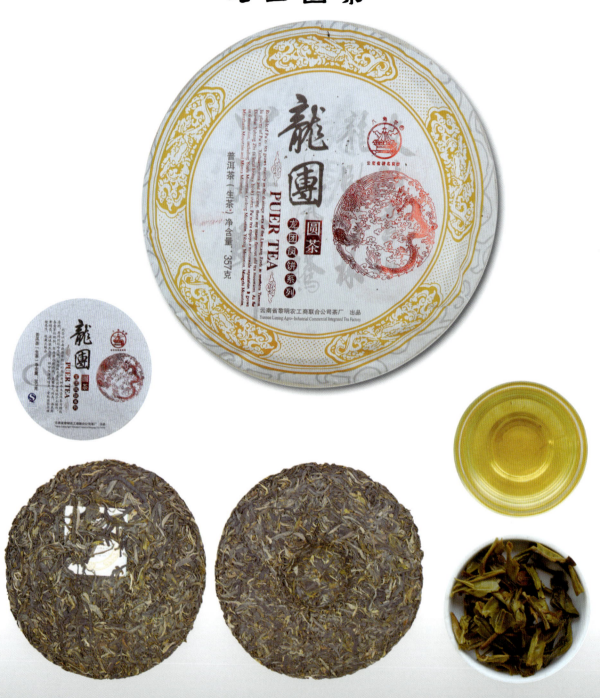

456

❋ 产品介绍

饼形周正、饼面光滑乌润、条索匀整，汤色橙黄透明，香气纯高，滋味厚实、纯正、口感绵重，叶底暗绿明亮。

类　别	生饼
规　格	357克
生产日期	2011年

金印乔木圆茶

457

❋ 产品介绍

　　饼形端正、饱满、茶条肥硕、乌黑油亮、均匀一致，汤色姜黄透亮，滋味厚重、口感细腻、回甘而生津，香气纯高，叶底均齐明亮。

类　别	生饼
规　格	357克
生产日期	2011年

云南乔木古树圆茶

特制青饼

458

❀ 产品介绍

　　饼形圆正、茶条紧结、黑绿油润，汤色黄绿明亮，滋味醇厚、口感顺畅、柔滑甘甜，叶底舒展，厚实均齐。

类　　别	生 饼
规　　格	357克
生产日期	2011年

易 武

459

❋ 产品介绍

　　饼形端正而饱满、茶条完整、乌黑油亮、芽叶均匀，汤色橙黄明亮，滋味醇和饱满、有回甜感、水细幽香，叶底稍杂，完整均匀。

类　别	生饼
规　格	400克
生产日期	2011年

黎明特制 易武青饼

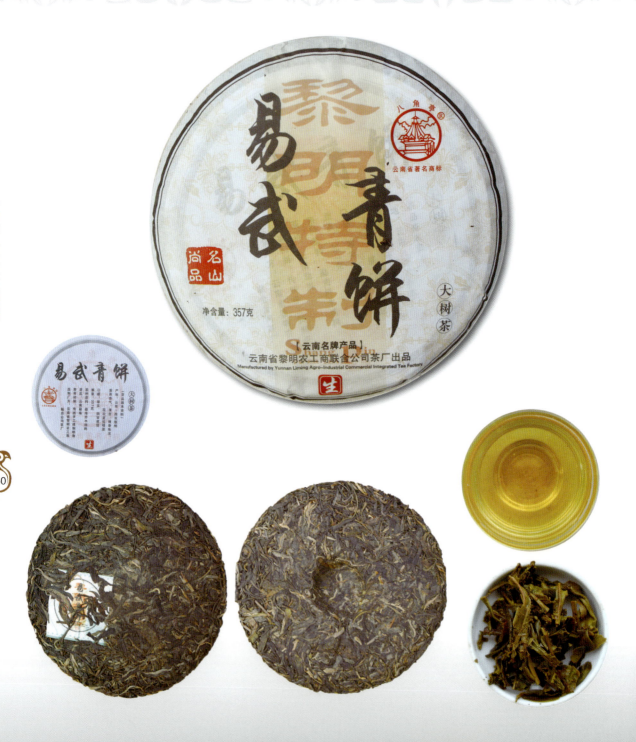

460

❋ 产品介绍

　　大树茶，饼形周正光滑、松紧适度、乌黑油润、色泽一致，汤色姜黄透亮，滋味醇正、回甜度好，带有花香味，叶底光亮柔软。

类　别	生 饼
规　格	357克
生产日期	2011年

云南勐海生态乔木圆茶
白金号2011

461

❋ 产品介绍

　　润元昌。饼形端庄、均匀一致、银灰油润，汤色黄绿明亮，滋味醇厚，回甘生津迅速，有混合果香型，叶底短碎，有光泽。

类　别	生饼
规　格	380克
生产日期	2011年

孔雀之乡乔木七子饼茶

462

❀ 产品介绍

　　星级版，五星101。饼形端正、松紧适度、乌黑油亮，汤色黄绿明亮，滋味醇正、入口顺滑饱满、回甘生津较好，叶底柔和均匀。

类　　别	生饼
规　　格	357克
生产日期	2011年

云南七子饼茶
乔木茶王

466

❋ 产品介绍

　　饼形端庄、芽条肥硕、光滑油润、色泽一致，汤色姜黄透亮，入口有强烈刺激感和收敛性、回甘迅速、生津持久、唇留密香悠长，叶底肥厚柔软。

类　　别	生饼
规　　格	400克
生产日期	2011年

云南勐海生态乔木圆茶

玉兔

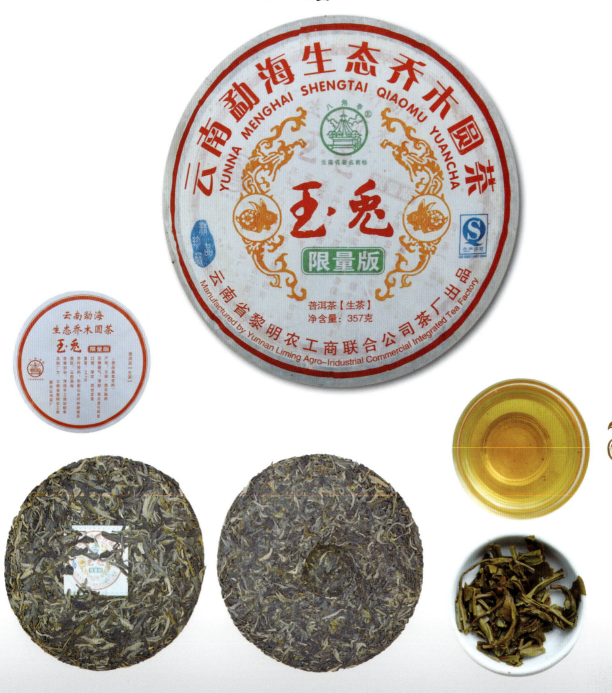

465

❀ 产品介绍

　　限量版，饼形圆正、芽条紧结、色泽乌黑油亮、均匀一致，汤色黄亮清澈、滋味浓厚、回甘快、生津迅速，叶底均齐柔软。

类　别	生　饼
规　格	357克
生产日期	2011年

孔雀之乡乔木七子饼茶

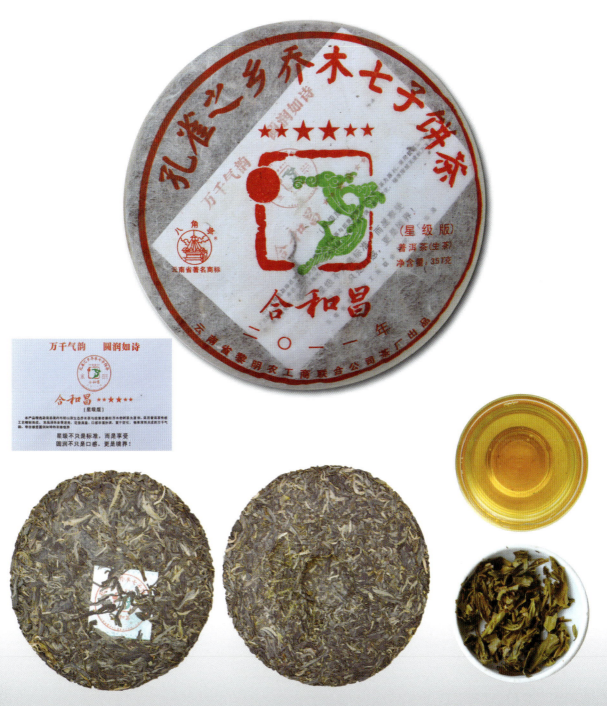

464

八角亭普洱茶 **典籍**

❋ 产品介绍

　　星级版，六星。饼形端庄圆正、松紧适度、油黑乌润、色泽一致，汤色姜黄透彻，滋味醇厚、入口顺滑、唇齿留香、回甘迅速、生津持久，叶底光亮、均匀一致。

类　　别	生饼
规　　格	357克
生产日期	2011年

勐海生态七子饼茶

和润

463

❋ 产品介绍

　　饼形周整尚圆、条索尚紧均匀、光泽油亮，汤色黄绿明亮，滋味醇和、滑润顺喉、有回甜感，带梅子气息，叶底舒展尚柔软。

类　　别	生 饼
规　　格	357克
生产日期	2011年

班盆青饼

467

✿ 产品介绍

　　饼形周正、芽条壮实、油光润滑、表里一致，汤色浅黄透亮，滋味浓厚、先甘后甜、带有悠长的花香味，叶底均匀光亮柔软。

类　别	生饼
规　格	357克
生产日期	2011年

易武正山老树茶
2011特级品

八角亭普洱茶 典籍

易武正山老树茶

易武正山在历史上是西南边陲茶马古道的一个重镇，因茶而兴，以茶扬名，普日贡茶，所产七子饼茶，亦称圆茶，历史悠久，名重天下。

本品选用易武正山高海拔山区清明时节的老树优质大叶晒青毛茶，以精湛的民间传统工艺，历经多年陈化，精制而成，条索肥壮，色泽油润，叶底厚实，香气浓郁，醇厚甘甜。

云南省黎明农工商联合公司茶厂出品
Manufactured by Yunnan Liming Agro-Industrial Commercial Integrated Tea Factory

❄ 产品介绍

　　饼形圆正光滑、芽条细长完整、乌黑油润，汤色橙黄清澈，滋味干爽醇厚，香气浓郁有花香，喉韵明显，叶底完整光亮。

类　　别	生 饼
规　　格	357克
生产日期	2011年

易武正山大树茶

特 级 品

469

❄ 产品介绍

　　饼形完整平滑、松紧适度、油黑光润，汤色金黄、清澈有金圈，滋味醇厚甘爽，其水香味似果蜜综合香型，叶底柔软均匀。

类　　别	生 饼
规　　格	357克
生产日期	2011年

景迈古茶

470

❋ 产品介绍

　　饼形周正、芽条紧结、色泽墨绿油润、干嗅带蜜香，汤色黄绿明亮，滋味醇厚、回甘迅速持久、口感柔顺，蜜香悠长，叶底嫩柔、光亮。

类　　别	生饼
规　　格	400克
生产日期	2011年

布朗青饼

471

❁ 产品介绍

　　饼形端正、松紧适中均匀、光滑一致，汤色橙黄明亮，滋味浓厚、回甘快、生津强，混合香型，叶底柔软适中，弹性好。

类　别	生饼
规　格	357克
生产日期	2011年

易武麻黑乔木茶
普洱王

八角亭普洱茶 典籍

❋ 产品介绍

　　饼形端庄大气、芽条完整、饼形饱满、色泽乌黑油润，汤色桔黄，滋味甘醇顺滑、喉韵甘甜持久，香扬水柔、顺滑带果香，叶底完整柔软适中。

类　　别	生 饼
规　　格	400克
生产日期	2011年

云南古茶七子饼
一品班章

473

❋ 产品介绍

　　饼形圆滑、茶条肥大、光滑乌亮、松紧适度，汤色黄绿透亮，滋味浓烈厚实、有强烈刺激感和收敛性、回甘迅速、生津强，叶底厚实柔软富弹性。

类　　别	生饼
规　　格	357克
生产日期	2011年

勐海乔木七子饼熟茶
精 品

八角亭普洱茶 **典籍**

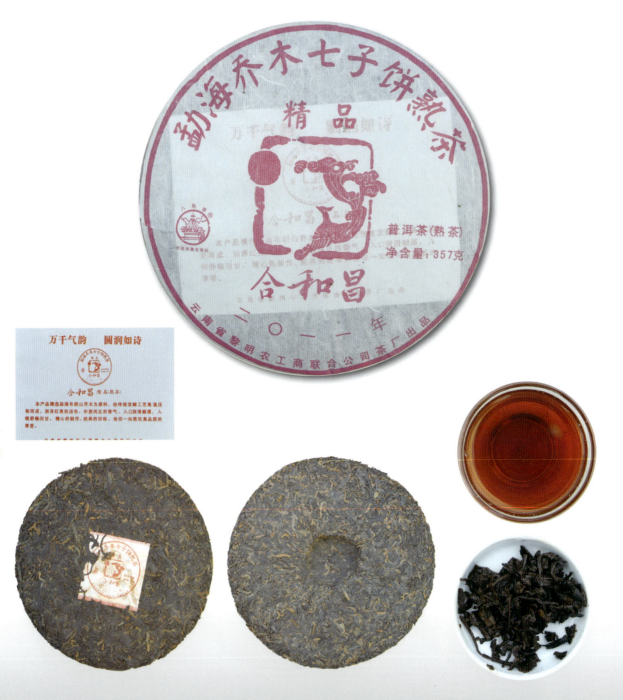

474

❋产品介绍

　　饼形周正、茶条壮实、油亮均齐，汤色红浓明亮，口感饱满、醇厚柔和，香扬水柔、回甜蜜香、叶底棕红明亮、柔软均齐。

类　别	熟 饼
规　格	357克
生产日期	2011年

云南生态饼茶

班章贡瑞

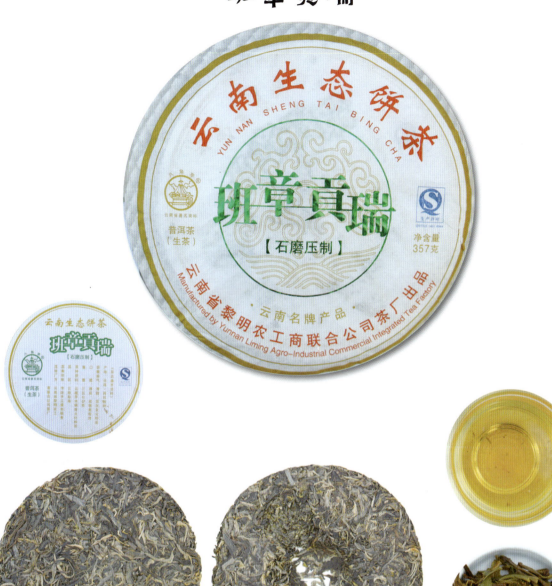

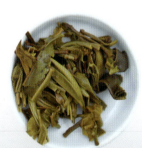

475

❋ 产品介绍

　　石磨压制，饼形端庄、茶条肥硕、色泽油、松紧适度，汤色桔黄透明，滋味浓烈、厚实霸气、回甘迅速、生津强，气香悠长，叶底柔软厚实富弹性。

类　　别	生 饼
规　　格	357克
生产日期	2011年

勐海大叶种云雾圆茶

黎明红印

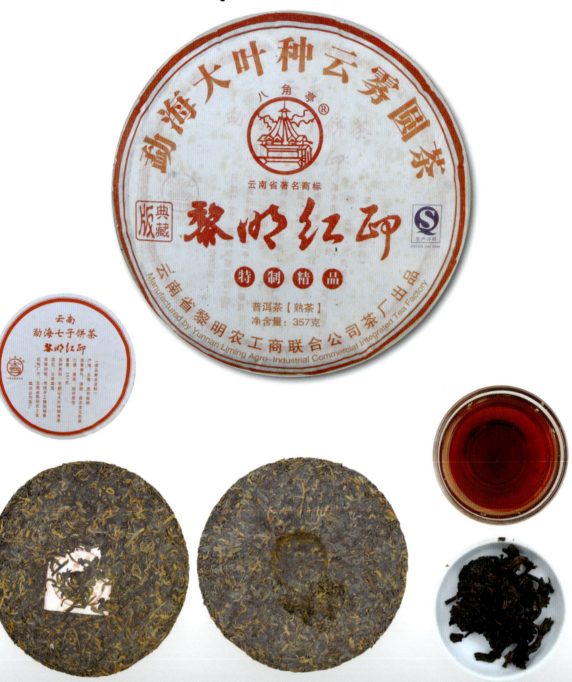

476

❊ 产品介绍

　　特制精品、典藏版。饼形端正、茶条均整、毫显油润、松紧适宜，汤色栗红明亮，滋味醇和饱满、甘甜顺滑、唇留郁香，叶底褐红明亮、柔软弹性好。

类　别	熟　饼
规　格	357克
生产日期	2011年

国品班章

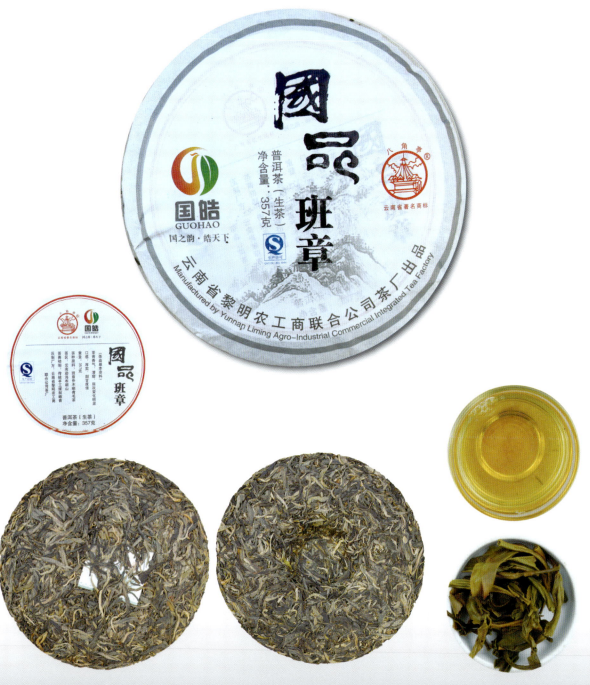

477

❋ 产品介绍

　　饼形圆正、茶条肥壮、色油黑光滑、松紧适度，汤色黄绿透亮，滋味醇厚、入口有强烈刺激感、回甘生津迅速，叶底柔软舒展、均匀一致。

类　　别	生饼
规　　格	357克
生产日期	2011年

班章老树茶

经典1989

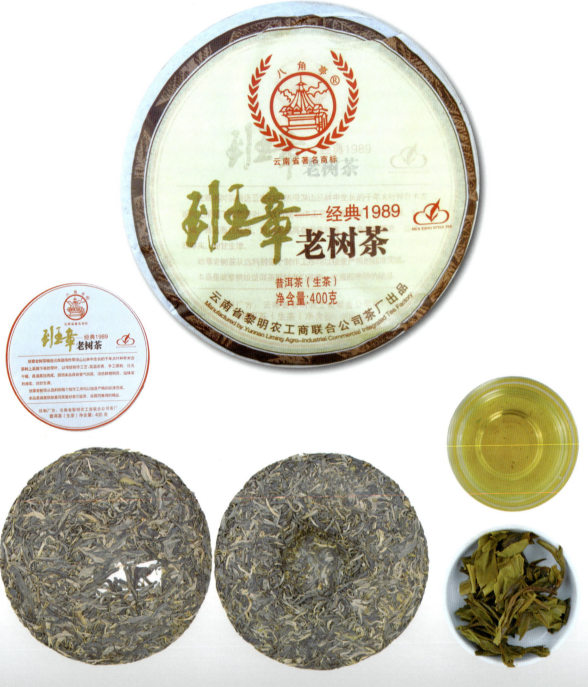

❋ 产品介绍

　　饼形端正、茶条肥硕、芽头显露、色泽乌黑油润，汤色橙黄透明清澈，滋味浓醇、茶气十足、回甘迅速明显、生津强烈而持久，且经久耐泡，香气浓郁、饱满，叶底肥厚壮实、柔软而富有弹性。

类　　别	生饼
规　　格	400克
生产日期	2011年

班章古茶

479

❋ 产品介绍

　　饼形周正、松紧适宜、条索肥壮、银毫显露，汤色金黄透亮，香气纯高，滋味浓、强、厚实，叶底色泽绿黄尚嫩匀。

类　别	生饼
规　格	357克
生产日期	2011年

云南七子饼茶

恒兴建材

云南七子饼茶

云南"七子饼茶"亦称圆茶，系选用驰名中外的"普洱茶"作原料，适度发酵，经高温压压而成，汤色红黄鲜亮，香气纯高，滋味醇厚，具有回甘之特点，饮之清凉解渴、消食解腻、提神解之。

YUNNAN QIZIBING TEA

Yunnan Qizibing Tea—Yuan Tea,is selected from "puer tea" which popular both home and abroad as the raw materials.It's made through a process of optimum fermentation and high-temperature.The tea features a bright red-yellowish colour with a pure aroma and after drinking sweet.Drinking our product is believed to quench thirst,aid digestion,refreshing and dispel fatigue.

云南省黎明农工商联合公司茶厂出品
PROUD PRODUCT OF
LIMING AGRO-INDUSTRIAL-COMMERCIAL COMBINES TEA FACTORY,YUNNAN.

480

❈ 产品介绍

　　饼形周正、松紧适宜，汤色红浓明亮，香气樟香，滋味醇和，叶底色泽褐红、均齐。

类　别	熟饼
规　格	357克
生产日期	2011年

布朗臻品

481

❀ 产品介绍

　　纯大树料，饼形端正、松紧适宜、撒面均匀、显毫，汤色红浓透亮，香气陈香纯正，滋味醇正，叶底色泽褐红均匀。

类　　别	熟饼
规　　格	400克
生产日期	2011年

布朗臻品

陈年老茶头

八角亭普洱茶 **典籍**

❋ 产品介绍

陈年老料、精心选制，外形均匀，汤色红浓明亮，香气陈香纯正，滋味醇润，叶底色泽褐红匀齐。

类　别	熟茶
规　格	500克
生产日期	2011年

大班章沱王

大班章沱王
压制适度	茶条肥壮
滋味醇厚	经久耐泡
重实齐整	白毫显丽
清香回甘	茶之上品

云南省黎明农工商联合公司茶厂出品

483

❋ 产品介绍

　　沱形端正、松紧适宜、条索肥壮、银毫显露、碗口平整，汤色黄亮，香气清香悠长，滋味浓强厚实，叶底色泽绿黄嫩匀。

类　别	生沱
规　格	250克
生产日期	2011年

品味班章

八角亭普洱茶 典籍

❀ 产品介绍

限量制作4536饼，集三年布朗山老班章春茶精心制作而成，外形端正、松紧适中、条索肥壮、银毫显露、色泽油润，汤色金黄透亮，香气纯高、花香显著，滋味浓强厚实甘爽、喉韵绵长、舌底鸣泉，叶底色泽微黄嫩匀，是一款非常难得的茶品。

类　别	生　饼
规　格	357克
生产日期	2011年

云南勐海七子饼茶

宫廷普洱王

云南七子饼茶

云南"七子饼茶"亦称圆茶，系选用驰名中外的"普洱茶"作原料，适度发酵，经高温蒸压而成，汤色红黄鲜亮、香气纯高、滋味醇厚，具有回甘之特点。饮之清凉解渴、消食解腻、提神解乏。

YUNNAN QIZIBING TEA

Yunnan Qizibing Tea—Yuan Tea,is selected from "puer tea" which popular both home andabroad as the raw materials.It's made through a process of optimum fermentation and high-temperature.The tea features a bright red-yellowish colour with a pure aroma and after drinking sweet.Drinking our product is believed to quench thirst,aid digestion,refreshing and dispel fatigue.

云南省黎明农工商联合公司茶厂出品
PROUD PRODUCT OF
LIMING AGRO-INDUSTRIAL–COMMERCIAL COMBINES TEA FACTORY,YUNNAN.

485

❋ 产品介绍

　　常规高端产品。形状圆正、松紧适宜、条索紧实、金毫显露，汤色红艳明亮，香气陈香浓郁，滋味醇和，叶底紧实匀齐。

类　　别	熟　饼
规　　格	357克
生产日期	2011年

黎明岁月留香

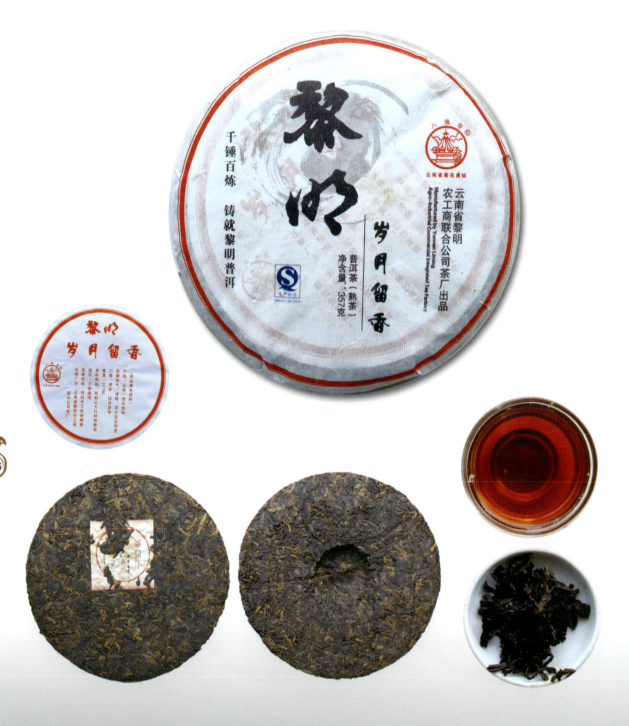

486

❋ 产品介绍

　　饼形周正、松紧适宜、条索粗壮显金毫，汤色红浓透亮，香气陈香醇和，滋味醇厚饱满，叶底厚实匀齐。

类　别	熟 饼
规　格	357克
生产日期	2011年

云南勐海七子饼茶

7540

云南七子饼茶

云南"七子饼茶"亦称圆茶，系选用驰名中外的"普洱茶"作原料，适度发酵，经高温蒸压而成，汤色红黄鲜亮、香气纯高、滋味醇厚，具有甜甘之特点，饮之清凉解渴，消食解腻，提神解之。

YUNNAN QIZIBING TEA

Yunnan Qizibing Tea—Yuan Tea,is selected fro "puer tea" which popular both home andabroad as the raw materials.It's made through a process of optimum fermentation and high-temperature.The tea features a bright red-yellowish colour with a pure aroma and after drinking sweet.Drinking our product is believed to quench thirst,aid digestion,refreshing and dispel fatigue.

云南省黎明农工商联合公司茶厂出品

PROUD PRODUCT OF
LIMING AGRO-INDUSTRIAL -COMMERCIAL COMBINES TEA FACTORY,YUNNAN.

490

❋ 产品介绍

　　常规产品，饼形端正、松紧适度、条索紧实、银毫显露，汤色黄亮，香气纯正，滋味醇厚，叶底色泽黄绿、尚匀整。

类　　别	生　饼
规　　格	357克
生产日期	2011年

云南勐海七子饼茶

0432

云南七子饼茶

云南"七子饼茶"本名圆茶，系选用驰名中外的"普洱茶"作原料，适度发酵，经高温蒸压而成，汤色红黄鲜亮，香气纯高，滋味醇厚，具有回甘之特点，饮之清凉解渴，消食解腻，提神解乏。

YUNNAN QIZIBING TEA

Yunnan Qizibing Tea—Yuan Tea,is selected from "puer tea" which popular both home andabroad as the raw materials.It's made through a process of optimum fermentation and high-temperature.The tea features a bright red-yellowish colour with a pure aroma and after drinking sweet.Drinking our product is believed to quench thirst,aid digestion,refreshing and dispel fatigue.

PROUD PRODUCT OF
LIMING AGRO-INDUSTRIAL-COMMERCIAL COMBINES TEA FACTORY,YUNNAN.

489

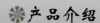

❋ 产品介绍

　　常规产品，饼形圆整、条索紧结、白毫肥硕，汤色红黄鲜亮，香气纯高，滋味醇厚，回甘生津，叶底厚实均匀。

类　　别	生饼
规　　格	357克
生产日期	2011年

云南勐海七子饼茶

早春银毫

488

云南七子饼茶

云南"七子饼茶"亦称圆茶，系选闻驰名中外的"普洱茶"作原料，适度发酵，经高温蒸压而成，汤色红黄鲜亮、香气纯高、滋味醇厚，具有回甘之特点。过之清凉解渴，消食解腻、提神解之。

YUNNAN QIZIBING TEA

Yunnan Qizibing Tea—Yuan Tea,is selected from "puer tea" which popular both home andabroad as the raw materials.It's made through a process of optimum fermentation and high-temperature.The tea features a bright red-yellowish colour with a pure aroma and after drinking sweet.Drinking our product is believed to quench thirst,aid digestion,refreshing and dispel fatigue.

云南省黎明农工商联合公司茶厂出品
PROUD PRODUCT OF
LIMING AGRO-INDUSTRIAL-COMMERCIAL COMBINES TEA FACTORY,YUNNAN.

❈ 产品介绍

常规产品，饼形周正、条索紧实、银毫显露，汤色橙黄透亮，香气密香浓郁，滋味强烈甘爽，叶底粗壮匀整。

类　　别	生饼
规　　格	357克
生产日期	2011年

云南勐海七子饼茶

布朗早春

云南七子饼茶

云南"七子饼茶"未杨圆茶，系选用驰名中外的"普洱茶"作原料，适度发酵，经高温蒸压而成，汤色红黄鲜亮、香气纯高、滋味醇厚，具有回甘之特点。饮之清凉解渴、消食解腻、提神解乏。

YUNNAN QIZIBING TEA

Yunnan Qizibing Tea—Yuan Tea,is selected from "puer tea" which popular both home and abroad as the raw materials.It's made through a process of optimum fermentation and high-temperature.The tea features a bright red-yellowish colour with a pure aroma and after drinking sweet.Drinking our product is believed to quench thirst,aid digestion,refreshing and dispel fatigue.

云南省黎明农工商联合公司茶厂出品

PROUD PRODUCT OF
LIMING AGRO-INDUSTRIAL-COMBINES TEA FACTORY,YUNNAN.

487

❋ 产品介绍

　　常规产品，饼形周正、饼面紧实、芽毫显露，汤色橙黄透亮，香气纯高，滋味醇厚甘爽，叶底条索肥嫩、油光润泽。

类　　别	生饼
规　　格	357克
生产日期	2011年

里 程 碑

普洱茶：熟茶

2011年八角亭全新产品"里程碑"熟饼，是秉承优良制茶传统，又不拘泥于既定的格局，是黎明茶厂在现有常规产品体基础上最新创新，颇为灯目的熟茶意力之作。本品选用勐海高环内高山春毛料发酵，经过几年的醇化后压制而成，提高滋味醇，香气高扬，口感饱满顺滑，回甘持久，凝聚了众多客茶行业人士的期待，凝聚了黎明人50年制茶制茶经验与智慧。

茶饮八角亭·健康伴您行
http://www.lmpuer.com

491

❋ 产品介绍

　　常规产品，形状周正、松紧适宜、条索紧实、金毫显露，汤色红艳明亮，香气陈香浓郁，滋味醇和顺滑，叶底紧实匀齐、红褐柔嫩有弹性。

类　　别	熟饼
规　　格	357克
生产日期	2011年

孔雀之乡七子饼茶
越陈越香

八角亭普洱茶 典籍

云南七子饼茶

云南"七子饼茶"历史悠久，系选用北名中外的"普洱茶"作原
料，适度发酵，经高温蒸压而成，汤色红黄鲜亮、香气纯高、滋味
醇厚，具有回甘之特点。饮之消渴解困，有全解酲、提神解乏。

YUNNAN QIZIBING TEA

Yunnan Qizibing Tea—Yuen Tea,is selected from "puer tea" which popular both
home andabroad as the raw material.It's made through a process of optimum
fermentation and high temperature.....The tanders a sugar red-yellowish colour
with a pure aroma and after drinking sweet.Drinking our product is believed to
quench thirst,aid digestion,refreshing and dipeel fatigue.

云南省黎明农工商联合公司茶厂出品
PRODUCT OF
LIMING AGRO-INDUSTRIAL,COMMERCIAL COMBINES TEA FACTORY,YUNNAN.

✤ 产品介绍

　　经典常规产品，饼形端正、松紧适度、条索匀整，汤色红
浓透亮，香气陈香纯正，滋味醇和柔顺，韵味浓郁，叶底色泽
红褐匀齐。

类　　别	熟　饼
规　　格	357克
生产日期	2011年

492

孔雀之乡七子饼茶

御赏贡品

云南七子饼茶

云南"七子饼茶"亦称圆茶，系选用驰名中外的"普洱茶"作原料，适度发酵，经高温压制而成，汤色红黄鲜亮、香气纯高、滋味醇厚，具有回甘之特点。饮之清凉解渴、消食解腻、提神解乏。

YUNNAN QIZIBING TEA

Yunnan Qizibing Tea—Yuan Tea, is selected from "puer tea" which popular both home andabroad as the raw materials.It is made through a process of optimum fermentation and high-temperature.The tea features a bright red-yellowish colour with a pure aroma and after drinking sweet.Drinking our product is believed to quench thirst,aid digestion,refreshing and dispel fatigue.

云南省黎明农工商联合公司茶厂出品
PROUD PRODUCT OF
LIMING AGRO-INDUSTRIAL COMMERCIAL COMBINES TEA FACTORY,YUNNAN.

❋ 产品介绍

　　高端常规产品，饼形周正、松紧适宜、条索匀整、满布金毫，汤色红浓透亮，香气陈香纯正，滋味醇和厚实，叶底色泽褐红，柔软嫩度高。

类　别	熟饼
规　格	357克
生产日期	2011年

里程碑

494

普洱茶：生茶

2011年八角亭全新产品"里程碑"青饼，秉承优良制茶传统，又不局限于既定 的格局是黎明茶厂在宏有常规产品线基础上潜心打造的高端新品。本 品选用勐海县境内高山早春茶压制，滋味醇重、花香满溢、口感饱满醇厚，回甘持久，集结了众多爱茶人士的期盼，凝聚了黎明茶50余载制茶经验与智慧。

茶饮八角亭·健康伴您行
http://www.lmpuer.com

❋ 产品介绍

　　高端常规产品，饼形圆整美观、松紧适宜、条索紧结、芽毫密布，汤色橙黄透亮，香气纯正甘爽，滋味醇厚饱满、鲜爽度极佳，叶底匀齐、柔嫩。

类　别	生 饼
规　格	357克
生产日期	2011年

云南勐海七子饼茶

7590

云南七子饼茶

云南"七子饼茶"亦称圆茶，系选用驰名中外的"普洱茶"作原料，适度发酵，经高温蒸压而成，饼色红黄鲜亮、香气纯高、油味醇厚，具有回甘之特点。饮之清凉解渴、消食解腻、提神解乏。

YUNNAN QIZIBING TEA

Yunnan Qizibing Tea—Yuan Tea,is selected from "puer tea" which popular both home andabroad as the raw materials.It's made through a process of optimum fermentation and high-temperature.The tea features a bright red-yellowish colour with a pure aroma and after drinking sweet.Drinking our product is believed to quench thirst,aid digestion,refreshing and dispel fatigue.

云南省黎明农工商联合公司茶厂出品
PROUD PRODUCT OF
LIMING AGRO-INDUSTRIAL-LUMMERCIAL 黎明龙尼回归 TEA & FACTORY.YUNNAN.

495

❀ 产品介绍

常规产品，饼形端正、松紧适宜、条索粗壮，汤色红浓明亮，香气陈香纯正，滋味醇和，叶底色泽红褐匀齐。

类　　别	熟 饼
规　　格	357克
生产日期	2011年

班章老寨乔木茶
普洱王

496

❊产品介绍

　　传统手工、石磨压制。饼形周正、松紧适度、条索肥壮显毫，汤色橙黄明亮，香气纯正浓香，滋味浓醇甘烈、回甘持久生津，叶底肥厚匀嫩、微黄柔软。

类　　别	生饼
规　　格	400克
生产日期	2011年

勐海生态乔木茶
黄印圆茶

497

❀ 产品介绍

　　铁饼，外形铁实、色泽油亮显毫，汤色橙黄明亮，香气浓香，滋味醇厚、回甘生津，叶底色泽暗黄匀细。

类　别	生饼
规　格	500克
生产日期	2011年

早春生态方砖

498

蓝天白云　　生态班章

早春生态方砖

香洱茶（生茶）

净含量80g

云南省黎明农工商联合公司茶厂出品
Manufactured by Yunnan Liming Agro-industrial Commercial Integrated Tea Factory

❀产品介绍

　　砖形端正、松紧适宜、显银毫，汤色橙黄透亮，香气陈香纯正，滋味甘润饱满，叶底色泽微黄嫩齐。

类　别	熟砖
规　格	80克
生产日期	2011年

生态黄金砖

499

❄ 产品介绍

　　外形端正、松紧适宜、砖平滑显银毫，汤色黄亮，香气香高水柔，滋味厚实柔和、回甘明显，叶底色泽墨绿。

类　　别	生 砖
规　　格	500克
生产日期	2011年

黎明生砖

特 供

❋ 产品介绍

　　砖形周正、松紧适宜、砖面平滑、条索紧实，白毫显露，汤色金黄透亮，香气纯正，滋味圆润柔和，叶底匀整紧实。

类　别	生　砖
规　格	250克
生产日期	2011年

黎明熟砖

特 供

❋ 产品介绍

　　砖形周正、松紧适宜、砖面平滑、条索紧实显金毫，汤色红浓透亮，香气陈香明显，滋味厚润甘甜，叶底色泽褐红匀整。

类　别	熟 砖
规　格	250克
生产日期	2011年

黎明生沱

特 供

八角亭普洱茶 典籍

502

※ **产品介绍**

　　形状工整、松紧适宜、条索紧实、碗口匀整，汤色金黄透亮，香气纯正，滋味生津甘爽，叶底色泽黄绿匀齐。

类　别	生沱
规　格	100克×5沱
生产日期	2011年

黎明熟沱

特 供

❋ 产品介绍

　　沱形端正、松紧适宜、条索紧结、碗口尚平，汤色红褐透亮，香气纯正，滋味醇和，叶底匀齐。

类　别	熟沱
规　格	100克×5沱
生产日期	2011年

勐海生态乔木砖茶

厚润

504

❋ 产品介绍

　　形状周正，松紧适宜，汤色桔黄明亮，香气纯正，滋味厚润甘爽，叶底匀整嫩齐。

类　别	生砖
规　格	1000克
生产日期	2011年

小金蛋

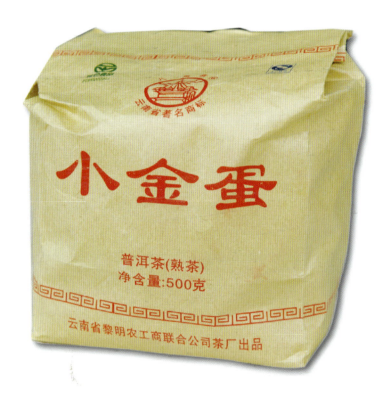

505

❊ 产品介绍

　　外形端正、条索紧结、金毫显露，汤色红浓明亮，滋味纯和顺滑，陈香纯正，叶底均匀褐红。

类　　别	熟沱
规　　格	500克
生产日期	2011年

小贵人

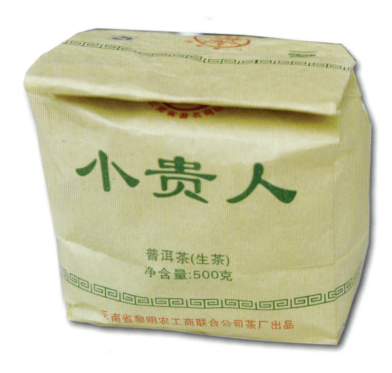

506

❋产品介绍

　　外形端正、条索紧结白毫显露，汤色橙黄明亮，滋味醇和柔顺，香气纯正，叶底均匀柔嫩。

类　别	生沱
规　格	500克
生产日期	2011年

至臻醇品

507

❄ 产品介绍

　　乔木大树，饼形圆整、松紧适宜、条索粗壮、白毫尽显，汤色深黄透亮，香气纯正，滋味纯正甘甜，叶底色泽墨绿匀齐。

类　　别	生饼
规　　格	400克
生产日期	2012年

云南七子饼茶

乔木茶王

508

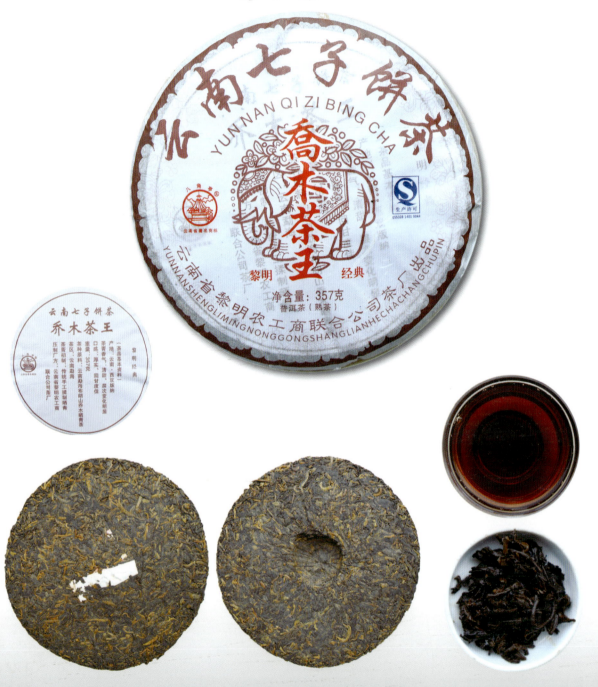

❋产品介绍

    饼形工正美观、松紧适宜、条索肥壮显金毫，汤色红浓透亮、呈琥珀色，香气陈香显露有花香，滋味浓稠顺滑、韵味绵绵，叶底褐红匀整。

类　　别	熟饼
规　　格	357克
生产日期	2012年

国韵臻品

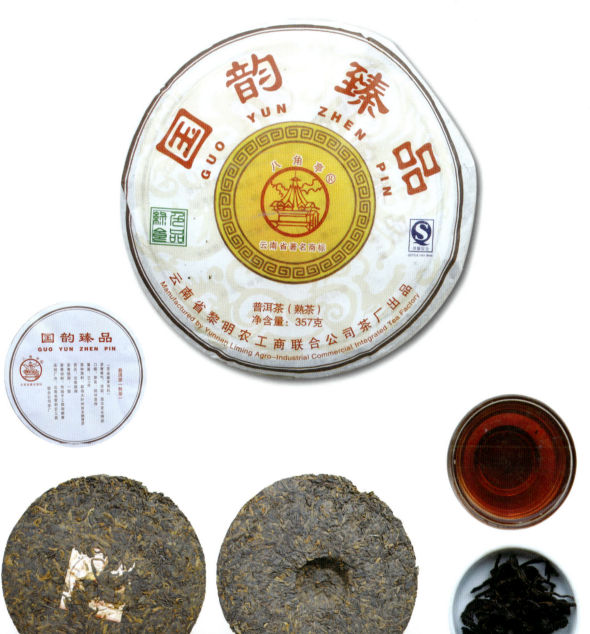

509

❄ 产品介绍

　　饼形端正、松紧适宜、显金毫，汤色红浓透亮，香气陈香纯正，滋味醇和甘爽，叶底匀齐有弹性。

类　　别	熟饼
规　　格	357克
生产日期	2012年

大班章生态沱

八角亭普洱茶 典籍

510

❀ 产品介绍

外形美观、松紧适宜、茶条肥壮、银毫显露、碗口平整、汤色黄亮，香气清香悠长，滋味浓强厚实，叶底绿黄、嫩匀完整。

类　　别	生沱
规　　格	250克
生产日期	2012年

老茶头

511

❈ 产品介绍

　　形状自然，大小匀整，汤色红浓，樟香明显，滋味醇和甘甜，叶底均匀。

类　别	熟砖
规　格	250克
生产日期	2012年

班章古树生态茶
普洱王

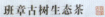

班章古树生态茶

班章古树生态茶精选云南勐海热带深山丛林中生长的千年大叶种乔木古茶树上采摘下来的芽叶，以传统制作的工艺：高温杀青、手工揉制、日光干燥、高温蒸压而成。因而本品具有香气纯高，汤色鲜艳明亮，滋味浓烈厚实，回甘生津。

班章古树生态茶从选料到每个制作工序均以极度严格的标准完成。本品是诚意供给普洱茶爱好者们鉴赏、收藏而难得的精品。

德行天下 诚信为本
云南省黎明农工商联合公司茶厂

512

❋ 产品介绍

　　传统手工、石磨压制，饼形圆整大气、条索紧实完整、松紧适度、芽头肥壮，汤色橙黄明亮，香气纯高，滋味浓烈厚实，回甘快而持久，叶底柔嫩匀整。

类　别	生　饼
规　格	400克
生产日期	2012年

易武古树生态茶

普洱王

产品介绍

　　易武古树，传统手工、石磨压制，外形工整、索粗壮紧结，汤色橙黄清亮，香气纯正悠长，滋味柔和香甜，叶底匀整洁净。

类　　别	生饼
规　　格	400克
生产日期	2012年

云南生态饼茶

班章贡瑞

❋产品介绍

　　石磨压制，饼形圆整、条索紧实、白毫尽显，汤色橙黄通透，滋味醇和厚实、回甘生津极强，香气浓郁悠长，叶底条索清晰弹性好。

类　　别	生　饼
规　　格	357克
生产日期	2012年

易 武

515

❀ 产品介绍

　　饼形周正、松紧适中、芽叶肥壮，浅黄透亮、茶气十足，丰富甘甜留香，滋味柔顺醇和，叶底色泽绿黄、嫩度匀整。

类　　别	生饼
规　　格	400克
生产日期	2012年

易 武

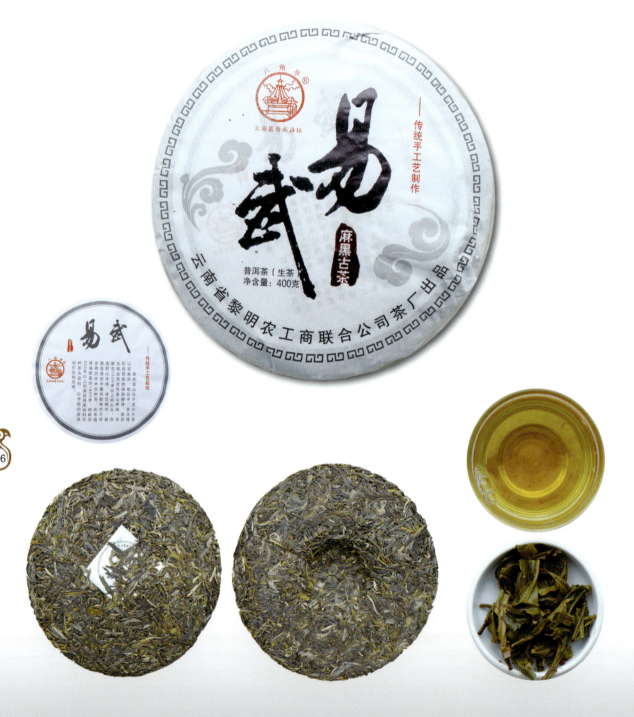

516

❀产品介绍

　　麻黑古树茶，传统手工艺制作，外形色泽褐红、松紧适中，汤色黄亮透明，香气清香纯正，滋味喉韵甘润持久，叶底条索清晰，嫩度匀显。

类　别	生 饼
规　格	400克
生产日期	2012年

云南勐海七子饼茶

0432

云南七子饼茶

云南"七子饼茶"市称圆茶，系选用驰名中外的"普洱茶"作原料，适度发酵，经高温蒸压而成，汤色红黄鲜亮、香气纯高、滋味醇厚，具有回甘之醇点。饮之清凉解渴、消食解腻、提神解乏。

YUNNAN QIZIBING TÉA

Yunnan Qizibing Tea—Yuan Tea,is selected from "puer tea" which popular both home andabroad as the raw materials.It's made through a process of optimum fermentation and high-temperature.The tea features a bright red-yellowish colour with a pure aroma and after drinking sweet.Drinking our product is believed to quench thirst,aid digestion,refreshing and dispel fatigue.

云南省黎明农工商联合公司茶厂出品
PROUD PRODUCT OF
LIMING AGRO–INDUSTRIAL–COMMERCIAL COMBINES TEA FACTORY,YUNNAN.

517

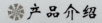 产品介绍

经典常规产品，饼形端正、银毫显露，汤色橙黄鲜亮，香气醇高，滋味甘醇回韵，叶底色泽暗绿微黄。

类　别	生饼
规　格	357克
生产日期	2012年

八角亭七子饼茶

黎明之光

518

❋ 产品介绍

　　特制青饼，外形紧实、显毫、色泽油亮，汤色金黄透亮、稠而厚，香气下沉、暗香突出，香气下沉、暗香突出，滋味茶气十足、生津快、回甘长，叶底相对细长、柔韧厚实。

类　别	生　饼
规　格	357克
生产日期	2012年

大班章生态茶

519

❋产品介绍

　　石磨压制，压制适度、条索肥壮显毫，汤色黄亮浓稠、香气纯正、持久，滋味醇厚、鲜活生津滑口，叶底有光泽有弹性。

类　别	生饼
规　格	357克
生产日期	2012年

云南勐海早春乔木圆茶

地道酽味

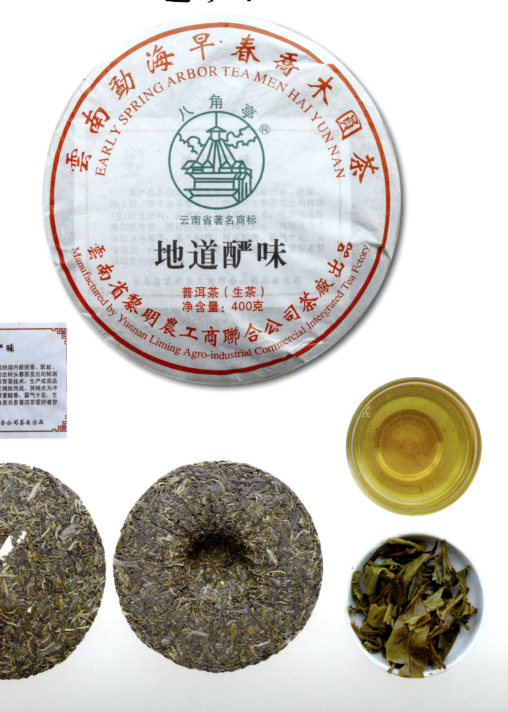

地道酽味

本产品系精选云南西双版纳境内新班章、班丝、坝卡园、坝卡龙等百年以上的古树头春茶发出的鲜嫩（芽）叶为原料，采用独特的晒青茶技术，生产成高品质的晒青茶，然后经传统工艺精致而成。其特点为冲泡后汤色黄亮，茶气刚烈，厚重醇香，霸气十足，生津强烈，经久耐泡。地道酽味是众多普洱茶爱好者梦寐以求的收藏佳品。

云南省黎明农工商联合公司茶厂出品

八角亭普洱茶 典籍

❋产品介绍

    外形条索完整、清晰、显毫，汤色黄浓柔亮，茶气刚劲强烈，滋味甘醇饱满、口感层次度十足，叶底鲜活性高、芽毫肥壮。

类　别	生饼
规　格	400克
生产日期	2012年

孔雀之乡七子饼茶

御赏贡品

云南七子饼茶

云南"七子饼茶"亦称圆茶，系选用驰名中外的"普洱茶"作原料，适度发酵，经高温蒸压而成，汤色红黄鲜亮、香气纯高、滋味醇厚，具有回甘之特点。饮之清凉解渴、消食解腻、提神解乏。

YUNNAN QIZIBING TEA

Yunnan Qizibing Tea—Yuan Tea,is selected from "puer tea" which popular both home andabroad as the raw materials.It's made through a process of optimum fermentation and high-temperature.The tea features a bright red-yellowish colour with a pure aroma and after drinking sweet.Drinking our product is believed to quench thirst,aid digestion,refreshing and dispel fatigue.

云南省黎明农工商联合公司茶厂出品
PROUD PRODUCT OF
LIMING AGRO-INDUSTRIAL COMMERCIAL COMBINES TEA FACTORYYUNNAN

521

❋ 产品介绍

　　高端常规产品，外形周正、条索饱满、肥壮显毫，汤色红浓透亮、茶韵醇厚，滋味醇厚、香甜顺滑，叶底色泽褐红、条索完整肥壮。

类　　别	熟 饼
规　　格	357克
生产日期	2012年

特制珍品

522

❋产品介绍

　　砖面工整、松紧适中、厚薄一致，汤色黄亮通透，茶韵悠扬，滋味醇厚回甘、滑润，叶底色泽黄绿、条索均匀。

类　　别	生 砖
规　　格	80克×8盒
生产日期	2012年

特制珍品

523

❀ 产品介绍

　　外形厚薄一致、松紧适中、金豪显露，汤色红浓明亮，香气浓香酽浓、沁心，滋味厚润醇和、口齿留香，叶底色泽褐红、条索均匀。

类　　别	熟 砖
规　　格	72克×8盒
生产日期	2012年

孔雀之乡七子饼茶
越陈越香

524

八角亭普洱茶 典籍

云南七子饼茶

云南"七子饼茶"系采用，系选用优质之中的"普洱茶"作原料，适度发酵，经高温蒸压而成，汤色红黄鲜亮、香气纯高、滋味醇厚，具有回甘之特点。饮之清凉解渴，有食解腻、提神解乏。

YUNNAN QIZIBING TEA

Yunnan Qizibing Tea—Yuan Tea, is selected from "puer tea" which popular both home andabroad as the raw materials.It is made through a process of optimum fermentation and light-dry tabled.Its rose features a bright red-yellowish colour with a pure aroma and after drinking sweet.Drinking our product is believed to quench thirst,aid digestion,refreshing and dispel fatigue.

云南黎明农工商联合公司茶厂出品
PROUD PRODUCT OF
LIMING AGRO-INDUSTRIAL-COMMERCIAL COMBINES TEA FACTORY,YUNNAN.

❋ 产品介绍

　　经典常规产品，饼形周正、显毫、条形匀整，汤色红浓透亮，香气独特陈香、滋味醇厚回甘，叶底褐红、条索饱满。

类　　别	熟 饼
规　　格	357克
生产日期	2012年

云南勐海七子饼茶
7590

云南七子饼茶

云南"七子饼茶"亦称圆茶，系选用驰名中外的"普洱茶"作原料，适度发酵，经高温蒸茶压而成，汤色红黄鲜亮，香气纯高，滋味醇厚，具有回甘之特点。饮之清凉解渴、消食解腻、提神醒之。

YUNNAN QIZIBING TEA

Yunnan Qizibing Tea—Yuan Tea,is selected from "puer tea" which popular both home andabroad as the raw materials.It's made through a process of optimum fermentation and high-temperature.The tea features a bright red-yellowish colour with a pure aroma and after drinking sweet.Drinking our product is believed to quench thirst,aid digestion,refreshing and dispel fatigue.

云南省黎明农工商限公司茶厂出品
PROUD PRODUCT OF
LIMING AGRO-INDUSTRIAL-COMMERCIAL COMBINES TEA FACTORY,YUNNAN.

❋ 产品介绍

　　常规产品，饼形端正、松紧适宜，汤色红亮，香气醇香，滋味回甘持久绵长，叶底红褐柔软。

类　别	熟　饼
规　格	357克
生产日期	2012年

云南勐海七子饼茶

宫廷普洱王

云南七子饼茶

云南"七子饼茶"系精选图茶，系选用驰名中外的"普洱茶"作原料，适度发酵，经高温一压而成，汤色红黄鲜亮、香气纯高、滋味醇厚，具有回甘之特点。饮之清凉解渴、消食解腻、提神解乏。

YUNNAN QIZIBING TEA

Yunnan Qizibing Tea—Yuan Tea,is selected from "puer tea" which popular both home andabroad as the raw materials.It's made through a process of optimum fermeniation and high-temperature.The tea features a bright red-yellowish colour with a pure aroma and after drinking sweet.Drinking our product is believed to quench thirst,aid digestion,refreshing and dispel fatigue.

云南省黎明农工商联合公司茶厂出品
PROUD PRODUCT OF
LIMING AGRO -INDUSTRIAL-COMMERCIAL COMBINES TEA FACTORY,YUNNAN.

526

❋ 产品介绍

　　高端常规产品，饼形圆整、条索均匀显金毫，汤色红浓明亮，茶气强劲，滋味醇正、层次丰富，叶底色匀嫩、条肥硕、净度高。

类　　别	熟 饼
规　　格	357克
生产日期	2012年

八角亭七子饼茶
布朗一号

❋ 产品介绍

　　2012珍藏版，饼形工整、条索清晰、茶条青嫩娇翠，汤色橙黄明亮，香气浓香柔顺、甘醇回韵，滋味入口即化、韵味悠长，叶底肥嫩柔软、条索壮硕。

类　　别	生饼
规　　格	357克
生产日期	2012年

云南勐海七子饼茶
布朗早春

八角亭普洱茶 典籍

云南七子饼茶

云南"七子饼茶"古称圆茶，系选用驰名中外的"普洱茶"作原料，速度发酵，经高温蒸压而成，汤色红黄鲜亮、香气纯高、滋味醇厚，具有回甘之特点。饮之清凉解渴、消食解腻、提神解乏。

YUNNAN QIZIBING TEA

Yunnan Qizibing Tea—Yuan Tea,is selected from "puer tea" which popular both home andabroad as the raw materials.It's made through a process of optimum fermentation and high-temperature.The tea features a bright red-yellowish colour with a pure aroma and after drinking sweet.Drinking our product is believed to quench thirst,aid digestion,refreshing and dispel fatigue.

云南省黎明农工商联合公司茶厂出品
PROUD PRODUCT OF
LIMING AGRO-INDUSTRIAL-COMMERCIAL COMBINES TEA FACTORY,YUNNAN.

❋ 产品介绍

　　常规产品，饼形条索紧结、松紧适中、清晰分明、条索肥厚，汤色黄亮透明，香气纯高，滋味纯和、刚中带柔，叶底条索匀整壮硕。

类　　别	生饼
规　　格	357克
生产日期	2012年

云南勐海七子饼茶

早春银毫

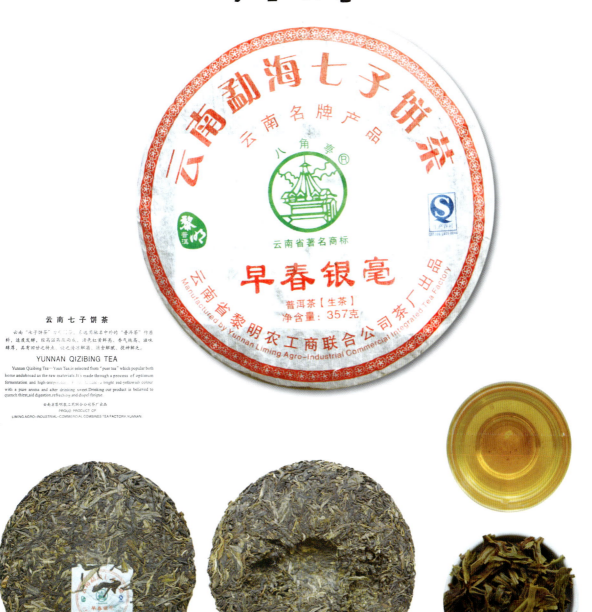

云南七子饼茶

云南"七子饼茶"历史悠久，采选用驰名中外的"普洱茶"作原料，速度发酵，经高温蒸压而成，汤色红黄鲜亮，香气纯高，滋味醇厚，具有回甘之特点。以之清凉解渴，消食醒胃、提神解乏。

YUNNAN QIZIBING TEA

Yunnan Qizibing Tea—Yuan Tea,is selected from "puer tea" which popular both home andabroad as the raw materials.It s made through a process of optimum fermentation and high-temperature press. It has bright red-yellowish colour with a pure aroma and after drinking sweet.Drinking our product is believed to quench thirst,aid digestion,refreshing and dispel fatigue.

云南茶黎明农工商联合公司茶厂出品
PROUD PRODUCT OF
LIMING AGRO-INDUSTRIAL-COMMERCIAL COMBINES TEA FACTORY,YUNNAN.

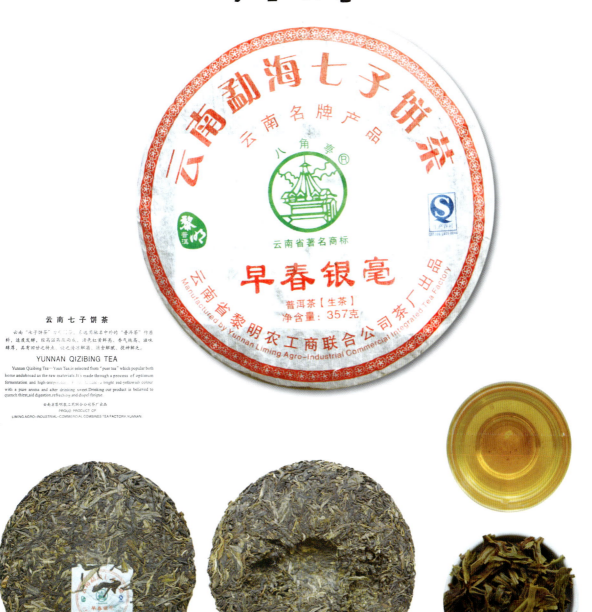

529

❋ 产品介绍

高端常规产品，饼形周正、银毫显露，汤色明黄鲜亮，香气醇美大度、气畅丹田，滋味醇厚回甘好，叶底枝叶肥大，嫩度高。

类　　别	生饼
规　　格	357克
生产日期	2012年

孔雀之乡七子饼茶
布朗古韵

530

❋产品介绍

　　高端常规产品，精选布朗山古树春茶，传统工艺机制而成，包装精美，饼形周正，茶色乌润显毫，枝条肥壮，汤色橙黄明亮，有淡淡的蜜香，色、香、味俱全，滋味醇厚回甘、圆润生津，叶底色泽墨绿，条索肥硕。

类　　别	生　饼
规　　格	357克
生产日期	2012年

古树情班章韵

魅力老寨

531

❋ 产品介绍

　　精选老班章明前古树纯料，传统工艺石磨压制，包装考究精美，饼形圆整大气，条索肥壮显毫，芽叶色泽墨绿油亮，汤色金黄透亮，香气纯正浓郁、兰香感明显，滋味独特饱满、生津快而回甘时间长，叶底色泽墨绿微黄、条索肥壮，是普洱茶中的极品。

类　　别	生饼
规　　格	357克
生产日期	2012年

品味班章

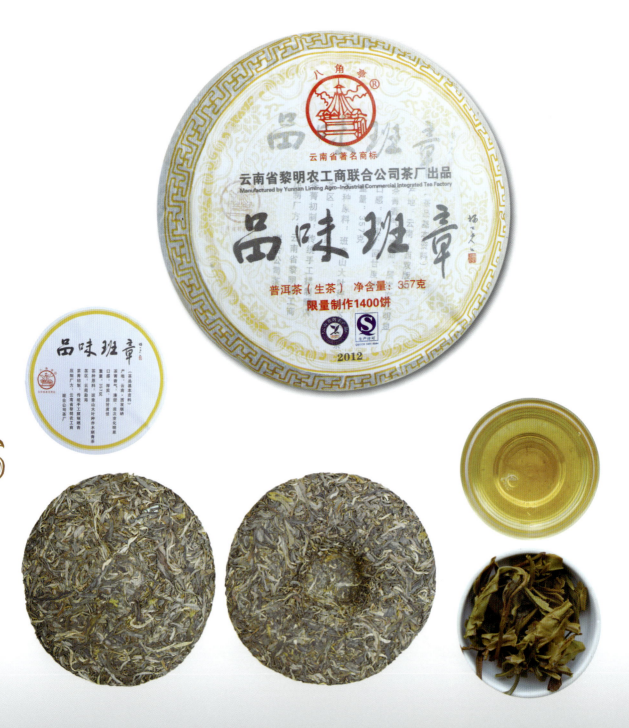

532

❋ 产品介绍

　　限量制作1400饼，精选当年布朗山老班章明前古树毛茶
传统工艺精制而成，饼形优美、松紧适度、石磨压制、白毫肥
硕、色泽油润，汤色橙黄明亮，香气纯正馥郁，滋味浓稠厚
润、生津持久、蜜糖味浓、经久耐泡、浑然天成，叶底肥嫩柔
软、条索清晰匀整。

类　别	生饼
规　格	357克
生产日期	2012年

云南勐海七子饼茶

7540

云南七子饼茶

云南"七子饼茶"亦称圆茶，系选用驰名中外的"普洱茶"作原料，适度发酵，经高温蒸压而成，汤色红黄鲜亮，香气纯高，滋味醇厚，具有回甘之特点。饮之清凉解渴、消食解腻、提神解乏。

YUNNAN QIZIBING TEA

Yunnan Qizibing Tea—Yuan Tea,is selected from "puer tea" which popular both home andabroad as the raw materials.It's made through a process of optimum fermentation and high-temperature.The tea features a bright red-yellowish colour with a pure aroma and after drinking sweet.Drinking our product is believed to quench thirst,aid digestion,refreshing and diapel fatigue.

云南省黎明农工商联合公司茶厂出品
PROUD PRODUCT OF
LIMING AGRO-INDUSTRIAL COMMERCIAL COMBINES TEA FACTORY,YUNNAN

533

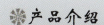 产品介绍

常规产品，饼形周正、松紧适度，汤色黄亮，清香醇和，回甘性畅，叶底条索清晰匀整。

类　　别	生饼
规　　格	357克
生产日期	2012年

里程碑
青饼

普洱茶: 生茶

2011年八角亭全新产品 "里程碑" 青饼, 继承伏月制茶传统, 又不拘泥于既定的格局是黎明茶厂在现有常规产品线基础上勇敢创新鼎力打造的里碑作品。本品选用勐海县内勐山早春茶压制, 滋味鲜甜, 花香馥郁, 口感饱满醇厚, 回甘持久, 集结了众多爱茶人士的期待, 凝聚了黎明人50余载制茶经验与智慧。

茶饮八角亭·健康伴您行
http://www.lmpuer.com

534

❋ 产品介绍

　　高端常规产品。外形条索清晰分明、叶肥均匀完整、嫩芽显露, 汤色橙黄透亮, 香气浓香柔顺, 滋味甘苦即化、鲜爽度好、韵味悠长, 叶底完整、油亮光泽。

类　　别	生饼
规　　格	357克
生产日期	2012年

里程碑

普饼

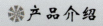

普洱茶：熟茶

2011年八角亭全新产品"里程碑"熟饼，既秉承优良制茶传统，又不拘泥于既定的格局，是黎明茶厂在现有常规产品线基础上费重创新，倾力打造的熟茶鼎力之作。本品选用勐海茶厂春茶毛料原料，经过几年的醇化后压制而成，滋味浓郁，香气高扬，口感饱满醇厚，回甘持久，象征了众多爱茶人士的期待，凝聚了黎明人50余载制茶经验与智慧。

茶饮八角亭·健康伴您行
http://www.lmpuer.com

✿ 产品介绍

　　高端常规产品。饼形端正，条索紧结、肥壮清晰，金毫显露密布，汤色红浓明亮，香气馥郁浓香，滋味浓郁滑爽柔顺，叶底条索完整、油亮光泽。

类　　别	熟　饼
规　　格	357克
生产日期	2012年

八角亭迷你砖

八角亭普洱茶 典籍

❀ 产品介绍

　　常规产品，外形端正、松紧适宜、金毫毕现嫩度高，汤色红亮，香气纯正，滋味浓稠顺滑，叶底红褐柔软。

类　　别	熟　砖
规　　格	7克×32
生产日期	2012年

八角亭迷你沱

537

❋ 产品介绍

　　常规产品，沱面光滑，白芽凸显嫩度高，汤色油润黄亮，香气柔和，滋味醇厚、回甘持久，叶底芽条整齐、饱满。

类　　别	生沱
规　　格	600克/盒
生产日期	2012年

八角亭迷你沱

538

❋产品介绍

　　常规产品，沱面光滑、松紧适度、芽毫显露、嫩度高、汤色鲜红通透，香气醇和，滋味醇厚鲜活，叶底饱水度好、芽条整齐。

类　别	熟 沱
规　格	800克/盒
生产日期	2012年

早春生态方砖

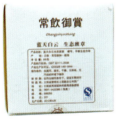

539

❀ 产品介绍

　　外形端正、银毫显露，汤色黄绿明亮，香气饱满厚实，滋味微甜而醇和，叶底均匀饱满。

类　别	生　砖
规　格	80克
生产日期	2012年

傣乡沱茶

八角亭普洱茶 **典籍**

540

❉ 产品介绍

　　珍藏品，高端常规产品，精选布朗山高海拔晒青毛茶精制而成。沱面光滑工整、芽毫肥壮尽显、松紧适中、美观，汤色黄亮，香气浓郁，滋味醇厚、生津回甘强，叶底条索均匀肥嫩。

类　　别	生沱
规　　格	250克
生产日期	2012年

至臻醇品

小金砖

541

❋ 产品介绍

　　砖形周整、条索紧实显金毫，汤色红浓明亮香气陈香馥郁，滋味甜醇顺滑，叶底色泽褐红匀嫩。

类　　别	熟　砖
规　　格	200克
生产日期	2012年

老茶头

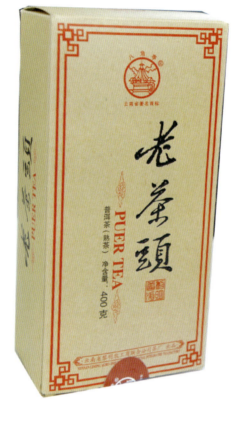

542

八角亭普洱茶 典籍

❄ 产品介绍

    包装精致、茶沱均匀、金毫显露，汤色红浓透亮，香气陈香浓郁，滋味厚、滑、甜、香、耐泡，叶底色泽褐红柔嫩。

类　别	熟 茶
规　格	400克
生产日期	2013年

黎明熟砖

特 供

543

❀ 产品介绍

　　常规产品，砖面工整、松紧适中、金毫显露，汤色红浓透亮，香气陈香持久，滋味水性厚滑、喉韵悠长经久，叶底色泽褐红。

类　　别	熟 砖
规　　格	250克
生产日期	2013年

陈香熟砖

544

❋ 产品介绍

　　砖面光滑、工整大气、松紧适中，金毫显露，汤色红浓透亮，茶气强浓，滋味甘润绵长、韵味悠长、回甘迅速，叶底色泽褐红、条形肥硕。

类　别	熟　砖
规　格	1000克
生产日期	2013年

福华勐海普洱熟茶

孔雀之乡·御赏贡品

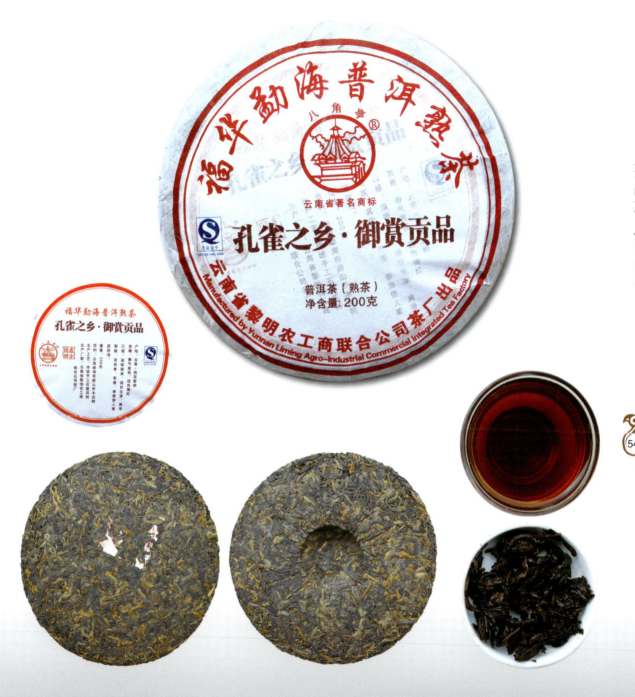

545

❀ 产品介绍

　　饼形工整，松紧适中，汤色红浓明亮，香气浓郁，口感醇厚、陈韵十足，叶底褐红、条索肥嫩。

类　　别	熟饼
规　　格	200克
生产日期	2013年

福华勐海七子饼茶

孔雀之乡·御赏贡品

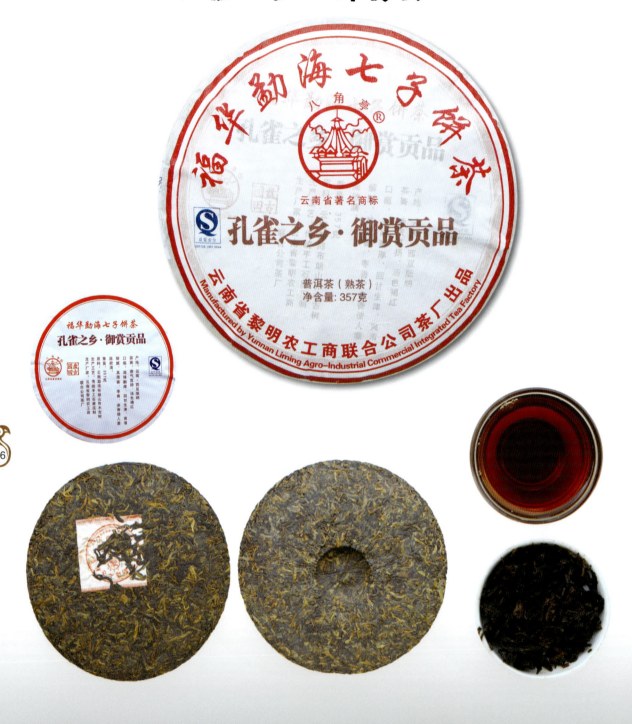

546

❋ 产品介绍

饼形工整，松紧适中，汤色红浓透亮，香气馥郁香甜，滋味口感醇厚、陈韵十足，叶底褐红、条索肥嫩。

类 别	熟饼
规 格	357克
生产日期	2013年

八角亭七子饼茶

布朗一号

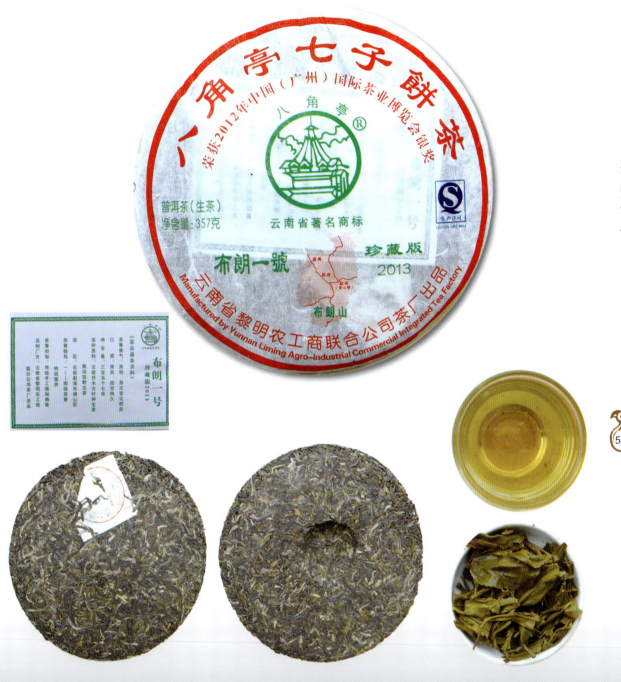

547

❄ **产品介绍**

　　2013珍藏版、荣获2012年中国广州国际茶业博览会银奖。高端常规产品，外形圆整紧实、条索紧实、显毫，汤色黄亮，滋味醇厚浓郁、回甘快而持久，香气纯正，叶底匀整柔嫩。

类　　别	生饼
规　　格	357克
生产日期	2013年

布朗山

548

❄ 产品介绍

　　精选布朗山大树晒青毛茶石磨压制而成。饼形圆整、条索紧结、显毫，汤色橙黄透亮，滋味浓烈回甘快，香气独特梅子香，叶底较匀。

类　　别	生　茶
规　　格	357克
生产日期	2013年

勐宋山

549

❀ 产品介绍

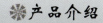

　　选用勐宋山大树毛茶石磨压制而成，饼形圆整、条索紧结、匀整显毫，汤色橙黄明亮，滋味纯厚、口感顺滑，香气独特，叶底匀净。

类　别	生饼
规　格	357克
生产日期	2013年

巴达山

550

❋ 产品介绍

　　选用八达茶山大树毛茶精制而成，饼形圆正、条索紧实、墨绿油亮、芽头肥壮，汤色橙黄透亮，滋味浓烈回甘快，香气独特柔和、有梅子蜜香，叶底匀亮。

类　别	生　饼
规　格	357克
生产日期	2013年

易武山

551

❋ 产品介绍

　　选用易武正山纯正毛茶石磨压制而成，饼形圆正、条索紧结完整，汤色黄而明亮，滋味纯正甘甜、绵柔悠长，香气蜜香高扬，叶底均匀稍长。

类　别	生饼
规　格	357克
生产日期	2013年

景迈山

552

❀ 产品介绍

　　精选著名的千年古茶山景迈山纯正毛茶石磨压制而成，饼形端正、条索紧结、显毫，汤色透亮桔黄，滋味纯正，香气浓郁兰香，叶底匀润。

类　　别	生　饼
规　　格	357克
生产日期	2013年

南糯山

553

❊ 产品介绍

　　原料来自于南糯山古茶园，石磨压制，饼形圆正、条索紧结、显毫，汤色橙黄透亮，滋味浓厚甘甜，香气如荷，叶底较匀整。

类　　别	生饼
规　　格	357克
生产日期	2013年

八角亭七子饼茶

黎明之光

554

❋ 产品介绍

　　高端常规产品，布朗山手工纯料压制而成，饼形圆整美观、包装构思巧妙、条索紧实，芽毫尽显，汤色橙黄透亮，滋味浓郁厚实、回甘强烈悠长，香气纯正馥郁，叶底匀润。

类　　别	生　饼
规　　格	357克
生产日期	2013年

品味易武

555

❀ 产品介绍

　　限量制作2800饼，选自易武古茶山纯料古树毛茶石磨压制、饼形规整、条索紧结清晰、色泽油润柔软，汤色黄亮，滋味纯正甘甜、回味悠长，香气密香高扬，叶底匀齐完整。

类　　别	生饼
规　　格	357克
生产日期	2013年

陈韵青砖

556

❀ 产品介绍

　　常规产品，青花瓷风格的包装典雅高贵、特色独具，外形周正、条索紧结，芽毫显露，汤色橙黄明亮，滋味浓厚纯正，香气高扬，叶底匀净嫩度高。

类　别	生 砖
规　格	1000克
生产日期	2013年

至臻易武茶砖

❋ 产品介绍

　　易武正山生态茶，外形周正匀实、条索紧结，显毫，汤色橙黄透亮，滋味纯正甘甜持久，香气纯正高扬，叶底匀整。

类　　别	生 砖
规　　格	300克
生产日期	2013年

黎明生沱

特 供

558

❋**产品介绍**

　　外形周正、条索紧结、显毫，汤色橙黄透亮，滋味浓厚尚甜，香气纯正，叶底较匀。

类　　别	生 沱
规　　格	100克×5沱
生产日期	2013年

乔木圆茶

珍藏版

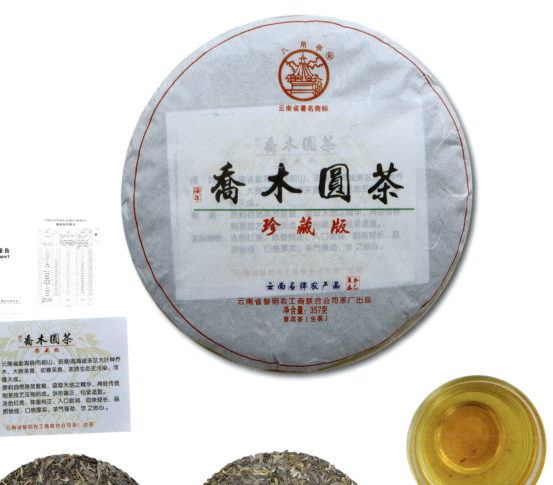

559

❋ 产品介绍

　　饼形圆整紧实、条索紧结、显毫，汤色橙黄明亮，滋味浓强醇厚，回甘明显，香气纯正，叶底较匀。

类　　别	生　饼
规　　格	357克
生产日期	2013年

易武古树茶王

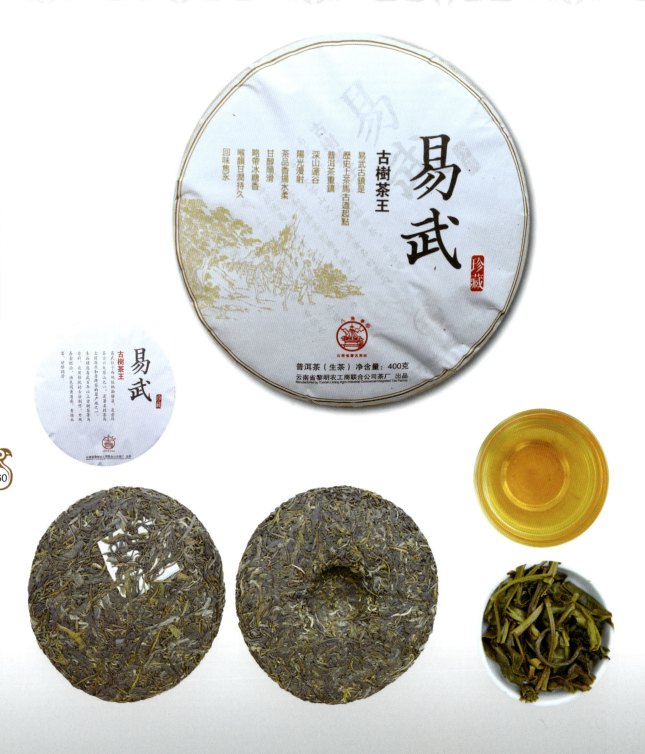

古樹茶王

易武

珍藏

易武古樹是
歷史上茶馬古道起點
普洱茶重鎮
深山遠谷
陽光遍射
茶品普揚水柔
甘醇順滑
略帶冰糖香
喉韻甘潤持久
回味雋永

普洱茶（生茶）净含量：400克
云南省黎明农工商联合公司茶厂 出品
Manufactured by Yunnan Liming Agro-Industrial Commercial Integrated Tea Factory

560

❀产品介绍

　　饼形圆整匀实、条索紧结显毫，汤色黄明亮，滋味纯正甘甜、柔和回甘持久，香气清纯，叶底匀净。

类　别	生 饼
规　格	400克
生产日期	2013年

云南勐海七子饼茶

金色映象

561

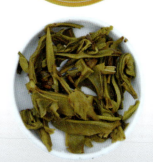

❀ 产品介绍

　　饼形圆正、条索紧结、显毫，汤色桔黄透亮，滋味浓醇，香气纯正，叶底较匀整。

类　　别	生饼
规　　格	357克
生产日期	2013年

班盆早春

562

❋ 产品介绍

　　珍藏，来自班盆拉祜族老寨海拔1760米的古树茶，饼形圆正、条索紧结、洁净显毫，汤色橙黄明亮，滋味纯厚回甘，香气清香高锐，叶底匀整。

类　别	生　饼
规　格	357克
生产日期	2013年

勐海班章生态茶

班 章

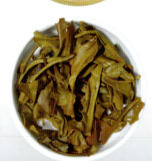

563

❋ 产品介绍

　　来自班章老寨，外形圆正匀实、条索紧结多毫，汤色橙黄明亮，滋味浓强回甘较久，香气花香悠长，叶底匀嫩。

类　别	生饼
规　格	357克
生产日期	2013年

荣宝斋

564

❋ **产品介绍**

　　荣宝斋香港有限公司开业纪念，外形紧实圆整、条索紧结显毫，汤色桔黄明亮，滋味浓厚回甘，香气纯正，叶底较匀。

类　别	生饼
规　格	357克
生产日期	2013年

班章秘境

565

❋ 产品介绍

选自勐海老班章古树茶，外形圆整、松紧适度、条索紧
实、洁净多毫，汤色桔黄明亮，滋味浓强、回甘持久，香气独
特浓郁，叶底匀嫩亮丽。

类　　别	生饼
规　　格	357克
生产日期	2013年

八角亭七子饼茶
老树普洱

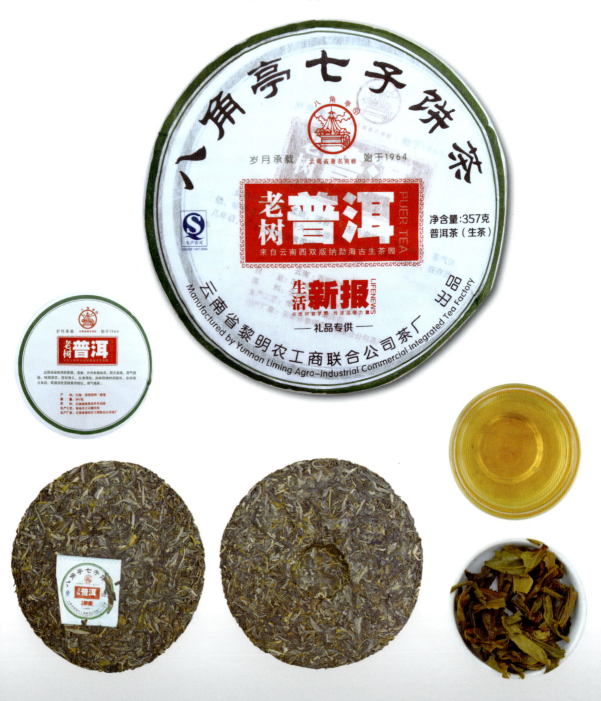

八角亭普洱茶 **典籍**

❋ 产品介绍

　　生活新报礼品专供。外形圆整、条索紧实显毫，汤色橙黄透亮，滋味厚实，香气纯正，叶底黄匀较亮。

类　　别	生　饼
规　　格	357克
生产日期	2013年

元之木

567

❈ 产品介绍

　　乔木古树，外形圆整匀适、条索紧实、洁净挺秀、毫润光泽，汤色黄绿浓稠，滋味浓强隐凉、甘爽持久，香气嫩香高扬，叶底匀整，黄绿匀润。

　　采制云南大叶种茶树最适宜生长区的乔木原料，精选清明前乔木大树一芽一、二叶为主的优质鲜叶，由制茶技师经传统工艺精心制作而成。

类　　别	生饼
规　　格	357克
生产日期	2013年

八角亭七子饼茶

八角亭普洱茶 典籍

云南七子饼茶

云南"七子饼茶"亦称圆茶，系选用驰名中外的"普洱茶"作原料，适度发酵，经高温蒸压而成，汤色红黄鲜亮、香气纯高、滋味醇厚，具有回甘之特点。饮之清凉解渴、消食解腻、提神解乏。

YUNNAN QIZIBING TEA

Yunnan Qizibing Tea—Yuan Tea,is selected from "puer tea" which popular both home andabroad as the raw materials.It's made through a process of optimum fermentation and high-temperature.The tea features a bright red-yellowish colour with a pure aroma and after drinking sweet.Drinking our product is believed to quench thirst,aid digestion,refreshing and dispel fatigue.

云南省黎明农工商联合公司茶厂出品
PROUD PRODUCT OF
LIMING AGRO-INDUSTRIAL-COMMERCIAL COMBINES TEA FACTORY,YUNNAN.

❈ 产品介绍

　　外形端正、松紧适度、条索壮实、洁净显毫，汤色橙黄明亮，滋味浓强、回甘持久，叶底黄绿匀亮。

类　别	生饼
规　格	400克
生产日期	2013年

品味班章

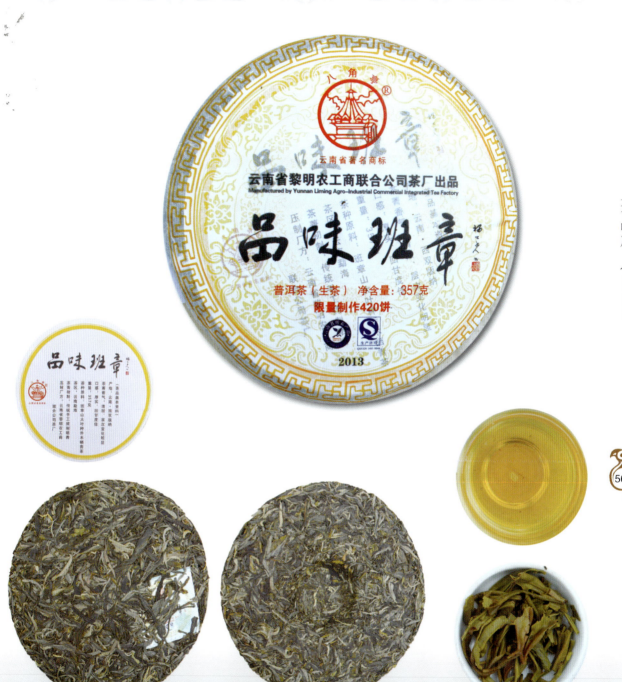

569

❋ 产品介绍

　　限量制作420饼，精选老班章明前古树春茶纯料石磨压制而成，外形圆正、松紧适度、洁净显毫、色泽油润，汤色橙黄明亮，滋味浓强、回甘持久、喉韵悠长，香气纯正，叶底黄嫩明亮、匀整。

类　　别	生饼
规　　格	357克
生产日期	2013年

云南易武乔木青饼

茶树王

八角亭普洱茶 典籍

❀产品介绍

　　头春纯料，外形圆正、松紧适度、条索紧结显毫，汤色橙黄明亮，滋味浓厚甘润、柔嫩细腻，香气纯正，叶底黄绿明亮。

类　　别	生饼
规　　格	200克
生产日期	2013年

荣宝斋

571

❋ 产品介绍

外形圆整、条索紧结显毫，汤色褐红通透，滋味醇厚，陈香较好，叶底褐红。

类　别	熟饼
规　格	357克
生产日期	2013年

茶王青饼

❋ 产品介绍

　　印级珍藏，饼形圆整、松紧适度、条索壮实显毫，汤色黄浓明亮，滋味浓强，回甘持久，叶底黄嫩匀整。

类　　别	生 饼
规　　格	400克
生产日期	2013年

勐海乔木熟砖

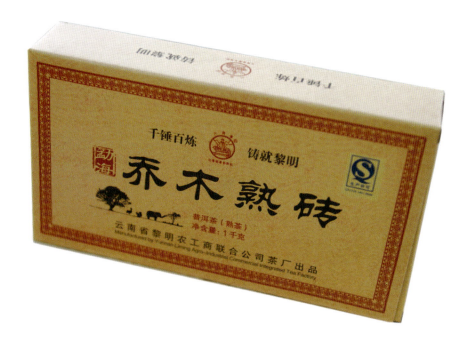

573

❋ 产品介绍

外形周正、条索紧结、金毫显露，汤色褐红明亮，滋味醇厚顺滑、持久香甜，陈香较好，叶底红褐匀整、弹性佳。

类　别	熟　砖
规　格	1000克
生产日期	2013年

勐海乔木青砖

检验报告
Test Report

574

❋ 产品介绍

　　外形周正、条索紧结、白毫显露，汤色桔黄明亮，滋味浓厚醇香、回甘持久，香气纯正，叶底较匀整。

类　　别	生　砖
规　　格	1000克
生产日期	2013年

云南勐海七子饼茶

八角亭普洱茶典籍

578

❋产品介绍

　　饼形圆正稍紧、条索肥壮显毫，汤色黄亮，滋味醇厚，香气纯正，叶底匀齐。

类　　别	生饼
规　　格	357克
生产日期	2013年

冰岛古树茶王

577

❋ 产品介绍

　　选用冰岛古树毛茶石磨压制而成。外形圆整、条索紧实、洁净显毫，汤色黄绿明亮，滋味厚润甘甜，香气纯正，叶底黄绿明亮。

类　别	生饼
规　格	400克
生产日期	2013年

孔雀之乡七子饼茶

布朗古韵

八角亭普洱茶 **典籍**

❋ **产品介绍**

　　高端常规产品。精选布朗山纯料古树春茶石磨压制而成，外形圆整、条索壮实、芽头肥硕，色泽油润、浑然天成，汤色色浓稠橙黄明亮，滋味浓厚甘甜、顺滑厚润、回甘强而持久，香气纯正悠扬，叶底黄嫩匀齐、色泽温润。

类　别	生饼
规　格	357克
生产日期	2013年

贡瑞针莲

575

❀ 产品介绍

　　饼形圆正秀气、条索紧实、金毫毕现，汤色褐红明亮，滋味浓醇顺滑、陈香纯正浓郁，叶底褐红明亮。

类　别	熟　饼
规　格	200克
生产日期	2013年

云南勐海七子饼茶

579

※ **产品介绍**

　　饼形正圆，松紧适度、均匀显毫，汤色红浓明亮，滋味醇厚 馥郁顺滑，叶底嫩匀褐红有弹性。

类　　别	熟 饼
规　　格	357克
生产日期	2013年

勐海早春乔木圆茶

班章古茶王

普洱茶【生茶】
净含量：400克

云南省黎明农工商联合公司茶厂出品

580

❋ **产品介绍**

　　饼形正圆、松紧适中、条索肥大显毫，汤色橙黄明亮，滋味醇厚、馥郁浓香，叶底嫩匀完整。

类　别	生饼
规　格	400克
生产日期	2013年

西双版纳傣族自治州成立60周年
布朗春芽

581

❀ 产品介绍

　　饼形正圆、条索肥大显毫，汤色黄亮，滋味醇厚浓郁、回甘持久，叶底匀齐。

类　　别	生饼
规　　格	380克
生产日期	2013年

蛇舞吉祥

八角亭普洱茶 **典籍**

582

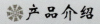

❈ 产品介绍

　　生肖饼。包装设计新颖美观，饼形正圆、松紧适度、条索完整显毫，汤色橙黄明亮，滋味醇厚馥郁香高，叶底柔嫩。

类　　别	生饼
规　　格	380克
生产日期	2013年

云南勐海乔木古树圆茶
特制限量版

583

❀ 产品介绍

　　饼形正圆、松紧适度、条索饱满显毫，汤色橙黄明亮，滋味清爽醇厚，叶底均匀柔嫩。

类　　别	生饼
规　　格	357克
生产日期	2013年

大雪山古树茶

八角亭普洱茶
典籍

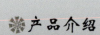

584

❋ 产品介绍

　　包装设计大气，饼形正圆稍紧、条索饱满显毫，汤色橙黄透亮，滋味醇厚回甘，叶底均匀。

类　别	生　饼
规　格	357克
生产日期	2013年

孔雀之乡
龙 韵

585

❀ 产品介绍

　　饼形正圆、松紧适度、条索肥大显毫，汤色橙黄明亮，滋味醇厚、回甘强而持久，叶底均匀柔嫩。

类　别	生饼
规　格	357克
生产日期	2013年

八角亭普洱茶

刮风寨传奇

八角亭普洱茶 典籍

586

❄ 产品介绍

　　来自云南易武刮风寨海拔1450米古树茶，饼形端正边稍紧、条索完整显毫，汤色黄亮，滋味甘醇柔顺、清甜回甘持久，香气纯正高扬，叶底均匀。

类　　别	生饼
规　　格	357克
生产日期	2013年

布朗古树圆茶

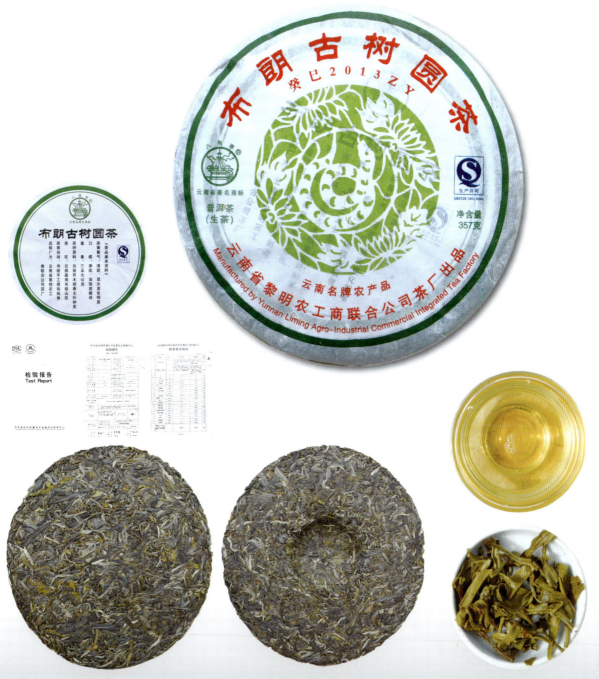

587

❋ 产品介绍

　　饼形正圆紧结、条索完整显毫，汤色橙黄透亮，滋味浓醇厚润、回甘持久绵长，香高，叶底均匀。

类　　别	生饼
规　　格	357克
生产日期	2013年

云南西双版纳勐海古树圆茶

茗门益品

588

❋ 产品介绍

　　古树纯料，饼形端正、松紧适度、条索肥大显毫，汤色橙黄明亮，滋味醇厚、回甘韵高，叶底均匀。

类　　别	生饼
规　　格	357克
生产日期	2013年

勐海古乔木砖茶
荣宝斋

589

❋ 产品介绍

　　砖形周正，厚薄均匀显毫，汤色橙黄明亮，滋味醇厚，香气纯正，叶底匀齐微黄。

类　别	生　砖
规　格	288克
生产日期	2013年

勐海陈年普洱砖茶
荣宝斋

❋ 产品介绍

砖形周正、厚薄均匀、金毫显露，汤色红浓透亮，滋味醇厚顺滑，陈香纯正，叶底褐红均匀。

类　别	熟砖
规　格	288克
生产日期	2013年

里 程 碑

青 饼

普洱茶（生茶）

八角亭"里程碑"生饼，秉承优良制茶传统，选用勐海县境内高山早春茶压制，滋味鲜爽，花香清逸，口感饱满醇厚，回甘持久，集结了众多爱茶人士的期待，凝聚了黎明人50余载制茶经验与智慧。

茶饮八角亭·健康伴您行
http://www.limingpuer.com/

❄ 产品介绍

高端常规产品，饼形圆正，松紧适度、条索肥大显毫，汤色橙黄透亮，滋味醇厚回甘、鲜爽度好，香气纯高，叶底均匀柔嫩。

类　别	生 饼
规　格	357克
生产日期	2013年

广州市荔湾区普洱茶文化协会纪念饼

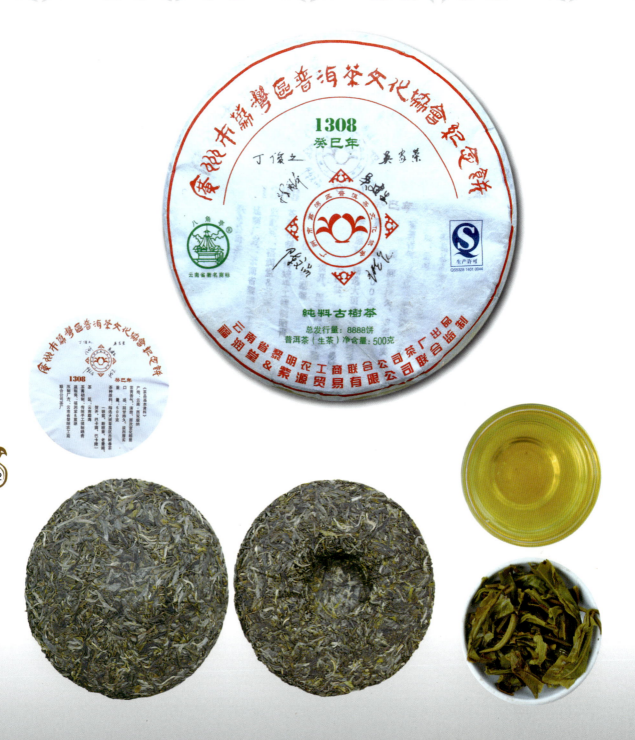

❋ 产品介绍

　　纯料古树茶，限量发行8888饼。饼形圆正、松紧适度、条索肥大显毫，汤色橙黄透亮，滋味浓醇回甘，韵高气扬，叶底嫩匀。

类　　别	生　饼
规　　格	500克
生产日期	2013年

易武古树砖

593

❋ 产品介绍

　　砖形周正、厚薄均匀、条索肥大显毫，汤色橙黄明亮，滋味醇和茶韵纯正，叶底微黄均匀。

类　　别	生砖
规　　格	500克
生产日期	2013年

后 记

在全体编纂团队的共同努力下，《八角亭普洱茶典籍》终于定稿了，长出了一口气的同时，心情又十分的忐忑不安。其一，几个月来始终把这项工作当作一件大事来做，目标是出精品，希望一切都能尽善尽美。但时间从2001年到2013年，跨度长、涉及面广，难度着实不小，确实感到有些许压力。其二，书中内容承载了前人的卓绝努力和奉献，凝聚了新老经销团队的信任和支持，寄托了广大消费者和八角亭茶业粉丝的殷切希望。所以，整个过程一直处于一种非常复杂的状态当中，五味陈杂，无法一言以蔽之。

茶圣陆羽在《茶经》开篇就写到"茶者，南方之嘉木也。"云南普洱茶可以说是上苍赐予人类绝佳的礼物，也是云南省以优良的生态环境、得天独厚的自然条件、多元的民族文化为世界茶业界做出的一大贡献。我因偶然的机遇进入了茶叶行业，从一无所知到略知一二，期间一直以一个小学生的心态走到现在，越深入越觉得博大精深，越有味道，个中的人物、故事、传说、茶品是如此地令人痴迷和陶醉，的确让人欲罢不能，使我深深地爱上了这个行业，对茶行业的未来充满了信心。

云南省黎明农工商联合公司茶厂于2013年6月正式更名为云南农垦集团勐海八角亭茶业有限公司。2014年恰逢国营黎明农场（云南省黎明农工商联合公司前身）开启茶产业五十周年，在这一重要的时间节点，我们将云南省黎明农工商联合公司茶厂从转型生产普洱茶产品到2013年更名前的历程、茶品进行了归纳整理，以期为五十年这一重要时刻献礼，也为后来者发扬光大八角亭茶业抛砖引玉。

在《八角亭普洱茶典籍》出版之际，我首先要感谢我们的上级主管云南农垦集团有限公司的历届领导，行业内的各位老领导和专家，是您们长期以来的信任、关怀和支持为我提供了这个平台和机遇。

衷心感谢云南科技出版社《云南普洱茶春·夏·秋·冬》执行主编吴涯先生和他的团队，不辞辛劳，在收集素材、书籍设计排印所做的大量工作，仅拍摄照片一项就近7千张，感谢您们的辛勤付出。

这里还要真诚感谢不离不弃、一路相伴的八角亭经销商团队和广大茶友的支持、关心、爱护，您们的肯定是对八角亭茶业最大的褒奖。

最后我要重点感谢我的同事们，感谢一直以来对我在工作中的支持配合，多年来的共同工作使我们结下了深厚的情谊，在本书的编辑过程中你们给予的无私奉献和支持，体现了强烈的团队精神，为本书的出版凝聚了强大的正能量。

由于水平有限，书中尚有个别产品未能收集到实物样品，在文字、编排等方面存在的不足和疏漏之处，敬请批评指正。

陈胜军

2014年11月8日

后记／

595